R을 이용한

퀀트 투자
포트폴리오
만들기 개정판

KB139716

R을 이용한 **퀀트 투자 포트폴리오 만들기**(개정판)

Copyright ⓒ 2021. 이현열 All Rights Reserved.

1쇄 발행 2021년 2월 11일
2쇄 발행 2021년 12월 1일

지은이 이현열
펴낸이 장성두
펴낸곳 주식회사 제이펍

출판신고 2009년 11월 10일 제406-2009-000087호
주소 경기도 파주시 회동길 159 3층 / **전화** 070-8201-9010 / **팩스** 02-6280-0405
홈페이지 www.jpub.kr / **원고투고** submit@jpub.kr / **독자문의** help@jpub.kr / **교재문의** textbook@jpub.kr

편집부 김정준, 이민숙, 최병찬, 이주원, 송영화
소통기획부 이상복, 송찬수, 배인혜 / **소통지원부** 민지환, 김수연 / **총무부** 김유미

진행 및 교정·교열 장성두 / **내지디자인** 최병찬 / **표지디자인** 책돼지
용지 신승지류유통 / **인쇄** 해외정판사 / **제본** 일진제책사

ISBN 979-11-90665-80-3 (93000)
값 25,000원

제이펍은 독자 여러분의 아이디어와 원고 투고를 기다리고 있습니다. 책으로 펴내고자 하는 아이디어나 원고가 있는
분께서는 책의 간단한 개요와 차례, 구성과 저(역)자 약력 등을 메일(submit@jpub.kr)로 보내 주세요.

R을 이용한

퀀트 투자 포트폴리오 만들기 개정판

이현열 지음

데이터 크롤링 및 분석,

퀀트 전략을 활용한 투자 종목 선정까지!

차례

머리말

퀀트 투자 중 팩터에 관한 이론적 내용을 다룬 《SMART BETA(스마트 베타): 감정을 이기는 퀀트 투자》(김병규/이현열, 워터베어프레스, 2017) 출간 이후 강의와 세미나를 통해 많은 분을 만났고, 공통적인 어려움을 느낄 수 있었습니다. 기관 투자자들이 손쉽게 데이터를 구할 수 있는 것과는 다르게, 일반 투자자들은 퀀트 투자를 하기 위한 데이터를 구하는 시작점부터 어려움을 겪는다는 것이었습니다.

그러나 프로그래밍을 이용하면 일반 투자자들도 얼마든지 금융 데이터 수집 및 처리, 퀀트 모델 개발, 포트폴리오 분석 및 자동화 등을 할 수 있습니다. 이 책을 읽는 독자들이 스스로 이러한 퀀트 투자 프로세스를 만들 수 있기를 바라는 마음으로 책을 구성했습니다. 또한, 실제 전문 투자자들이 사용하는 기술도 포함했으니 책의 내용을 넘어 더욱더 훌륭한 모델을 만드는 데 도움이 되리라 생각합니다.

이 책에서 데이터 수집을 위해 주로 다루는 크롤링은 웹페이지의 데이터를 가져오는 것입니다. 기존에 책 발간 이후 참고자료로 사용된 페이지 중 형태가 바뀐 곳이 많아 개정판을 작성하게 되었습니다. 수정된 내역은 다음과 같습니다.

- 야후 파이낸스의 웹페이지 구조가 바뀌어 크롤링이 사실상 어렵게 되어 책에서 제외하였습니다.
- 한국거래소 사이트가 개편되어 해당 부분은 바뀐 페이지에 맞게 새로 작성하였습니다.
- 네이버 증권의 주가 데이터 출처가 변경되어 새로 작성하였습니다.

- 일부 페이지가 크롤러의 접근을 막음에 따라 user_agent() 함수를 사용해 크롤링이 가능하게 하였습니다.
- 문의가 많았던 DART 크롤링에 대한 내용을 추가했습니다.
- 포트폴리오 구성 부분에 실무에서 많이 사용되는 인덱스 포트폴리오 및 인핸스드 인덱스 포트폴리오 구성 방법을 추가하였습니다.
- ggplot2 패키지의 기본적인 사용법을 추가하였습니다.
- 일부 코드를 수정하여 데이터 처리를 좀 더 쉽게, 종목 선택을 더욱 꼼꼼히 할 수 있도록 하였습니다.

앞으로도 페이지 변경 등 코드를 수정해야 하거나 추가된 내용이 있으면 책의 공식 페이지인 https://hyunyulhenry.github.io/quant_cookbook/에 즉각적으로 업데이트할 예정이며, 질문 사항이 있으면 페이지에 남겨주시는 대로 답변 드리겠습니다.

어느 때보다 주식과 투자에 대한 관심이 뜨거워진 지금, 유행이라는 파도에 휩쓸리는 투자보다는 데이터를 이용한 객관적이고 장기적인 투자로 꼭 성공하기를 기원합니다.

2021년 1월

이현열(leebisu@gmail.com)

이 책의 구성

이 책은 API와 크롤링을 통한 금융 데이터 수집, 투자 종목 선택 및 포트폴리오 구성, 백테스트와 성과 분석으로 이루어져 있습니다.

CHAPTER 1 퀀트 투자의 심장: 데이터와 프로그래밍
퀀트 투자란 무엇인지, 왜 프로그래밍이 필요한지, 여러 언어 중 R을 사용해야 하는 이유에 대해 살펴봅니다.

CHAPTER 2 크롤링을 위한 기본 지식
크롤링을 통한 데이터 수집에 앞서 인코딩, 웹의 동작 방식, HTML에 대한 기본 정보와 데이터 처리에 편리한 R 코드를 살펴봅니다.

CHAPTER 3 API를 이용한 데이터 수집
API를 통한 데이터 수집과 getSymbols() 함수의 사용 방법에 대해 살펴봅니다.

CHAPTER 4 크롤링 이해하기
크롤링이 무엇인가에 대해 살펴보며, GET과 POST 방식을 이용한 간단한 예제를 살펴봅니다.

CHAPTER 5 금융 데이터 수집하기 `기본`
한국거래소에서 제공하는 데이터를 크롤링하는 방법, 섹터의 구성종목을 수집하는 방법에 대해 살펴봅니다.

CHAPTER 6 금융 데이터 수집하기 심화

퀀트 투자의 핵심 자료인 수정주가, 재무제표 및 가치지표를 크롤링하는 방법을 살펴봅니다.

CHAPTER 7 데이터 정리하기

앞에서 수집한 주가, 재무제표, 가치지표를 하나의 파일로 정리하는 방법을 살펴봅니다.

CHAPTER 8 데이터 분석 및 시각화하기

수집한 데이터를 바탕으로 dplyr 패키지를 이용한 데이터 분석 및 ggplot2 패키지를 이용한 데이터 시각화, 인터랙티브 그래프를 나타내는 방법을 살펴봅니다.

CHAPTER 9 퀀트 전략을 이용한 종목 선정 기본

베타에 대한 이해 및 기본적 팩터인 저변동성, 모멘텀, 밸류, 퀄리티를 이용한 종목 선정에 대해 살펴봅니다.

CHAPTER 10 퀀트 전략을 이용한 종목 선정 심화

단순 종목 선정을 넘어 실무에서 사용되는 섹터 중립 포트폴리오 및 이상치 제거와 팩터 결합 방법, 마법공식 및 멀티팩터에 대해 살펴봅니다.

CHAPTER 11 포트폴리오 구성

최적화 패키지를 이용한 포트폴리오 구성에서 가장 대중적으로 사용되는 최소분산 포트폴리오, 최대분산효과 포트폴리오, 위험균형 포트폴리오를 구현합니다. 또한 실무에서 많이 사용되는 인덱스 포트폴리오 및 인핸스드 인덱스 포트폴리오 구성 방법을 살펴봅니다.

CHAPTER 12 포트폴리오 백테스트

Return.portfolio() 함수를 이용한 백테스트 방법에 대해 살펴보겠습니다.

CHAPTER 13 성과 및 위험 평가

포트폴리오의 수익률을 바탕으로 성과 및 위험 평가에 사용되는 각종 지표에 대해 알아보며, 4팩터 회귀분석을 통한 요인 분석을 실행합니다.

이 책에서 다루지 않은 주제

이 책은 R을 기본적으로 사용할 줄 아는 독자를 대상으로 작성되었습니다. 따라서 내용의 효율적 전달을 위해 R과 R Studio 설치, 기초적인 프로그래밍 등의 내용은 생략했습니다. 따라서 프로그래밍을 처음 접하는 독자라면 프로그래밍 기초를 먼저 익히신 후 이 책을 읽으시길 추천드립니다.

또한 이 책에서는 프로그램 언어로 R을 이용했기 때문에 파이썬 혹은 다른 언어를 사용하는 분들에게는 직접적으로 도움이 되지 않을 수 있다고 생각할 수 있습니다. 그러나 투자에 필요한 금융 데이터 수집을 어디서 어떻게 하는지, 종목 선택을 어떻게 하고 포트폴리오를 어떻게 구성하는지에 대한 이론적 내용을 이해한 후 본인들이 사용하는 언어로 구현해보는 것도 좋은 도전이 될 것입니다.

도움이 될만한 자료들

먼저 팩터 투자와 관련하여 심화된 내용을 알고 싶은 분은 저의 이전 책 및 책에서 인용된 논문을 읽어볼 것을 권합니다. R 프로그래밍과 관련하여 기초부터 tidyverse 패키지까지 이해하는 데 도움이 될만한 책 목록은 다음과 같습니다.

- 《SMART BETA(스마트 베타): 감정을 이기는 퀀트 투자》(김병규, 이현열, 워터베어프레스, 2017)
- 《손에 잡히는 R 프로그래밍》(가렛 그롤먼드, 한빛미디어, 2015)
- 《R Cookbook》(폴 티터, 인사이트, 2012)
- 《R을 활용한 데이터 과학》(해들리 위컴, 개럿 그롤문드, 인사이트, 2019)
- 《Do it! 쉽게 배우는 R 데이터 분석》(김영우, 이지스퍼블리싱, 2017)
- 《ggplot2: R로 분석한 데이터를 멋진 그래픽으로》(해들리 위컴, 프리렉, 2017)

이 책의 지원 페이지

이 책은 R의 bookdown 패키지로 작성되어 웹페이지 및 GitHub 저장소에 공유되어 있습니다. 따라서 책에 포함되어 있는 각종 코드를 웹페이지에 방문하여 얻으실 수 있습니다.

웹페이지: https://hyunyulhenry.github.io/quant_cookbook
GitHub 저장소: https://github.com/hyunyulhenry/quant_cookbook

크롤링 대상 웹페이지의 구조가 바뀌어 코드의 수정이 필요할 경우 즉각적으로 반영할 것이며, 인쇄본에서 다루지 않은 내용도 추가적으로 업데이트될 예정입니다. 또한 bookdown 패키지를 이용하여 책을 집필하고자 하는 분들에게도 많은 도움이 될 것입니다.

이 외에도 퀀트 투자 혹은 R을 이용한 투자 활용법 등의 내용은 저자의 블로그에 많은 글들이 있으니 참조하기 바랍니다.

Henry's Quantopia: http://blog.naver.com/leebisu

종목과 관련된 유의사항

팩터 모델을 이용한 종목 선택과 관련된 CHAPTER에서는 해당 조건으로 선택된 종목들이 나열되어 있습니다. 그러나 이는 해당 종목에 대한 매수 추천이 아님을 밝히며, 데이터를 받은 시점의 종목이기에 독자 여러분이 책을 읽는 시점에서 선택된 종목과는 상당한 차이가 있습니다.

또한 이 책에서 다루는 모델을 이용하여 투자를 할 경우, 이로 인한 이익과 손해는 본인에게 귀속됨을 알립니다.

세션 정보

이 책에 사용한 R 버전 및 각종 정보는 다음과 같습니다.

```
## R version 3.6.3 (2020-02-29)
## Platform: x86_64-pc-linux-gnu (64-bit)
## Running under: Ubuntu 16.04.7 LTS
##
## Matrix products: default
## BLAS:   /usr/lib/atlas-base/atlas/libblas.so.3.0
## LAPACK: /usr/lib/atlas-base/atlas/liblapack.so.3.0
##
## locale:
##  [1] LC_CTYPE=C.UTF-8       LC_NUMERIC=C
##  [3] LC_TIME=C.UTF-8        LC_COLLATE=C.UTF-8
##  [5] LC_MONETARY=C.UTF-8    LC_MESSAGES=C.UTF-8
##  [7] LC_PAPER=C.UTF-8       LC_NAME=C
##  [9] LC_ADDRESS=C           LC_TELEPHONE=C
## [11] LC_MEASUREMENT=C.UTF-8 LC_IDENTIFICATION=C
##
## attached base packages:
## [1] stats     graphics  grDevices utils     datasets
## [6] methods   base
##
## other attached packages:
## [1] showtext_0.9   showtextdb_3.0 sysfonts_0.8.1
##
## loaded via a namespace (and not attached):
## [1] compiler_3.6.3 magrittr_1.5    bookdown_0.20
## [4] htmltools_0.5.0 tools_3.6.3     yaml_2.2.1
```

```
##  [7] stringi_1.5.3     rmarkdown_2.3    knitr_1.30
## [10] stringr_1.4.0     digest_0.6.25    xfun_0.17
## [13] rlang_0.4.7       evaluate_0.14
```

1

퀀트 투자의 심장: 데이터와 프로그래밍

몇 년 전까지만 하더라도 퀀트 투자는 일반 투자자들에게 매우 낯선 영역이었지만, 최근에는 각종 커뮤니티와 매체를 통해 많은 사람들에게 익숙한 단어가 되었습니다. 퀀트 투자에서 '퀀트'란 모형을 기반으로 금융상품의 가격을 산정하거나, 이를 바탕으로 투자를 하는 사람을 말합니다. 퀀트(Quant)라는 단어가 '계량적'을 의미하는 퀀티터티브(Quantitative)의 앞 글자를 따왔음을 생각하면 쉽게 이해가 될 것입니다.

일반적으로 투자자들이 산업과 기업을 분석해 가치를 매기는 정성적인 투자법과는 달리, 퀀트 투자는 수학과 통계를 기반으로 전략을 만들고 이를 바탕으로 투자하는 정량적인 투자법을 의미합니다. 이처럼 데이터를 수집·가공한 후 이를 바탕으로 모델을 만들고 실행하는 단계는 데이터 과학의 업무 흐름도와 매우 유사합니다. 해들리 위컴

(Hadley Wickham)에 따르면[1] 데이터 과학의 업무 과정은 그림 1-1과 같습니다.

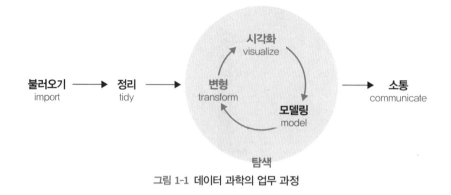

그림 1-1 데이터 과학의 업무 과정

데이터 과학자들은 프로그래밍을 통해 데이터를 불러온 후 이를 정리하고, 원하는 결과를 찾기 위해 데이터를 변형하거나 시각화하고 모델링합니다. 이러한 결과를 바탕으로 타인과 소통하는 일련의 과정을 거칩니다.

퀀트 투자의 단계 역시 이와 매우 유사합니다. 투자에 필요한 주가, 재무제표 등의 데이터를 수집해 정리한 후 필요한 지표를 얻기 위해 가공합니다. 그 후 각종 모형을 이용해 투자 종목을 선택하거나 백테스트를 수행하며, 이를 바탕으로 실제로 투자하고 성과를 평가합니다. 따라서 퀀트 투자는 데이터 과학이 금융에 응용된 사례라고도 볼 수 있으며, 퀀트 투자의 중심에는 데이터와 프로그래밍이 있습니다.

이 책에서도 데이터 과학의 업무 단계와 동일하게 데이터 불러오기, 데이터별로 정리하고 가공하기, 시각화를 통해 데이터의 특징 파악하기, 퀀트 모델을 이용해 종목 선택하기, 백테스트를 실시한 후 성과 및 위험 평가하기에 대해 알아보겠습니다. 이에 앞서 이 CHAPTER에서는 퀀트 투자의 심장이라고 할 수 있는 데이터를 어떻게 얻을 수 있는지, 왜 프로그래밍을 해야 하는지, 그중에서도 R이 무엇인지에 대해 간략히 살펴보겠습니다.

---

1 《R을 활용한 데이터 과학》(해들리 위컴, 개럿 그롤문드, 인사이트, 2019)

1.1 데이터 구하기

퀀트 투자에 필요한 데이터는 여러 데이터 제공업체의 서비스를 이용해서 매우 쉽게 구할 수 있습니다. 해외 데이터 수집에는 블룸버그 혹은 Factset, 국내 데이터 수집에는 DataGuide가 흔히 사용됩니다. 물론 비용을 더 지불한다면 단순 데이터 수집뿐만 아니라 즉석에서 백테스트 및 성과 평가까지 가능합니다. Factset에서 판매하는 Alpha Testing 혹은 S&P Global에서 판매하는 ClariFI(그림 1-2)를 사용한다면, 전 세계 주식을 대상으로 원하는 전략의 백테스트 결과를 마우스 몇 번 클릭해서 얻을 수 있습니다.

그림 1-2 ClariFI의 백테스트 기능

데이터 제공업체를 이용하는 방법의 최대 단점은 바로 비용입니다. 블룸버그 단말기는 1년 사용료가 대리 한 명의 연봉과 비슷해, 흔히 '블대리'라고 부르기도 합니다. 국내 데이터 업체의 사용료는 이보다 저렴하기는 하지만, 역시 1년 사용료가 수백만 원 정도로, 일반 개인 투자자가 감당하기에는 부담이 됩니다.

해외 데이터는 Quandl[2]이나 tiingo[3] 등의 업체가 제공하는 서비스를 이용하면 상대적으로 저렴한 가격에 데이터를 구할 수 있습니다. 물론 대형 데이터 제공업체에 비해 데이터의 종류가 적고 기간은 짧은 편이지만, 대부분의 일반 투자자가 사용하기에는 충분한 데이터를 얻을 수 있습니다. tiingo에서는 전 세계 64,386개 주식의 30년 이상 가격 정보, 21,352개 주식의 12년 이상 재무정보를 월 $10에 받을 수 있으며, 한정된 종

---

2   https://www.quandl.com

3   https://www.tiingo.com

목과 용량에 대해서는 무료로 데이터를 받을 수도 있습니다. 더군다나 API를 통해 프로그램 내에서 직접 데이터를 받을 수 있어 편리합니다.

그러나 아쉽게도 이러한 데이터에서 한국 시장의 정보는 소외되어 있습니다. 따라서 돈을 들이지 않고 국내 데이터를 얻기 위해서는 직접 발품을 파는 수밖에 없습니다. 야후 파이낸스[4] 혹은 국내 금융 웹사이트에서 제공하는 정보를 크롤링해 데이터를 수집할 수 있습니다.

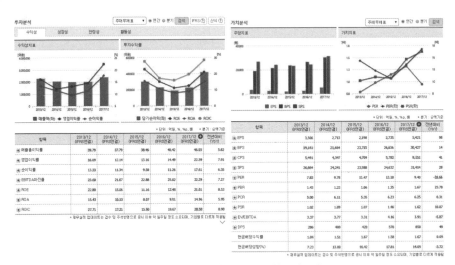

그림 1-3 네이버 금융에서 제공하는 재무정보

이러한 정보를 잘만 활용한다면 장기간의 주가 및 재무정보를 무료로 수집할 수 있습니다. 물론 데이터 제공업체가 제공하는 깔끔한 형태의 데이터가 아니므로 클렌징 작업이 필요하고 상장폐지된 기업의 데이터를 구하기 힘들다는 단점이 있습니다. 그러나 비용이 들지 않는 데다 현재 시점에서 투자 종목을 선택할 때는 상장폐지된 기업의 정보가 필요하지 않는다는 점을 고려하면 이는 큰 문제가 되지 않습니다.

---

4   https://finance.yahoo.com

1.2 퀀트 투자와 프로그래밍

우리가 구한 데이터는 연구나 투자에 바로 사용할 수 있는 형태로 주어지는 경우가 거의 없습니다. 따라서 데이터를 목적에 맞게 처리하는 과정을 거쳐야 하며, 이를 흔히 데이터 클렌징 작업이라고 합니다. 또한 정제된 데이터를 활용한 투자 전략의 백테스트나 종목 선정을 위해서 프로그래밍은 필수입니다. 물론 모든 퀀트 투자에서 프로그래밍이 필수인 것은 아닙니다. 엑셀을 이용해도 간단한 형태의 백테스트 및 종목 선정은 얼마든지 가능합니다. 그러나 응용성 및 효율성의 측면에서 엑셀은 매우 비효율적입니다.

데이터를 수집하고 클렌징 작업을 할 때 대상이 몇 종목 되지 않는다면 엑셀을 이용해도 충분히 가능합니다. 그러나 종목 수가 수천 종목을 넘어간다면 데이터를 손으로 일일이 처리하기가 사실상 불가능에 가깝습니다. 이러한 단순 반복 작업은 프로그래밍을 이용한다면 훨씬 효율적으로 수행할 수 있습니다.

백테스트에서도 프로그래밍이 훨씬 효율적입니다. 과거 12개월 누적수익률이 높은 종목에 투자하는 모멘텀 전략의 백테스트를 한다고 가정합시다. 처음에는 엑셀로 백테스트를 하는 것이 편하다고 생각할 수 있습니다. 그러나 만일 12개월이 아닌 6개월 누적수익률로 백테스트를 하고자 한다면 어떨까요? 엑셀에서 다시 6개월 누적수익률을 구하기 위해 명령어를 바꾸고 드래그하는 작업을 반복해야 할 것입니다. 그러나 프로그래밍을 이용한다면 $n = 12$였던 부분을 $n = 6$으로 변경한 후 단지 클릭 한 번만으로 새로운 백테스트가 완료됩니다.

전체 데이터가 100MB 정도라고 가정할 때, 투자 전략이 계속해서 늘어날 경우는 어떨까요? 엑셀에서 A라는 전략을 백테스트하기 위해서는 해당 데이터로 작업한 후 저장할 것입니다. 그 후 B라는 전략을 새롭게 백테스트하려면 해당 데이터를 새로운 엑셀 파일에 복사해 작업한 후 다시 저장해야 합니다. 결과적으로 10개의 전략만 백테스트하더라도 100MB짜리 엑셀 파일이 10개, 즉 1GB 정도의 엑셀 파일이 쌓이게 됩니다. 만일 데이터가 바뀔 경우 다시 10개 엑셀 시트의 데이터를 일일이 바꿔야 하는 귀찮음도 감수해야 합니다. 물론 하나의 엑셀 파일 내에서 모든 전략을 수행할 수도 있지만, 이러한 경우 속도가 상당히 저하되는 문제가 있습니다.

프로그래밍을 이용한다면 어떨까요? 백테스트를 수행하는 프로그래밍 스크립트는 불과 몇 KB에 불과하므로, 10개의 전략에 대한 스크립트 파일을 합해도 1MB가 되지 않습니다. 데이터가 바뀌더라도 원본 데이터 파일 하나만 수정해주면 됩니다.

물론 대부분의 사람들에게 프로그래밍은 낯선 도구입니다. 그러나 퀀트 투자에 필요한 프로그래밍은 매우 한정적이고 몇 가지 기능을 반복적으로 쓰기 때문에 몇 개의 단어와 구문만 익숙해지면 사용하는 데 큰 어려움이 없습니다. 또한 전문 개발자들의 프로그래밍에 비하면 상당히 쉬운 수준이므로, 비교적 빠른 시간 내에 원하는 전략을 테스트하고 수행하는 정도의 능력을 갖출 수도 있습니다.

1.3 R 프로그램

인간이 사용하는 언어의 종류가 다양하듯이, 프로그래밍 언어의 종류 역시 다양합니다. 대략 700여 개 이상의 프로그래밍 언어 중[5] 대중적으로 사용하는 언어는 그리 많지 않으므로, 대중성과 효율성을 위해 사용량이 많은 언어를 이용하는 것이 좋습니다.

그림 1-4는 프로그래밍 언어의 사용 순위[6]입니다. 이 중 R과 Python은 매우 대중적인 언어입니다. 해당 언어가 많이 사용되는 가장 큰 이유는 무료인 데다 일반인들이 사용하기에도 매우 편한 형태로 구성되어 있기 때문입니다.

---

5   https://en.wikipedia.org/wiki/List_of_programming_languages

6   https://www.tiobe.com/tiobe-index

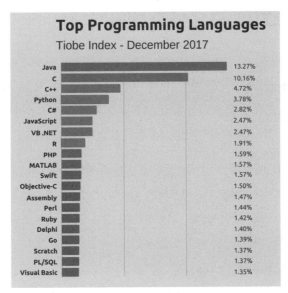

그림 1-4 **2017년 기준 프로그래밍 언어 사용 순위**

이러한 프로그래밍 언어 중 이 책에서는 R을 이용합니다. R의 장점은 무료라는 점 이외에도 타 언어와 비교할 수 없이 다양한 패키지가 있다는 점입니다. R은 두터운 사용자층을 기반으로 두고 있어 상상할 수 없을 정도로 패키지가 많으며, 특히 통계나 계량분석과 관련된 패키지는 독보적이라고 할 수 있습니다.

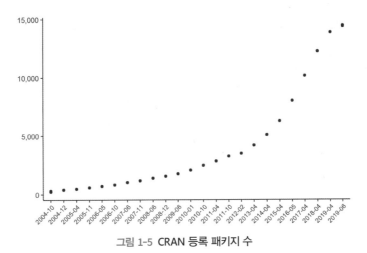

그림 1-5 **CRAN 등록 패키지 수**

1.4 퀀트 투자에 유용한 R 패키지

R에는 여러 연구자와 실무자의 헌신적인 노력 덕분에 금융 연구와 퀀트 투자를 위한 다양한 패키지가 만들어져 있으며, 누구나 무료로 이용할 수 있습니다. 이 책에서 사용되는 패키지 중 중요한 것은 다음과 같습니다. 각 패키지에 대한 자세한 설명은 구글에서 패키지명을 검색한 후 PDF 파일을 통해 확인할 수 있습니다.

- **quantmod:** 이름에서 알 수 있듯이 퀀트 투자에 매우 유용한 패키지입니다. API를 이용해 데이터를 다운로드하는 getSymbols() 함수는 대단히 많이 사용됩니다. 이 외에도 볼린저밴드, 이동평균선, 상대강도지수(RSI) 등 여러 기술적 지표를 주가 차트에 나타낼 수도 있습니다.

- **PerformanceAnalytics:** 포트폴리오의 성과와 위험을 측정하는 데 매우 유용한 패키지입니다. Return.portfolio() 함수는 포트폴리오 백테스트에 필수적인 함수입니다.

- **xts:** 기본적으로 금융 데이터는 시계열 형태이며, xts 패키지는 여러 데이터를 시계열 형태(eXtensible TimeSeries)로 변형해줍니다. 일별 수익률을 월별 수익률 혹은 연도별 수익률로 변환하는 apply.monthly()와 apply.yearly() 함수, 데이터들의 특정 시점을 찾아주는 endpoints() 함수 역시 백테스트에 필수적으로 사용되는 함수입니다. 이 패키지는 PerformanceAnalytics 패키지 설치 시 자동으로 설치됩니다.

- **zoo:** zoo 패키지 역시 시계열 데이터를 다루는 데 유용한 함수가 있습니다. rollapply() 함수는 apply() 함수를 전체 데이터가 아닌 롤링 윈도우 기법으로 활용할 수 있게 해주며, NA 데이터를 채워주는 na.locf() 함수는 시계열 데이터의 결측치를 보정할 때 매우 유용합니다.

- **httr & rvest:** 데이터를 웹에서 수집하기 위해서는 크롤링이 필수이며, httr과 rvest는 크롤링에 사용되는 패키지입니다. httr은 http의 표준 요청을 수행하는 패키지로서 단순히 데이터를 받는 GET() 함수와 사용자가 필요한 값을 선택해 요청하는 POST() 함수가 대표적으로 사용됩니다. rvest는 HTML 문서의 데

이터를 가져오는 패키지이며, 웹페이지에서 데이터를 크롤링한 후 원하는 데이터
만 뽑는 데 필요한 여러 함수가 포함되어 있습니다.

- **dplyr:** 데이터 처리에 특화되어 R을 이용한 데이터 과학 분야에서 많이 사용되
  는 패키지입니다. C++로 작성되어 매우 빠른 처리 속도를 보이며, API나 크롤링
  을 통해 수집한 데이터들을 정리할 때도 매우 유용합니다.

- **ggplot2:** 데이터를 시각화할 때 가장 많이 사용되는 패키지입니다. 물론 R에서
  기본적으로 내장된 plot() 함수를 이용해도 시각화가 가능하지만, 해당 패키지
  를 이용하면 훨씬 다양하고 깔끔하게 데이터를 그림으로 표현할 수 있습니다.

이 외에도 이 책에서는 다양한 패키지를 사용했으며, 아래의 코드를 실행하면 설치되
지 않은 패키지를 설치할 수 있습니다.

```
pkg = c('magrittr', 'quantmod', 'rvest', 'httr', 'jsonlite',
        'readr', 'readxl', 'stringr', 'lubridate', 'dplyr',
        'tidyr', 'ggplot2', 'corrplot', 'dygraphs',
        'highcharter', 'plotly', 'PerformanceAnalytics',
        'nloptr', 'quadprog', 'RiskPortfolios', 'cccp',
        'timetk', 'broom', 'stargazer')

new.pkg = pkg[!(pkg %in% installed.packages()[, "Package"])]
if (length(new.pkg)) {
  install.packages(new.pkg, dependencies = TRUE)}
```

2

크롤링을 위한 기본 지식

프로그래밍에 익숙한 분들도 크롤링은 생소한 경우가 많습니다. 기본적인 프로그래밍에 관한 책과 강의가 굉장히 많지만 크롤링을 다루는 자료는 접하기 힘들기 때문입니다. 크롤링은 기계적인 단계가 많기 때문에 조금만 연습해도 활용할 수 있는 기술입니다. 그러나 복잡한 웹페이지나 데이터 내용을 수집하려면 인코딩, 통신 구조에 대한 지식이 필요할 때가 있습니다.

이 CHAPTER에서는 크롤링을 하기 위해 사전에 알고 있으면 도움이 되는 인코딩, 웹의 동작 방식, HTML과 CSS에 대해 알아보겠습니다. 그리고 실제 크롤링 시 유용한 파이프 오퍼레이터와 오류에 대한 예외처리도 알아보겠습니다.

2.1 인코딩의 이해와 R에서 UTF-8 설정하기

2.1.1 인간과 컴퓨터 간 번역의 시작, ASCII

R에서 스크립트를 한글로 작성해 저장한 후 이를 다시 불러올 때, 혹은 한글로 된 데이터를 크롤링하면 오류가 뜨거나 읽을 수 없는 문자로 나타나는 경우가 종종 있습니다. 이는 한글 인코딩 때문에 발생하는 문제이며, 이러한 현상을 흔히 '인코딩이 깨졌다'라고 표현합니다. 인코딩이란 사람이 사용하는 언어를 컴퓨터가 사용하는 0과 1로 변환하는 과정을 말하며, 이와 반대의 과정을 디코딩이라고 합니다.

이렇듯 사람과 컴퓨터 간의 언어를 번역하기 위해 최초로 사용된 방식이 아스키(ASCII: American Standard Code for Information Interchange)입니다. 0부터 127까지 총 128개 바이트에 알파벳과 숫자, 자주 사용되는 특수문자 값을 부여하고, 문자가 입력되면 이에 대응되는 바이트가 저장됩니다. 그러나 아스키의 'American'이라는 이름에서 알 수 있듯이 이는 영어의 알파벳이 아닌 다른 문자를 표현하는 데 한계가 있으며, 이를 보완하기 위한 여러 방법이 나오게 되었습니다.

Dec	Hex	Char	Dec	Hex	Char	Dec	Hex	Char	Dec	Hex	Char
0	00	null	32	20	space	64	40	@	96	60	`
1	01	start of heading	33	21	!	65	41	A	97	61	a
2	02	start of text	34	22	"	66	42	B	98	62	b
3	03	end of text	35	23	#	67	43	C	99	63	c
4	04	end of transmit	36	24	$	68	44	D	100	64	d
5	05	enquiry	37	25	%	69	45	E	101	65	e
6	06	acknowledge	38	26	&	70	46	F	102	66	f
7	07	audible bell	39	27	'	71	47	G	103	67	g
8	08	backspace	40	28	(	72	48	H	104	68	h
9	09	horizontal tab	41	29	)	73	49	I	105	69	i
10	0A	line feed (₩n)	42	2A	*	74	4A	J	106	6A	j
11	0B	vertical tab	43	2B	+	75	4B	K	107	6B	k
12	0C	form feed	44	2C	,	76	4C	L	108	6C	l
13	0D	carriage return (₩r)	45	2D	-	77	4D	M	109	6D	m
14	0E	shift out	46	2E	.	78	4E	N	110	6E	n
15	0F	shift in	47	2F	/	79	4F	O	111	6F	o
16	10	data link escape	48	30	0	80	50	P	112	70	p
17	11	device control 1	49	31	1	81	51	Q	113	71	q
18	12	device control 2	50	32	2	82	52	R	114	72	r
19	13	device control 3	51	33	3	83	53	S	115	73	s
20	14	device control 4	52	34	4	84	54	T	116	74	t
21	15	neg acknowledge	53	35	5	85	55	U	117	75	u
22	16	synchronous idle	54	36	6	86	56	V	118	76	v
23	17	end of trans. block	55	37	7	87	57	W	119	77	w
24	18	cancel	56	38	8	88	58	X	120	78	x
25	19	end of medium	57	39	9	89	59	Y	121	79	y
26	1A	substitution	58	3A	:	90	5A	Z	122	7A	z
27	1B	escape	59	3B	;	91	5B	[	123	7B	{
28	1C	file separator	60	3C	<	92	5C	₩	124	7C		
29	1D	group separator	61	3D	=	93	5D	]	125	7D	}
30	1E	record separator	62	3E	>	94	5E	^	126	7E	~
31	1F	unit separator	63	3F	?	95	5F	_	127	7F	DEL

그림 2-1 아스키 코드 표

2.1.2 한글 인코딩 방식의 종류

인코딩에 대한 전문적인 내용은 이 책의 범위를 넘어가며, 크롤링을 위해서는 한글을 인코딩하는 데 쓰이는 EUC-KR과 CP949, UTF-8 정도만 이해해도 충분합니다. 만일 '알'이라는 단어를 인코딩한다면 어떤 방법이 있을까요? 먼저 '알'이라는 문자 자체에 해당하는 코드를 부여해 나타내는 방법이 있습니다. 아니면 이를 구성하는 모음과 자음을 나누어 ㅇ, ㅏ, ㄹ 각각에 해당하는 코드를 부여하고 이를 조합할 수도 있습니다. 전자와 같이 완성된 문자 자체로 나타내는 방법을 완성형, 후자와 같이 각 자모로 나타내는 방법을 조합형이라고 합니다.

한글 인코딩 중 완성형으로 가장 대표적인 방법은 EUC-KR입니다. EUC-KR은 현대 한글에서 많이 쓰이는 문자 2,350개에 번호를 붙인 방법입니다. 그러나 2,350개 문자로 모든 한글 자모의 조합을 표현하기 부족해, 이를 보완하고자 마이크로소프트가 도입한 방법이 CP949입니다. CP949는 11,720개 한글 문자에 번호를 붙인 방법으로 기존 EUC-KR보다 나타낼 수 있는 한글의 개수가 훨씬 많아졌습니다. 윈도우의 경우 기본 인코딩이 CP949로 되어 있습니다.

조합형의 대표적 방법인 UTF-8은 모음과 자음 각각에 코드를 부여한 후 조합해 한글을 나타냅니다. 조합형은 한글뿐만 아니라 다양한 언어에 적용할 수 있다는 장점이 있어 전 세계 웹페이지의 대부분이 UTF-8로 만들어지고 있습니다.

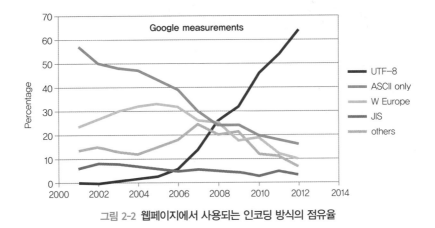

그림 2-2 웹페이지에서 사용되는 인코딩 방식의 점유율

2.1.3 R에서 UTF-8 설정하기

윈도우에서는 기본 인코딩이 CP949로 이루어져 있으며, 일부 국내 웹사이트는 EUC-KR로 인코딩이 된 경우도 있습니다. 반면 R의 여러 함수는 인코딩이 UTF-8로 이루어져 있어, 인코딩 방식의 차이로 인해 스크립트 작성 및 크롤링 과정에서 오류가 발생하는 경우가 종종 있습니다.

만일 CP949 인코딩을 그대로 사용하면 미리 저장되었던 한글 스크립트가 깨져 나오는 일이 발생할 수 있습니다. 이를 방지하기 위해 그림 2-3과 같이 기본 인코딩을 UTF-8로 변경해주는 것이 좋습니다. R Studio의 [Tools → Global Options] 메뉴에서 [Code → Saving] 항목 중 [Default text encodings] 항목을 통해 기본 인코딩을 UTF-8로 변경합니다.

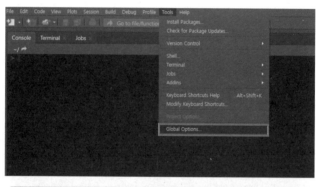

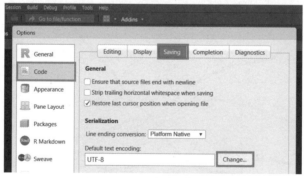

그림 2-3 R Studio의 인코딩 변경 방법

해당 방법으로도 해결되지 않는다면 그림 2-4와 같이 [File → Reopen with Encoding]

메뉴에서 [UTF-8] 항목을 선택하고 [Set as default encoding for source files] 항목을 선택한 후 [OK]를 클릭합니다. UTF-8로 인코딩이 설정된 후 파일을 다시 엽니다.

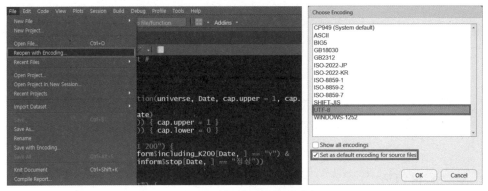

그림 2-4 인코딩 변경 후 재시작

2.2 웹의 동작 방식

크롤링은 웹사이트의 정보를 수집하는 과정입니다. 따라서 웹이 어떻게 동작하는지 이해할 필요가 있습니다.

그림 2-5 웹 환경 구조

먼저 클라이언트란 여러분의 데스크톱이나 휴대폰과 같은 장치와 크롬이나 파이어폭스와 같은 소프트웨어를 의미합니다. 서버는 웹사이트와 앱을 저장하는 컴퓨터를 의미합니다. 클라이언트가 특정 정보를 요구하는 과정을 '요청'이라고 하며, 서버가 해당 정보를 제공하는 과정을 '응답'이라고 합니다. 그러나 클라이언트와 서버가 연결되어 있지 않다면 둘 사이에 정보를 주고받을 수 없으며, 이를 연결하는 공간이 바로 인터넷입니다. 또한 건물에도 고유의 주소가 있는 것처럼, 각 서버에도 고유의 주소가 있는데 이것이 인터넷 주소 혹은 URL입니다.

여러분이 네이버에서 경제 기사를 클릭하는 경우를 생각해봅시다. 클라이언트는 사용자인 여러분이고, 서버는 네이버이며, URL은 www.naver.com이 됩니다. 경제 기사를 클릭하는 과정이 요청이며, 클릭 후 해당 페이지를 보여주는 과정이 응답입니다.

2.2.1 HTTP

클라이언트가 각기 다른 방법으로 데이터를 요청한다면, 서버는 해당 요청을 알아듣지 못할 것입니다. 이를 방지하기 위해 규정된 약속이나 표준에 맞추어 데이터를 요청해야 합니다. 이러한 약속을 HTTP(HyperText Transfer Protocol)라고 합니다.

클라이언트가 서버에게 요청의 목적이나 종류를 알리는 방법을 HTTP 요청 방식(HTTP Request Method)이라고 합니다. HTTP 요청 방식은 크게 표 2-1과 같이 GET, POST, PUT, DELETE라는 네 가지로 나눌 수 있지만 크롤링에는 GET과 POST 방식이 대부분 사용되므로 이 두 가지만 알아도 충분합니다. GET 방식과 POST 방식의 차이 및 크롤링 방법은 CHAPTER 4에서 자세하게 다루겠습니다.

표 2-1 HTTP 요청 방식과 설명

요청 방식	기능
GET	특정 정보 조회
POST	새로운 정보 등록
PUT	기존 특정 정보 갱신
DELETE	기존 특정 정보 삭제

인터넷을 사용하다 보면 한 번쯤 '이 페이지를 볼 수 있는 권한이 없음(HTTP 오류 403 - 사용할 수 없음)' 혹은 '페이지를 찾을 수 없음(HTTP 오류 404 - 파일을 찾을 수 없음)'이라는 오류를 본 적이 있을 겁니다. 여기서 403과 404라는 숫자는 클라이언트의 요청에 대한 서버의 응답 상태를 나타내는 HTTP 상태 코드입니다.

HTTP 상태 코드는 100번대부터 500번대까지 있으며, 성공적으로 응답을 받을 시 200번 코드를 받게 됩니다. 각 코드에 대한 내용은 HTTP 상태 코드를 검색하면 확인할 수 있으며, 크롤링 과정에서 오류가 발생할 시 해당 코드를 통해 어떤 부분에서 오류가 발생했는지 확인이 가능합니다.

표 2-2 **HTTP 상태 코드 그룹별 내용**

코드	주소	내용
1xx	Informational(조건부 응답)	요청을 받고 처리 중에 있음
2xx	Success(성공)	요청을 정상적으로 처리함
3xx	Redirection(리디렉션)	요청 완료를 위해 추가 동작이 필요함
4xx	Client Error(클라이언트 오류)	클라이언트 요청을 처리할 수 없어 오류 발생
5xx	Server Error(서버 오류)	서버에서 처리하지 못해 오류 발생

2.3 HTML과 CSS

클라이언트와 서버가 데이터를 주고받을 때는 디자인이라는 개념이 필요하지 않습니다. 그러나 응답받은 정보를 사람이 확인하려면 보기 편한 방식으로 바꾸어줄 필요가 있는데 웹페이지가 그러한 역할을 합니다. 웹페이지의 제목, 단락, 목록 등 레이아웃을 잡아주는 데 쓰이는 대표적인 마크업 언어가 HTML(HyperText Markup Language)입니다. HTML을 통해 잡혀진 뼈대에 글자의 색상이나 폰트, 배경색, 배치 등 화면을 꾸며주는 역할을 하는 것이 CSS(Cascading Style Sheets)입니다.

우리의 목적은 웹페이지를 만드는 것이 아니므로 HTML과 CSS에 대해 자세히 알 필요는 없습니다. 그러나 크롤링하고자 하는 데이터가 웹페이지의 어떤 태그 내에 위치하고 있는지, 어떻게 크롤링하면 될지 파악하기 위해서는 HTML과 CSS에 대한 기본적인 지식은 알아야 합니다.

메모장에서 HTML 코드를 입력한 후 '파일명.html'로 저장하면 해당 코드가 웹페이지에서 어떻게 나타나는지 확인할 수 있습니다.

2.3.1 HTML 기본 구조

HTML은 크게 메타 데이터를 나타내는 head와 본문을 나타내는 body로 나누어집니다. head에서 `title`은 웹페이지에서 나타나는 제목을 나타내며 body 내에는 본문에 들어갈 각종 내용들이 포함되어 있습니다.

```
<html>
<head>
<title>Page Title</title>
</head>

<body>
<h2> This is page heading </h2>
<p> THis is first paragraph text </p>
</body>
</html>
```

그림 2-6 HTML 기본 구조

2.3.2 태그와 속성

HTML 코드는 태그와 속성, 내용으로 이루어져 있습니다. 크롤링한 데이터에서 특정 태그의 데이터만을 찾는 방법, 특정 속성의 데이터만을 찾는 방법, 뽑은 자료에서 내용만을 찾는 방법 등 내용을 찾는 방법이 모두 다르기 때문에 태그와 속성에 대해 좀 더 자세히 살펴보겠습니다.

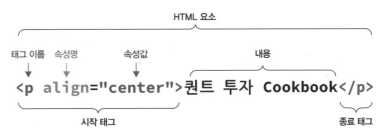

그림 2-7 HTML 구성 요소 분석

꺾쇠(<>)로 감싸져 있는 부분을 태그라고 하며, 여는 태그 <>가 있으면 반드시 이를 닫는 태그인 </>가 쌍으로 있어야 합니다. 속성은 해당 태그에 대한 추가적인 정보를 제공해주는 것으로, 뒤에 속성값이 따라와야 합니다. 내용은 우리가 눈으로 보는 텍스트 부분을 의미합니다. 앞의 HTML 코드는 문단을 나타내는 <p> 태그, 정렬을 나타내는 align 속성과 center를 통해 가운데 정렬을 지정하며, 내용에는 '퀀트 투자 Cookbook'을 나타내고, </p> 태그를 통해 태그를 마쳤습니다.

2.3.3 h 태그와 p 태그

h 태그는 폰트의 크기를 나타내는 태그이며, p 태그는 문단을 나타내는 태그입니다. 이를 사용한 간단한 예제는 다음과 같습니다. h 태그의 숫자가 작을수록 텍스트 크기는 커지는 것이 확인되며, 숫자는 1에서 6까지 지원됩니다. p 태그를 사용하면 각각의 문단이 만들어지는 것이 확인됩니다.

```
<html>
<body>
```

```
<h1>Page heading: size 1</h1>
<h2>Page heading: size 2</h2>
<h3>Page heading: size 3</h3>

<p>Quant Cookbook</p>
<p>By Henry</p>

</body>
</html>
```

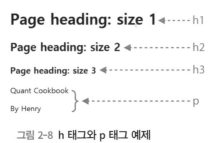

그림 2-8 h 태그와 p 태그 예제

2.3.4 리스트를 나타내는 ul 태그와 ol 태그

ul과 ol 태그는 리스트(글머리 기호)를 만들 때 사용됩니다. ul은 순서가 없는 리스트
(unordered list), ol은 순서가 있는 리스트(ordered list)를 만듭니다.

```
<html>
<body>

<h2> Unordered List</h2>
<ul>
  <li>Price</li>
  <li>Financial Statement</li>
  <li>Sentiment</li>
</ul>

<h2> Ordered List</h2>
<ol>
  <li>Import</li>
  <li>Tidy</li>
```

```
  <li>Understand</li>
  <li>Communicate</li>
 </ol>

</body>
</html>
```

Unordered List

- Price
- Financial Statement
- Sentiment

Ordered List

1. Import
2. Tidy
3. Understand
4. Communicate

그림 2-9 ul 태그와 ol 태그 예제

ul 태그로 감싼 부분은 글머리 기호가 순서가 없는 •으로 표현되며, ol 태그로 감싼 부분은 숫자가 순서대로 표현됩니다. 각각의 리스트는 li를 통해 생성됩니다.

2.3.5 table 태그

table 태그는 표를 만드는 태그입니다.

```
<html>
<body>

<h2>Major Stock Indices and US ETF</h2>

<table>
  <tr>
    <th>Country</th>
    <th>Index</th>
    <th>ETF</th>
  </tr>
```

```
    <tr>
      <td>US</td>
      <td>S&P 500</td>
      <td>IVV</td>
    </tr>
    <tr>
      <td>Europe</td>
      <td>Euro Stoxx 50</td>
      <td>IEV</td>
    </tr>
    <tr>
      <td>Japan</td>
      <td>Nikkei 225</td>
      <td>EWJ</td>
    </tr>
    <tr>
      <td>Korea</td>
      <td>KOSPI 200</td>
      <td>EWY</td>
    </tr>
</table>

</body>
</html>
```

Major Stock Indices and US ETF

Country	Index	ETF
US	S&P 500	IVV
Europe	Euro Stoxx 50	IEV
Japan	Nikkei 225	EWJ
Korea	KOSPI 200	EWY

그림 2-10 table 태그 예제

table 태그 내의 tr 태그는 각 행을 의미합니다. 각 셀의 구분은 th 혹은 td 태그를 통해 구분할 수 있습니다. th 태그는 진하게 표현되므로 주로 테이블의 제목에 사용되고, td 태그는 테이블의 내용에 사용됩니다.

2.3.6 a 태그와 src 태그 및 속성

a 태그와 src 태그는 다른 태그와는 다르게, 혼자 쓰이기보다는 속성과 결합해 사용됩니다. a 태그는 href 속성과 결합해 다른 페이지의 링크를 걸 수 있습니다. src 태그는 img 속성과 결합해 이미지를 불러옵니다.

```
<html>
<body>

<h2>a tag & href attribute</h2>
<p>HTML links are defined with the a tag.
The link address is specified in the href attribute:</p>

<a href="https://henryquant.blogspot.com/">Henry's Quantopia</a>

<h2>img tag & src attribute</h2>
<p>HTML images are defined with the img tag,
and the filename of the image source is
specified in the src attribute:</p>

<img src="https://cran.r-project.org/Rlogo.svg",
width="180",height="140">

</body>
</html>
```

a tag & href attribute

HTML links are defined with the a tag. The link address is specified in the href attribute:

Henry's Quantopia ◀ - - - - - - - - - - - - - a

img tag & src attribute

HTML images are defined with the img tag, and the filename of the image source is specified in the src attribute:

◀ - - - - - - - - - - - - - - - - - src

그림 2-11 a 태그와 src 태그 예제

a 태그 뒤 href 속성의 속성값으로 연결하려는 웹페이지 주소를 입력한 후 내용을 입력하면, 내용 텍스트에 웹페이지의 링크가 추가됩니다. img 태그 뒤 src 속성의 속성

값에는 불러오려는 이미지 주소를 입력하며, width 속성과 height 속성을 통해 이미지의 가로세로 길이를 조절할 수도 있습니다. 페이지 내에서 링크된 주소를 모두 찾거나, 모든 이미지를 저장하려고 할 때 속성값을 찾으면 손쉽게 원하는 작업을 할 수 있습니다.

2.3.7 div 태그

div 태그는 화면의 전체적인 틀(레이아웃)을 만들 때 주로 사용하는 태그입니다. 단독으로도 사용될 수 있으며, 꾸밈을 담당하는 style 속성과 결합되어 사용되기도 합니다.

```
<body>

<div style="background-color:black;color:white">
  <h5>First Div</h5>
  <p>Black backgrond, White Color</p>
</div>

<div style="background-color:yellow;color:red">
  <h5>Second Div</h5>
  <p>Yellow backgrond, Red Color</p>
</div>

<div style="background-color:blue;color:grey">
  <h5>Second Div</h5>
  <p>Blue backgrond, Grey Color</p>
</div>

</body>
</html>
```

그림 2-12 div 태그 예제

div 태그를 통해 총 세 개의 레이아웃으로 나누어진 것을 알 수 있습니다. style 속성 중 background-color는 배경 색상을, color는 글자 색상을 의미하며, 각 레이아웃마다 다른 스타일이 적용되었습니다.

2.3.8 CSS

CSS는 앞서 설명했듯이 웹페이지를 꾸며주는 역할을 합니다. head에서 각 태그에 CSS 효과를 입력하면 본문의 모든 해당 태그에 CSS 효과가 적용됩니다. 이처럼 웹페이지를 꾸미기 위해 특정 요소에 접근하는 것을 셀렉터(Selector)라고 합니다.

```
<html>
<head>
<style>
body {background-color: powderblue;}
h4    {color: blue;}
</style>
</head>
<body>

<h4>This is a heading</h4>
<p>This is a first paragraph.</p>
<p>This is a second paragraph.</p>

</body>
</html>
```

This is a heading

This is a first paragraph.

This is a second paragraph.

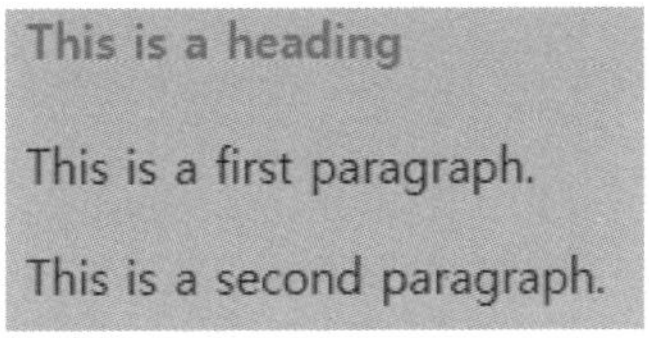

그림 2-13 **CSS 예제**

head 태그 사이에 여러 태그에 대한 CSS 효과가 정의되었습니다. 먼저 body의 전체 배경 색상을 powderblue로 설정했으며, h4 태그의 글자 색상은 파란색(blue)으로 설정했습니다. body 태그 내에서 style에 태그를 주지 않더라도, CSS 효과가 모두 적용되었음이 확인됩니다.

2.3.9 클래스와 id

CSS를 이용하면 본문의 모든 태그에 효과가 적용되므로, 특정한 요소(Element)에만 동일한 효과를 적용할 수 없습니다. 클래스 속성을 이용하면 동일한 이름을 가진 클래스에는 동일한 효과가 적용됩니다.

```html
<html>
<style>
.index {
  background-color: tomato;
  color: white;
  padding: 10px;
}
.desc {
  background-color: moccasin;
  color: black;
  padding: 10px;
}
</style>

<div>
<h2 class="index">S&P 500</h2>
<p class="desc"> Market capitalizations of 500 large companies
having common stock listed on the NYSE, NASDAQ,
or the Cboe BZX Exchange</p>
</div>

<div>
<h2>Dow Jones Industrial Average</h2>
<p>Value of 30 large, publicly owned companies
based in the United States</p>
</div>

<div>
<h2 class="index">NASDAQ Composite</h2>
<p class="desc">The composition of the NASDAQ Composite is
heavily weighted towards information technology companies</p>
<div>
</html>
```

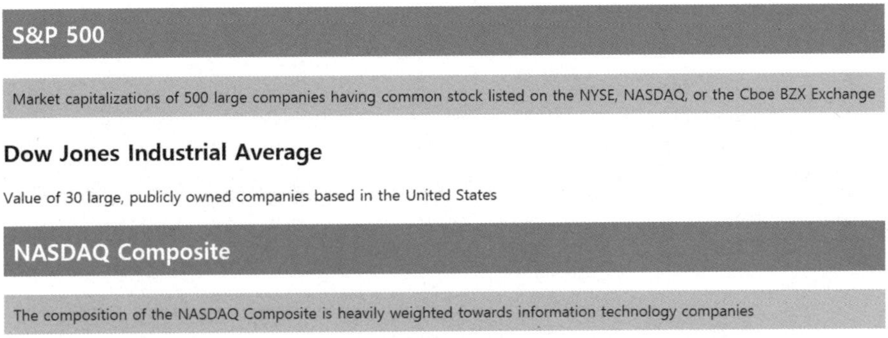

S&P 500

Market capitalizations of 500 large companies having common stock listed on the NYSE, NASDAQ, or the Cboe BZX Exchange

Dow Jones Industrial Average

Value of 30 large, publicly owned companies based in the United States

NASDAQ Composite

The composition of the NASDAQ Composite is heavily weighted towards information technology companies

그림 2-14 클래스 예제

셀렉터를 클래스에 적용할 때는 클래스명 앞에 마침표(.)를 붙여 표현합니다. 위 예제에서 index 클래스는 배경 색상이 tomato, 글자 색상은 흰색, 여백은 10px로 정의되었습니다. desc 클래스는 배경 색상이 moccasin, 글자 색상은 검은색, 여백은 10px로 정의되었습니다. 본문의 첫 번째(S&P 500)와 세 번째(NASDAQ Composite) 레이아웃의 h2 태그 뒤에는 index 클래스를, p 태그 뒤에는 desc 클래스를 속성으로 입력했습니다. 따라서 해당 레이아웃에만 CSS 효과가 적용되며, 클래스 값이 없는 두 번째 레이아웃에는 효과가 적용되지 않습니다.

id 또한 이와 비슷한 역할을 하며, HTML 내에서 여러 개의 클래스가 정의될 수 있는 반면, id는 단 하나만 사용하기를 권장합니다.

```html
<html>
<head>
<style>

/* Style the element with the id "myHeader" */
#myHeader {
  background-color: lightblue;
  color: black;
  padding: 15px;
  text-align: center;
}
</style>
</head>
```

```
<body>

<!-- A unique element -->
<h1 id="myHeader">My Header</h1>

</body>
</html>
```

My Header

그림 2-15 id 예제

셀렉터를 id에 적용할 때는 클래스명 앞에 샵(#)을 붙여 표현하며, 페이지에서 한 번만 사용된다는 점을 제외하면 클래스와 사용 방법이 거의 동일합니다. 클래스나 id 값을 통해 원하는 내용을 크롤링하는 경우도 많으므로, 각각의 이름 앞에 마침표(.)와 샵(#)을 붙여야 한다는 점을 꼭 기억하기 바랍니다.

HTML과 관련해 추가적인 정보가 필요하거나 내용이 궁금하다면 아래 웹사이트를 참고하기 바랍니다.

- **w3schools:** https://www.w3schools.in/html-tutorial
- **웨버 스터디:** http://webberstudy.com

2.4 파이프 오퍼레이터(%>%)

파이프 오퍼레이터는 R에서 동일한 데이터를 대상으로 연속으로 작업하게 해주는 오퍼레이터(연산자)입니다. 크롤링에 필수적인 rvest 패키지를 설치하면 자동으로 **magrittr** 패키지가 설치되어 파이프 오퍼레이터를 사용할 수 있습니다.

흔히 프로그래밍에서 x라는 데이터를 F()라는 함수에 넣어 결괏값을 확인하고 싶으면 F(x)의 방법을 사용합니다. 예를 들어 3과 5라는 데이터 중 큰 값을 찾으려면

max(3,5)를 통해 확인합니다. 이를 통해 나온 결괏값을 또 다시 G()라는 함수에 넣어 결괏값을 확인하려면 비슷한 과정을 거칩니다. max(3,5)를 통해 나온 값의 제곱근을 구하려면 result = max(3,5)를 통해 첫 번째 결괏값을 저장하고, sqrt(result)를 통해 두 번째 결괏값을 계산합니다. 물론 sqrt(max(3,5))와 같은 표현법으로 한 번에 표현할 수 있습니다.

이러한 표현의 단점은 계산하는 함수가 많아질수록 저장하는 변수가 늘어나거나 괄호가 지나치게 길어진다는 것입니다. 그러나 파이프 오퍼레이터인 %>%를 사용하면 함수 간의 관계를 매우 직관적으로 표현하고 이해할 수 있습니다. 이를 정리하면 아래 표 2-3과 같습니다.

표 2-3 파이프 오퍼레이터의 표현과 내용

내용	표현 방법
F(x)	x %>% F
G(F(x))	x %>% F %>% G

간단한 예제를 통해 파이프 오퍼레이터의 사용법을 살펴보겠습니다. 먼저 다음과 같은 10개의 숫자가 있다고 가정합니다.

```
x = c(0.3078, 0.2577, 0.5523, 0.0564, 0.4685,
      0.4838, 0.8124, 0.3703, 0.5466, 0.1703)
```

우리가 원하는 과정은 다음과 같습니다.

1. 각 값들의 로그값을 구할 것
2. 로그값들의 계차를 구할 것
3. 구해진 계차의 지숫값을 구할 것
4. 소수 둘째 자리까지 반올림할 것

즉 log(), diff(), exp(), round() 함수에 대한 값을 순차적으로 구하고자 합니다.

```
x1 = log(x)
x2 = diff(x1)
x3 = exp(x2)
round(x3, 2)
```

```
## [1] 0.84 2.14 0.10 8.31 1.03 1.68 0.46 1.48 0.31
```

첫 번째 방법은 단계별 함수의 결괏값을 변수에 저장하고 저장된 변수를 다시 불러와
함수에 넣고 계산하는 방법입니다. 전반적인 계산 과정을 확인하기에는 좋지만 매번
변수에 저장하고 불러오는 과정이 매우 비효율적이며 코드도 불필요하게 길어집니다.

```
round(exp(diff(log(x))), 2)
```

```
## [1] 0.84 2.14 0.10 8.31 1.03 1.68 0.46 1.48 0.31
```

두 번째는 괄호를 통해 감싸는 방법입니다. 앞선 방법에 비해 코드는 짧아졌지만, 계산
과정을 알아보기에는 매우 불편한 방법으로 코드가 짜여 있습니다.

```
library(magrittr)
x %>% log() %>% diff() %>% exp() %>% round(., 2)
```

```
## [1] 0.84 2.14 0.10 8.31 1.03 1.68 0.46 1.48 0.31
```

마지막으로 파이프 오퍼레이터를 사용하는 방법입니다. 코드도 짧으며 계산 과정을 한
눈에 파악하기도 좋습니다. 맨 왼쪽에는 원하는 변수를 입력하며, %>% 뒤에는 차례대
로 계산하고자 하는 함수를 입력합니다. 변수의 입력값을 ()로 비워둘 경우, 오퍼레이
터의 왼쪽에 있는 값이 입력 변수가 됩니다. 반면 round()와 같이 입력값이 두 개 이
상 필요하면 마침표(.)가 오퍼레이터의 왼쪽 값으로 입력됩니다.

파이프 오퍼레이터는 크롤링뿐만 아니라 모든 코드에 사용할 수 있습니다. 이를 통해
훨씬 깔끔하면서도 데이터 처리 과정을 직관적으로 이해할 수 있습니다.

2.5 오류에 대한 예외처리

크롤링을 이용해 데이터를 수집할 때 일반적으로 for loop 구문을 통해 수천 종목에 해당하는 웹페이지에 접속해 해당 데이터를 읽어옵니다. 그러나 특정 종목에 해당하는 페이지가 없거나, 단기적으로 접속이 불안정할 경우 오류가 발생해 루프를 처음부터 다시 실행해야 하는 번거로움이 있습니다. tryCatch() 함수를 이용하면 예외처리, 즉 오류가 발생할 경우 이를 무시하고 넘어갈 수 있습니다.

tryCatch() 함수의 구조는 다음과 같습니다.

```
result = tryCatch({
  expr
}, warning = function(w) {
  warning-handler-code
}, error = function(e) {
  error-handler-code
}, finally = {
  cleanup-code
})
```

먼저 expr는 실행하고자 하는 코드를 의미합니다. warning은 경고를 나타내며, warning-handler-code는 경고 발생 시 실행할 구문을 의미합니다. 이와 비슷하게 error와 error-handler-code는 각각 오류와 오류 발생 시 실행할 구문을 의미합니다. finally는 오류의 여부와 관계 없이 무조건 수행할 구문을 의미하며, 생략할 수도 있습니다.

```
number = data.frame(1,2,3,"4",5, stringsAsFactors = FALSE)
str(number)
```

```
## 'data.frame':   1 obs. of  5 variables:
## $ X1  : num 1
## $ X2  : num 2
## $ X3  : num 3
## $ X.4.: chr "4"
## $ X5  : num 5
```

먼저 number 변수에는 1에서 5까지 값이 입력되어 있으며, 다른 값들은 형태가 숫자인 반면 4는 문자 형태입니다.

```
for (i in number) {
 print(i^2)
}
```

```
## [1] 1
## [1] 4
## [1] 9
## Error in i^2: 이항연산자에 수치가 아닌 인수입니다
```

for loop 구문을 통해 순서대로 값들의 제곱을 출력하는 명령어를 실행하면 문자 4는 제곱을 할 수 없어 오류가 발생하게 됩니다. tryCatch() 함수를 사용하면 이처럼 오류가 발생하는 루프를 무시하고 다음 루프로 넘어갈 수 있게 됩니다.

```
for (i in number) {
  tryCatch({
    print(i^2)
  }, error = function(e) {
    print(paste('Error:', i))
    })
}
```

```
## [1] 1
## [1] 4
## [1] 9
## [1] "Error: 4"
## [1] 25
```

expr 부분은 print(i^2)이며, error-handler-code 부분은 오류가 발생한 i를 출력합니다. 해당 코드를 실행하면 문자 4에서 오류가 발생함을 알려준 후 루프가 멈추지 않고 다음으로 진행됩니다.

CHAPTER

3

API를 이용한 데이터 수집

이 CHAPTER와 다음 CHAPTER에서는 본격적으로 데이터를 수집하는 방법을 배우 겠습니다. 먼저 API를 이용해 데이터를 수집하는 방법을 살펴봅니다.

API 제공자는 본인이 가진 데이터베이스를 다른 누군가가 쉽게 사용할 수 있는 형태로 가지고 있으며, 해당 데이터베이스에 접근할 수 있는 열쇠인 API 주소를 가진 사람은 이를 언제든지 사용할 수 있습니다.

그림 3-1 **API의 개념**

API는 API 주소만 가지고 있다면 데이터를 언제, 어디서, 누구나 쉽게 이용할 수 있다는 장점이 있습니다. 또한 대부분의 경우 사용자가 필요한 데이터만을 가지고 있으므로 접속 속도가 빠르며, 데이터를 가공하는 번거로움도 줄어듭니다. 해외에는 금융 데이터를 API의 형태로 제공하는 업체가 많으므로, 이를 잘만 활용한다면 매우 손쉽게 퀀트 투자에 필요한 데이터를 수집할 수 있습니다.

3.1 API를 이용한 Quandl 데이터 다운로드

데이터 제공업체 Quandl은 일부 데이터를 무료로 제공하며 API를 통해서 다운로드할 수 있습니다.[7] 이 책에서는 예제로 애플(AAPL)의 주가를 다운로드해보겠습니다. csv 형식의 API 주소는 다음과 같습니다.

https://www.quandl.com/api/v3/datasets/WIKI/AAPL/data.csv?api_key=xw3NU3xLUZ7vZgrz5QnG

위 주소를 웹 브라우저 주소 창에 직접 입력하면 csv 형식의 파일이 다운로드되며, 파일을 열어보면 애플의 주가 데이터가 있습니다.

	A	B	C	D	E	F	G	H	I	J	K	L	M
1	Date	Open	High	Low	Close	Volume	Ex-Divider	Split Ratio	Adj. Open	Adj. High	Adj. Low	Adj. Close	Adj. Volume
2	2018-03-27	173.68	175.15	166.92	168.34	38962839	0	1	173.68	175.15	166.92	168.34	38962839
3	2018-03-26	168.07	173.1	166.44	172.77	36272617	0	1	168.07	173.1	166.44	172.77	36272617
4	2018-03-23	168.39	169.92	164.94	164.94	40248954	0	1	168.39	169.92	164.94	164.94	40248954
5	2018-03-22	170	172.68	168.6	168.845	41051076	0	1	170	172.68	168.6	168.845	41051076
6	2018-03-21	175.04	175.09	171.26	171.27	35247358	0	1	175.04	175.09	171.26	171.27	35247358
7	2018-03-20	175.24	176.8	174.94	175.24	19314039	0	1	175.24	176.8	174.94	175.24	19314039
8	2018-03-19	177.32	177.47	173.66	175.3	32804695	0	1	177.32	177.47	173.66	175.3	32804695
9	2018-03-16	178.65	179.12	177.62	178.02	36836456	0	1	178.65	179.12	177.62	178.02	36836456
10	2018-03-15	178.5	180.24	178.0701	178.65	22584565	0	1	178.5	180.24	178.0701	178.65	22584565

그림 3-2 API 주소를 이용해 다운로드한 데이터

그러나 웹 브라우저에 해당 주소를 입력해 csv 파일을 다운로드하고 csv 파일을 다시 R에서 불러오는 작업은 무척이나 비효율적입니다. R에서 API 주소를 이용해 직접 데이터를 다운로드할 수 있습니다.

---

[7]　자세한 내용은 https://docs.quandl.com에서 확인할 수 있습니다.

```
url.aapl = "https://www.quandl.com/api/v3/datasets/WIKI/AAPL/
data.csv?api_key=xw3NU3xLUZ7vZgrz5QnG"
data.aapl = read.csv(url.aapl)

head(data.aapl)
```

```
##          Date  Open  High   Low Close   Volume Ex.Dividend Split.Ratio
## 1 2018-03-27 173.7 175.2 166.9 168.3 38962839           0           1
## 2 2018-03-26 168.1 173.1 166.4 172.8 36272617           0           1
## 3 2018-03-23 168.4 169.9 164.9 164.9 40248954           0           1
## 4 2018-03-22 170.0 172.7 168.6 168.8 41051076           0           1
## 5 2018-03-21 175.0 175.1 171.3 171.3 35247358           0           1
## 6 2018-03-20 175.2 176.8 174.9 175.2 19314039           0           1
##   Adj..Open Adj..High Adj..Low Adj..Close Adj..Volume
## 1     173.7     175.2    166.9      168.3    38962839
## 2     168.1     173.1    166.4      172.8    36272617
## 3     168.4     169.9    164.9      164.9    40248954
## 4     170.0     172.7    168.6      168.8    41051076
## 5     175.0     175.1    171.3      171.3    35247358
## 6     175.2     176.8    174.9      175.2    19314039
```

url에 해당 주소를 입력한 후 read.csv() 함수를 이용해 간단하게 csv 파일을 불러
올 수 있습니다.

3.2 getSymbols() 함수를 이용한 API 다운로드

이전 예에서 API 주소를 이용하면 매우 간단하게 데이터를 수집할 수 있음을 살펴보
았습니다. 그러나 이 방법에는 단점도 있습니다. 먼저 원하는 항목에 대한 API를 일일
이 얻기가 힘듭니다. 또한 Quandl의 경우 무료로 얻을 수 있는 정보에 제한이 있으며,
다운로드 양에도 제한이 있습니다. 이 방법으로 한두 종목의 데이터를 수집할 수 있지
만, 전 종목의 데이터를 구하기는 사실상 불가능합니다.

다행히 야후 파이낸스 역시 주가 데이터를 무료로 제공하며, quantmod 패키지의
getSymbols() 함수는 해당 API에 접속해 데이터를 다운로드합니다.

3.2.1 주가 다운로드

getSymbols() 함수의 기본적인 사용법은 매우 간단합니다. 괄호 안에 다운로드하려는 종목의 티커(ticker)를 입력하면 됩니다.

```
library(quantmod)
getSymbols('AAPL')
```

```
## [1] "AAPL"
```

```
head(AAPL)
```

```
##            AAPL.Open AAPL.High AAPL.Low AAPL.Close AAPL.Volume
## 2007-01-03     12.33     12.37    11.70      11.97   309579900
## 2007-01-04     12.01     12.28    11.97      12.24   211815100
## 2007-01-05     12.25     12.31    12.06      12.15   208685400
## 2007-01-08     12.28     12.36    12.18      12.21   199276700
## 2007-01-09     12.35     13.28    12.16      13.22   837324600
## 2007-01-10     13.54     13.97    13.35      13.86   738220000
##            AAPL.Adjusted
## 2007-01-03         10.49
## 2007-01-04         10.72
## 2007-01-05         10.64
## 2007-01-08         10.70
## 2007-01-09         11.58
## 2007-01-10         12.14
```

먼저 getSymbols() 함수 내에 애플의 티커인 AAPL을 입력합니다. 티커와 동일한 변수인 AAPL이 생성되며, 주가 데이터가 다운로드된 후 xts 형태로 입력됩니다.

다운로드 결과로 총 6개의 열이 생성됩니다. Open은 시가, High는 고가, Low는 저가, Close는 종가를 의미합니다. 또한 Volume은 거래량을 의미하며, Adjusted는 배당이 반영된 수정주가를 의미합니다. 이 중 가장 많이 사용되는 데이터는 Adjusted, 즉 배당이 반영된 수정주가입니다.

```
chart_Series(Ad(AAPL))
```

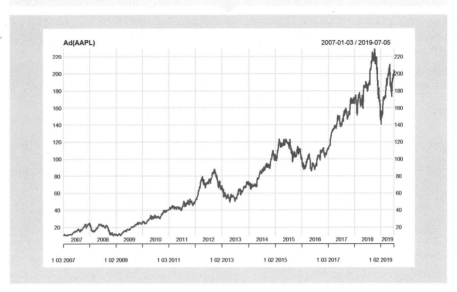

Ad() 함수를 통해 다운로드한 데이터에서 수정주가만을 선택한 후 chart_Series() 함수를 이용해 시계열 그래프를 그릴 수도 있습니다. 시계열 기간을 입력하지 않으면 2007년 1월부터 현재까지의 데이터가 다운로드되며, 입력 변수를 추가해서 원하는 기간의 데이터를 다운로드할 수도 있습니다.

```
data = getSymbols('AAPL',
                  from = '2000-01-01', to = '2018-12-31',
                  auto.assign = FALSE)
head(data)
```

```
##            AAPL.Open AAPL.High AAPL.Low AAPL.Close AAPL.Volume
## 2000-01-03     3.746     4.018    3.632      3.998   133949200
## 2000-01-04     3.866     3.951    3.614      3.661   128094400
## 2000-01-05     3.705     3.949    3.679      3.714   194580400
## 2000-01-06     3.790     3.821    3.393      3.393   191993200
## 2000-01-07     3.446     3.607    3.411      3.554   115183600
## 2000-01-10     3.643     3.652    3.384      3.491   126266000
##            AAPL.Adjusted
## 2000-01-03         3.502
## 2000-01-04         3.207
```

```
## 2000-01-05          3.254
## 2000-01-06          2.972
## 2000-01-07          3.113
## 2000-01-10          3.058
```

from에는 시작시점을 입력하고 to에는 종료시점을 입력하면 해당 기간의 데이터가 다운로드됩니다.

getSymbols() 함수를 통해 다운로드한 데이터는 자동으로 티커와 동일한 변수명에 저장됩니다. 만일 티커명이 아닌 원하는 변수명에 데이터를 저장하려면 auto.assign 인자를 FALSE로 설정해주면 다운로드한 데이터가 원하는 변수에 저장됩니다.

```
ticker = c('FB', 'NVDA')
getSymbols(ticker)
```

```
## [1] "FB"    "NVDA"
```

```
head(FB)
```

```
##           FB.Open FB.High FB.Low FB.Close FB.Volume FB.Adjusted
## 2012-05-18   42.05   45.00  38.00    38.23 573576400       38.23
## 2012-05-21   36.53   36.66  33.00    34.03 168192700       34.03
## 2012-05-22   32.61   33.59  30.94    31.00 101786600       31.00
## 2012-05-23   31.37   32.50  31.36    32.00  73600000       32.00
## 2012-05-24   32.95   33.21  31.77    33.03  50237200       33.03
## 2012-05-25   32.90   32.95  31.11    31.91  37149800       31.91
```

```
head(NVDA)
```

```
##           NVDA.Open NVDA.High NVDA.Low NVDA.Close NVDA.Volume
## 2007-01-03     24.71     25.01    23.19      24.05    28870500
## 2007-01-04     23.97     24.05    23.35      23.94    19932400
## 2007-01-05     23.37     23.47    22.28      22.44    31083600
## 2007-01-08     22.52     23.04    22.13      22.61    16431700
## 2007-01-09     22.64     22.79    22.14      22.17    19104100
## 2007-01-10     21.93     23.47    21.60      23.26    27718600
```

```
##              NVDA.Adjusted
## 2007-01-03          22.19
## 2007-01-04          22.09
## 2007-01-05          20.70
## 2007-01-08          20.86
## 2007-01-09          20.45
## 2007-01-10          21.46
```

한 번에 여러 종목의 주가를 다운로드할 수도 있습니다. 위 예제와 같이 페이스북과 엔비디아의 티커인 FB와 NVDA를 ticker 변수에 입력하고 getSymbols() 함수에 티커를 입력한 변수를 넣으면 두 종목의 주가가 순차적으로 다운로드됩니다.

3.2.2 국내 종목 주가 다운로드

getSymbols() 함수를 이용하면 미국뿐 아니라 국내 종목의 주가도 다운로드할 수 있습니다. 국내 종목의 티커는 총 6자리로 구성되어 있으며, 해당 함수에 입력되는 티커는 코스피 상장 종목의 경우 티커.KS, 코스닥 상장 종목의 경우 티커.KQ의 형태로 입력해야 합니다.

다음은 코스피 상장 종목인 삼성전자 데이터의 다운로드 예시입니다.

```
getSymbols('005930.KS',
           from = '2000-01-01', to = '2018-12-31')
```

```
## [1] "005930.KS"
```

```
tail(Ad(`005930.KS`))
```

```
##              005930.KS.Adjusted
## 2018-12-20               38293
## 2018-12-21               38293
## 2018-12-24               38442
## 2018-12-26               37996
## 2018-12-27               38250
## 2018-12-28               38700
```

삼성전자의 티커인 005930에 .KS를 붙여 getSymbols() 함수에 입력하면 티커명에 해당하는 005930.KS 변수명에 데이터가 저장됩니다. 변수명에 마침표(.)가 있으므로 Ad() 함수를 통해 수정주가를 확인하려면 변수명 앞뒤에 억음 부호(`)를 붙여야 합니다.

국내 종목은 종종 수정주가에 오류가 발생하는 경우가 많아서 배당이 반영된 값보다는 단순 종가(Close) 데이터를 사용하기를 권장합니다.

```
tail(Cl(`005930.KS`))
```

```
##               005930.KS.Close
## 2018-12-20           38650
## 2018-12-21           38650
## 2018-12-24           38800
## 2018-12-26           38350
## 2018-12-27           38250
## 2018-12-28           38700
```

Cl() 함수는 Close, 즉 종가만을 선택하며, 사용 방법은 Ad() 함수와 동일합니다. 비록 배당을 고려할 수는 없지만, 전반적으로 오류가 없는 데이터를 사용할 수 있습니다.

다음은 코스닥 상장종목인 셀트리온제약의 예시이며, 티커인 068670에 .KQ를 붙여 함수에 입력합니다. 역시나 데이터가 다운로드되어 티커명의 변수에 저장됩니다.

```
getSymbols("068760.KQ",
          from = '2000-01-01', to = '2018-12-31')
```

```
## [1] "068760.KQ"
```

```
tail(Cl(`068760.KQ`))
```

```
##            068760.KQ.Close
## 2018-01-24        95100
```

```
## 2018-01-25        97300
## 2018-01-26        97400
## 2018-01-29        99900
## 2018-01-30        99500
## 2018-01-31        97500
```

3.2.3 FRED 데이터 다운로드

미국 연방준비은행에서 관리하는 Federal Reserve Economic Data(FRED)는 미국 및 각국의 중요 경제지표 데이터를 살펴볼 때 가장 많이 참조되는 곳 중 하나입니다. getSymbols() 함수를 통해 FRED 데이터를 다운로드할 수 있습니다. 먼저 미 국채 10년물 금리를 다운로드하는 예제를 살펴보겠습니다.

```
getSymbols('DGS10', src='FRED')
```

```
## [1] "DGS10"
```

```
chart_Series(DGS10)
```

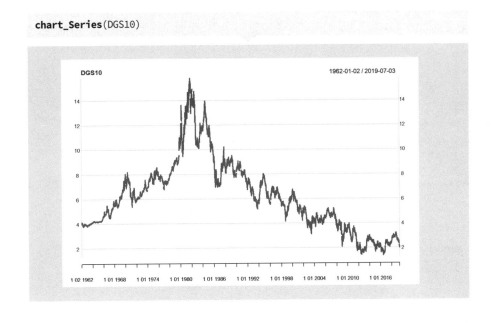

미 국채 10년물 금리에 해당하는 티커인 DGS10을 입력해주며, 데이터 출처에 해당하는 src에 FRED를 입력해줍니다. FRED에서 제공하는 API를 이용해 데이터가 다운로드되며, chart_Series() 함수를 통해 금리 추이를 살펴볼 수 있습니다.

각 항목별 티커를 찾는 방법은 매우 간단합니다. 먼저 FRED 웹사이트[8]에 접속해, 원하는 데이터를 검색합니다. 만일 원/달러 환율에 해당하는 티커를 찾고자 한다면 그림 3-3과 같이 이에 해당하는 South Korea / U.S. Foreign Exchange Rate를 검색해 원하는 페이지에 접속합니다. 이 중 페이지 주소에서 /series/ 다음에 위치하는 DEXKOUS가 해당 항목의 티커입니다.

그림 3-3 FRED 웹사이트에서 원/달러 환율의 티커 확인

```
getSymbols('DEXKOUS', src='FRED')
```

```
## [1] "DEXKOUS"
```

---

8   https://fred.stlouisfed.org

```
tail(DEXKOUS)
```

```
##              DEXKOUS
## 2019-06-21    1163
## 2019-06-24    1156
## 2019-06-25    1156
## 2019-06-26    1156
## 2019-06-27    1158
## 2019-06-28    1155
```

해당 티커를 입력하면, FRED 웹사이트와 동일한 데이터가 다운로드됩니다. 이 외에도 509,000여 개의 방대한 FRED 데이터를 해당 함수를 통해 손쉽게 R에서 다운로드할 수 있습니다.

4

크롤링 이해하기

API를 이용하면 데이터를 매우 쉽게 수집할 수 있지만, 국내 주식 데이터를 다운로드하기에는 한계가 있으며, 원하는 데이터가 API의 형태로 제공된다는 보장도 없습니다. 따라서 우리는 필요한 데이터를 얻기 위해 직접 찾아 나서야 합니다.

각종 금융 웹사이트에는 주가, 재무정보 등 우리가 원하는 대부분의 주식 정보가 제공되고 있으며, API를 활용할 수 없는 경우에도 크롤링을 통해 이러한 데이터를 수집할 수 있습니다. 크롤링 혹은 스크래핑이란 웹사이트에서 원하는 정보를 수집하는 기술입니다. 대부분의 금융 웹사이트는 간단한 형태로 작성되어 있어, 몇 가지 기술만 익히면 어렵지 않게 데이터를 크롤링할 수 있습니다. 이 CHAPTER에서는 크롤링에 대한 간단한 설명과 예제를 살펴보겠습니다.

크롤링을 할 때 주의해야 할 점이 있습니다. 특정 웹사이트의 페이지를 쉬지 않고 크롤링하는 행위를 무한 크롤링이라고 합니다. 무한 크롤링은 해당 웹사이트의 자원을 독점하게 되어 타인의 사용을 막게 되며 웹사이트에 부하를 주게 됩니다. 일부 웹사이트에서는 동일한 IP로 쉬지 않고 크롤링을 할 경우 접속을 막아버리는 경우도 있습니다. 따라서 하나의 페이지를 크롤링한 후 1~2초가량 정지하고 다시 다음 페이지를 크롤링하는 것이 좋습니다.

4.1 GET과 POST 방식 이해하기

우리가 인터넷에 접속해 서버에 파일을 요청하면, 서버는 이에 해당하는 파일을 우리에게 보내줍니다. 크롬과 같은 웹 브라우저는 이러한 과정을 사람이 수행하기 편하고 시각적으로 보기 편하도록 만들어진 것이며, 인터넷 주소는 서버의 주소를 기억하기 쉽게 만든 것입니다. 우리가 서버에 데이터를 요청하는 형태는 다양하지만 크롤링에서는 주로 GET과 POST 방식을 사용합니다.

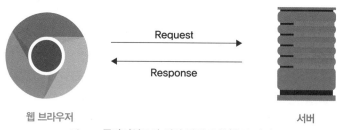

웹 브라우저   서버

그림 4-1 **클라이언트와 서버 간의 요청/응답 과정**

4.1.1 GET 방식

GET 방식은 인터넷 주소를 기준으로 이에 해당하는 데이터나 파일을 요청하는 것입니다. 주로 클라이언트가 요청하는 쿼리를 앰퍼샌드(&) 혹은 물음표(?) 형식으로 결합해 서버에 전달합니다.

한경컨센서스[9]에 접속한 후 상단 탭에서 [기업] 탭을 선택하면, 주소 끝부분에 ?skinType=business가 추가되며 이에 해당하는 페이지의 내용을 보여줍니다. 즉, 해당 페이지는 GET 방식을 사용하고 있으며 입력 종류는 skinType, 이에 해당하는 [기업] 탭의 입력값은 business임을 알 수 있습니다.

그림 4-2 한경컨센서스 기업 REPORT 페이지

이번에는 [파생] 탭을 선택해봅니다. 역시나 웹사이트 주소 끝부분이 ?skinType=derivative로 변경되며, 해당 주소에 맞는 내용이 나타납니다. 여러 다른 탭들을 클릭해보면 ?skinType= 뒷부분의 입력값이 변함에 따라 이에 해당하는 페이지로 내용이 변경되는 것을 알 수 있습니다.

다시 [기업] 탭을 선택한 후 다음 페이지를 확인하기 위해 하단의 [2]를 클릭합니다. 기존 주소인 ?skinType=business 뒤에 추가로 sdate와 edate, now_page 쿼리가 추가됩니다. sdate는 검색 기간의 시작시점, edate는 검색 기간의 종료시점, now_page는 현재 페이지를 의미하며, 원하는 데이터를 수기로 입력해도 이에 해당하는 페이지의 데이터를 보여줍니다. 이처럼 GET 방식으로 데이터를 요청하면 웹페이지 주소를 수정해 원하는 종류의 데이터를 받아올 수 있습니다.

---

9   http://hkconsensus.hankyung.com

그림 4-3 쿼리 추가로 인한 URL의 변경

4.1.2 POST 방식

POST 방식은 사용자가 필요한 값을 추가해서 요청하는 방법입니다. GET 방식과 달리 클라이언트가 요청하는 쿼리를 body에 넣어서 전송하므로 요청 내역을 직접 볼 수 없습니다.

한국거래소 상장공시시스템[10]에 접속해 [전체메뉴보기]를 클릭하고 [상장법인상세정보] 중 [상장종목현황]을 선택합니다. 웹페이지 주소가 바뀌며, 상장종목현황이 나타납니다.

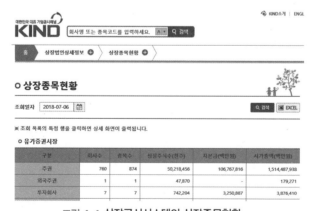

그림 4-4 상장공시시스템의 상장종목현황

---

10 http://kind.krx.co.kr

이번엔 조회일자를 [2017-12-28]로 선택한 후 [검색]을 클릭합니다. 페이지의 내용은 선택일 기준으로 변경되었지만, 주소는 변경되지 않고 그대로 남아 있습니다. GET 방식에서는 선택 항목에 따라 웹페이지 주소가 변경되었지만, POST 방식을 사용해 서버에 데이터를 요청하는 해당 웹사이트는 그렇지 않은 것을 알 수 있습니다.

POST 방식의 데이터 요청 과정을 살펴보려면 개발자 도구를 이용해야 하며, 크롬에서는 [F12]키를 눌러 개발자 도구 화면을 열 수 있습니다. 개발자 도구 화면에서 다시 한번 [검색]을 클릭해봅니다. [Network] 탭을 클릭하면, [검색]을 클릭함과 동시에 브라우저와 서버 간의 통신 과정을 살펴볼 수 있습니다. 이 중 listedIssueStatus.do라는 항목이 POST 형태임을 알 수 있습니다.

그림 4-5 **크롬 개발자 도구의 Network 화면**

해당 메뉴를 클릭하면 통신 과정을 좀 더 자세히 알 수 있습니다. 가장 하단의 Form Data에는 서버에 데이터를 요청하는 내역이 있습니다. method에는 readListIssueStatus, selDate에는 2017-12-28이라는 값이 있습니다.

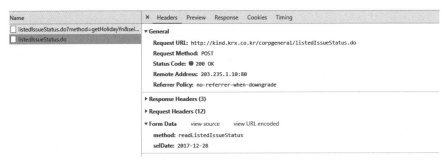

그림 4-6 **POST 방식의 서버 요청 내역**

이처럼 POST 방식은 요청하는 데이터에 대한 쿼리가 GET 방식처럼 URL을 통해 전송되는 것이 아닌 body를 통해 전송되므로, 이에 대한 정보는 웹 브라우저를 통해 확인할 수 없습니다.

4.2 크롤링 예제

일반적인 크롤링은 httr 패키지의 GET() 혹은 POST() 함수를 이용해 데이터를 다운로드한 후 rvest 패키지의 함수들을 이용해 원하는 데이터를 찾는 과정으로 이루어집니다. 이 CHAPTER에서는 GET 방식으로 금융 실시간 속보의 제목을 추출하는 예제, POST 방식으로 기업공시채널에서 오늘의 공시를 추출하는 예제, 태그와 속성, 페이지 내비게이션 값을 결합해 국내 상장주식의 종목명 및 티커를 추출하는 예제를 학습해보겠습니다.

4.2.1 금융 속보 크롤링

크롤링의 간단한 예제로 금융 속보의 제목을 추출해보겠습니다. 먼저 네이버 금융에 접속한 후 [뉴스 → 실시간 속보][11]를 선택합니다. 이 중 뉴스의 제목에 해당하는 텍스트만 추출하고자 합니다.

뉴스 제목 부분에 마우스 커서를 올려둔 후 마우스 오른쪽 버튼을 클릭하고 [검사]를 선택하면 개발자 도구 화면이 나타납니다. 여기서 해당 글자가 HTML 내에서 어떤 부분에 위치하는지 확인할 수 있습니다. 해당 제목은 dl 태그 → dd 태그의 articleSubject 클래스 → a 태그 중 title 속성에 위치하고 있습니다. 태그와 속성의 차이가 이해되지 않은 분은 CHAPTER 2를 다시 살펴보기 바랍니다.

---

11 https://finance.naver.com/news/news_list.nhn?mode=LSS2D&section_id=101&section_id2=258

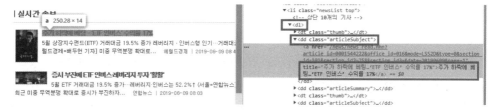

그림 4-7 실시간 속보의 제목 부분 HTML

먼저 해당 페이지의 내용을 R로 불러옵니다.

```
library(rvest)
library(httr)

url = paste0('https://finance.naver.com/news/news_list.nhn?',
             'mode=LSS2D&section_id=101&section_id2=258')
data = GET(url)

print(data)
```

먼저 url 변수에 해당 주소를 입력한 후 GET() 함수를 이용해 해당 페이지의 내용을 받아 data 변수에 저장합니다. data 변수를 확인해보면 Status가 200, 즉 데이터가 이상 없이 받아졌으며, 인코딩(charset)은 EUC-KR 타입으로 되어 있습니다.

우리는 개발자 도구 화면을 통해 제목에 해당하는 부분이 dl 태그 → dd 태그의 articleSubject 클래스 → a 태그 중 title 속성에 위치하고 있음을 살펴보았습니다. 이를 활용해 제목 부분만을 추출하는 방법은 다음과 같습니다.

```
data_title = data %>%
  read_html(encoding = 'EUC-KR') %>%  ········ ①
  html_nodes('dl') %>%  ········ ②
  html_nodes('.articleSubject') %>%  ········ ③
  html_nodes('a') %>%  ········ ④
  html_attr('title')  ········ ⑤
```

❶ read_html() 함수를 이용해 해당 페이지의 HTML 내용을 읽어오며, 인코딩은 EUC-KR로 설정합니다.

❷ html_nodes() 함수는 해당 태그를 추출하는 함수이며 dl 태그에 해당하는 부분을 추출합니다.

❸ html_nodes() 함수를 이용해 articleSubject 클래스에 해당하는 부분을 추출할 수 있으며, 클래스 속성의 경우 이름 앞에 마침표(.)를 붙여주어야 합니다.

❹ html_nodes() 함수를 이용해 a 태그를 추출합니다.

❺ html_attr() 함수는 속성을 추출하는 함수이며 title에 해당하는 부분만을 추출합니다.

위 과정을 거쳐 data_title에는 실시간 속보의 제목만이 저장됩니다. 이처럼 개발자 도구 화면을 통해 내가 추출하고자 하는 데이터가 HTML 중 어디에 위치하고 있는지 먼저 확인하면 어렵지 않게 해당 데이터를 읽어올 수 있습니다.

```
print(data_title)
```

```
##  [1] "" 스미모토 부동산, 도쿄 임대 업황 "
##  [2] "\"아직도 은행에서 환전하세요?\"…외화"
##  [3] "[부고]양홍제(대신증권 컴플라이언스부"
##  [4] "'상저' 지나 '하고' 기대하는 IT"
##  [5] "韓증시는 부진했지만… 해외주식, 금 "
##  [6] "올스웰, 中3위 수도강철과 기술협약"
##  [7] "[주간증시전망] \"국내 주식시장 디커"
##  [8] "미국 대형은행, 배당 매력 증가 기대"
##  [9] "에듀윌, 국제무역사 및 무역영어 시험"
## [10] "7월증시 서머랠리는? "
## [11] "한화투자증권 \"화장품업종, 실적 차별"
## [12] "[영화로 경제 보기]BIFAN 폐막…"
## [13] "반일 감정 몰아..이번엔 `애국테마株"
## [14] "[주목!e해외주식]테슬라, 2분기 사"
## [15] "[한주 증시 돌아보기]매수 3주체 매"
## [16] "초등학교 여름방학 준비, 천재교육 밀"
## [17] "[주간추천주]유안타증권"
## [18] "[주간추천주]KB증권"
## [19] "[주간추천주]SK증권"
## [20] "[주목! e스몰캡]미스터블루, 웹툰 "
```

4.2.2 기업공시채널에서 오늘의 공시 불러오기

한국거래소 상장공시시스템에 접속한 후 [오늘의 공시 → 전체 → 더보기]를 선택해 전체 공시내용을 확인할 수 있습니다.

그림 4-8 오늘의 공시 확인하기

해당 페이지에서 날짜를 변경하면 페이지의 내용은 해당일의 공시로 변경되지만 URL은 변경되지 않습니다. 이처럼 POST 방식은 요청하는 데이터에 대한 쿼리가 body의 형태를 통해 전송되므로, 개발자 도구 화면을 통해 해당 쿼리에 대한 내용을 확인해야 합니다.

개발자 도구 화면을 연 상태에서 조회일자를 [2018-12-28]로 선택한 후 [검색]을 클릭하고 [Network] 탭의 todaydisclosure.do 항목을 살펴보면 Form Data를 통해 서버에 데이터를 요청하는 내역을 확인할 수 있습니다. 여러 항목 중 selDate 부분이 우리가 선택한 일자로 설정되어 있습니다.

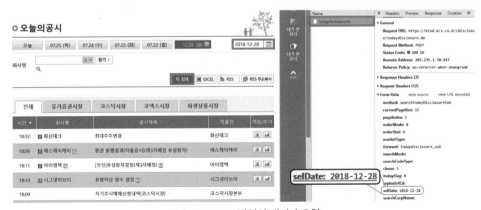

그림 4-9 POST 방식의 데이터 요청

POST 방식으로 쿼리를 요청하는 방법을 코드로 나타내면 다음과 같습니다.

```
library(httr)
library(rvest)

Sys.setlocale("LC_ALL", "English")  ········ ❶

url = 'https://dev-kind.krx.co.kr/disclosure/todaydisclosure.do'
data = POST(url, body =  ········ ❷
             list(
                 method = 'searchTodayDisclosureSub',
                 currentPageSize = '15',
                 pageIndex = '1',
                 orderMode = '0',
                 orderStat = 'D',
                 forward = 'todaydisclosure_sub',
                 chose = 'S',
                 todayFlag = 'Y',
                 selDate = '2018-12-28'
                 ))

data = read_html(data) %>%  ········ ❸
  html_table(fill = TRUE) %>%  ········ ❹
  .[[1]]  ········ ❺

Sys.setlocale("LC_ALL", "Korean")  ········ ❻
```

❶ 한글(korean)로 작성된 페이지를 크롤링하면 오류가 발생하는 경우가 종종 있으므로 Sys.setlocale() 함수를 통해 로케일 언어를 영어(English)로 설정합니다.

❷ POST() 함수를 통해 해당 url에 원하는 쿼리를 요청하며, 쿼리는 body 내에 리스트 형태로 입력해줍니다. 해당 값은 개발자 도구 화면의 Form Data와 동일하게 입력해주며, marketType과 같이 값이 없는 항목은 입력하지 않아도 됩니다.

❸ read_html() 함수를 이용해 해당 페이지의 HTML 내용을 읽어옵니다.

❹ html_table() 함수는 테이블 형태의 데이터를 읽어오는 함수입니다. 셀 병합이 된 열이 있으므로 fill=TRUE를 추가합니다.

❺ .[[1]]를 통해 첫 번째 리스트를 선택합니다.

❻ 한글을 읽기 위해 Sys.setlocale() 함수를 통해 로케일 언어를 다시 Korean 으로 변경합니다.

저장된 데이터를 확인하면 화면과 동일한 내용이 출력됩니다.

```
print(head(data))
```

```
## NA              NA                                                      NA
## 1            18:32                              화신테크 최대주주변경
## 2            18:26에스제이케이 증권 발행결과(자율공시)(제3자배정 유상증자)
## 3            18:11              아이엠텍 [정정]유상증자결정(제3자배정)
## 4            18:10              시그넷이브이 유형자산 양수 결정
## 5            18:09              자기주식매매신청내역(코스닥시장)
## 6            18:09              대량매매내역(코스닥시장)
##               NA                                                      NA
## 1    화신테크              공시차트\r\n\t\t\t\t주가차트
## 2 에스제이케이              공시차트\r\n\t\t\t\t주가차트
## 3    아이엠텍              공시차트\r\n\t\t\t\t주가차트
## 4 시그넷이브이              공시차트\r\n\t\t\t\t주가차트
## 5코스닥시장본부
## 6코스닥시장본부
```

POST 형식의 경우 body에 들어가는 쿼리 내용을 바꾸어 원하는 데이터를 받을 수 있습니다. 만일 2019년 1월 8일 공시를 확인하고자 한다면 위의 코드에서 selDate만 2019-01-08로 변경해주면 됩니다. 아래 코드의 출력 결과물을 2019년 1월 8일 공시와 비교하면 동일한 결과임을 확인할 수 있습니다.

```
Sys.setlocale("LC_ALL", "English")

url = 'http://kind.krx.co.kr/disclosure/todaydisclosure.do'
data = POST(url, body =
            list(
                method = 'searchTodayDisclosureSub',
                currentPageSize = '15',
                pageIndex = '1',
                orderMode = '0',
                orderStat = 'D',
                forward = 'todaydisclosure_sub',
                chose = 'S',
                todayFlag = 'Y',
                selDate = '2019-01-08'
                ))
```

```
data = read_html(data) %>%
  html_table(fill = TRUE) %>%
  .[[1]]

Sys.setlocale("LC_ALL", "Korean")
print(head(data))
```

```
##       NA              NA
## 1  18:58  해덕파워웨이
## 2  18:57  해덕파워웨이
## 3  18:57      퓨전데이타
## 4  18:56  해덕파워웨이
## 5  18:52한국테크놀로지
## 6  18:52한국테크놀로지
##                                          NA          NA
## 1                         소속부변경코스닥시장본부
## 2주권매매거래정지기간변경(상장적격성 실질심사 대상 결정)코스닥시장본부
## 3                          최대주주변경      퓨전데이타
## 4     관리종목지정(상장적격성 실질심사 대상 결정 )코스닥시장본부
## 5             전환사채권발행결정(제18회차)한국테크놀로지
## 6             전환사채권발행결정(제17회차)한국테크놀로지
##                          NA
## 1  공시차트\r\n\t\t\t\t주가차트
## 2  공시차트\r\n\t\t\t\t주가차트
## 3  공시차트\r\n\t\t\t\t주가차트
## 4  공시차트\r\n\t\t\t\t주가차트
## 5  공시차트\r\n\t\t\t\t주가차트
## 6  공시차트\r\n\t\t\t\t주가차트
```

4.2.3 네이버 금융에서 주식티커 크롤링

태그와 속성, 페이지 내비게이션 값을 결합해 국내 상장주식의 종목명 및 티커를 추출하는 방법을 알아보겠습니다. 네이버 금융에서 [국내증시 → 시가총액] 페이지에는 코스피와 코스닥의 시가총액별 정보가 나타나 있습니다.

- **코스피**: https://finance.naver.com/sise/sise_market_sum.nhn?sosok=0&page=1

- **코스닥**: https://finance.naver.com/sise/sise_market_sum.nhn?sosok=1&page=1

또한 종목명을 클릭해 이동하는 페이지의 URL을 확인해보면, 끝 6자리가 각 종목의 거래소 티커임도 확인이 됩니다.

티커 정리를 위해 HTML에서 확인해야 할 부분은 총 두 가지입니다. 먼저 하단의 페이지 내비게이션을 통해 코스피와 코스닥 시가총액에 해당하는 페이지가 각각 몇 번째 페이지까지 있는지 알아야 합니다. 아래와 같은 항목 중 [맨뒤]에 해당하는 페이지가 가장 마지막 페이지입니다.

그림 4-10 페이지 내비게이션

[맨뒤]에 마우스 커서를 올려두고 마우스 오른쪽 버튼을 클릭한 후 [검사]를 선택하면 개발자 도구 화면이 열립니다. 여기서 해당 글자가 HTML 내에서 어떤 부분에 위치하는지 확인할 수 있습니다. 해당 링크는 pgRR 클래스 → a 태그 중 href 속성에 위치하며, page= 뒷부분의 숫자에 위치하는 페이지로 링크가 걸려 있습니다.

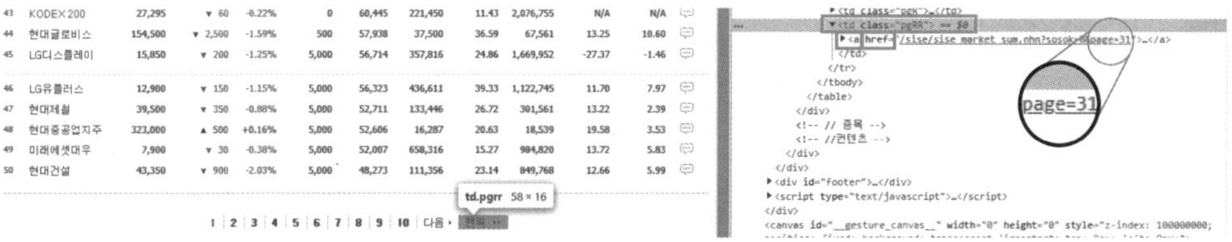

그림 4-11 HTML 내 페이지 내비게이션 부분

종목명 링크에 해당하는 주소 중 끝 6자리는 티커에 해당합니다. 따라서 각 링크들의 주소를 알아야 할 필요도 있습니다.

그림 4-12 네이버 금융 시가총액 페이지

삼성전자에 마우스 커서를 올려둔 후 마우스 오른쪽 버튼을 클릭하고 [검사]를 선택합니다. 개발자 도구 화면을 살펴보면 해당 링크가 tbody → td → a 태그의 href 속성에 위치하고 있음을 알 수 있습니다.

위 정보들을 이용해 데이터를 다운로드하겠습니다. 아래 코드에서 i = 0일 경우 코스피에 해당하는 URL이 생성되고, i = 1일 경우 코스닥에 해당하는 URL이 생성됩니다. 먼저 코스피에 해당하는 데이터를 다운로드하겠습니다.

```
library(httr)
library(rvest)

i = 0
ticker = list()         ┈┈┈ ❶
url = paste0('https://finance.naver.com/sise/',
             'sise_market_sum.nhn?sosok=',i,'&page=1')   ┈┈┈ ❷
down_table = GET(url)   ┈┈┈ ❸
```

❶ 빈 리스트인 ticker 변수를 만들어줍니다.

❷ paste0() 함수를 이용해 코스피 시가총액 페이지의 url을 만듭니다.

❸ GET() 함수를 통해 해당 페이지 내용을 받아 down_table 변수에 저장합니다.

가장 먼저 해야 할 작업은 마지막 페이지가 몇 번째 페이지인지 찾아내는 작업입니다. 우리는 이미 개발자 도구 화면을 통해 해당 정보가 pgRR 클래스의 a 태그 중 href 속성에 위치하고 있음을 알고 있습니다.

```
navi.final = read_html(down_table, encoding = 'EUC-KR') %>%  ──── ❶
    html_nodes(., '.pgRR') %>%  ──── ❷
    html_nodes(., 'a') %>%  ──── ❸
    html_attr(., 'href')  ──── ❹
```

❶ read_html() 함수를 이용해 해당 페이지의 HTML 내용을 읽어오며, 인코딩은 EUC-KR로 설정합니다.

❷ html_nodes() 함수를 이용해 pgRR 클래스 정보만 불러오며, 클래스 속성이므로 앞에 마침표(.)를 붙입니다.

❸ html_nodes() 함수를 통해 a 태그 정보만 불러옵니다.

❹ html_attr() 함수를 통해 href 속성을 불러옵니다.

이를 통해 navi.final에는 해당 부분에 해당하는 내용이 저장됩니다.

```
print(navi.final)
```

```
## [1] "/sise/sise_market_sum.nhn?sosok=0&page=31"
```

이 중 우리가 알고 싶은 내용은 page= 뒤에 있는 숫자입니다. 해당 내용을 추출하는 코드는 다음과 같습니다.

```
navi.final = navi.final %>%
  strsplit(., '=') %>%  ──── ❶
  unlist() %>%  ──── ❷
  tail(., 1) %>%  ──── ❸
  as.numeric()  ──── ❹
```

❶ strsplit() 함수는 전체 문장을 특정 글자 기준으로 나눕니다. page= 뒷부분의 데이터만 필요하므로 =를 기준으로 문장을 나눠줍니다.

❷ unlist() 함수를 통해 결과를 벡터 형태로 변환합니다.

❸ tail() 함수를 통해 뒤에서 첫 번째 데이터만 선택합니다.

❹ as.numeric() 함수를 통해 해당 값을 숫자 형태로 바꾸어줍니다.

```
print(navi.final)
```

```
## [1] 31
```

코스피 시가총액 페이지는 31번째 페이지까지 있으며, for loop 구문을 이용하면 1페이지부터 navi.final, 즉 31페이지까지 모든 내용을 읽어올 수 있습니다. 먼저 코스피의 첫 번째 페이지에서 우리가 원하는 데이터를 추출하는 방법을 살펴보겠습니다.

```
i = 0 # 코스피
j = 1 # 첫 번째 페이지  ┄┄┄┄ ❶
url = paste0('https://finance.naver.com/sise/',
             'sise_market_sum.nhn?sosok=',i,"&page=",j)
down_table = GET(url)  ┄┄┄┄ ❷
```

❶ i와 j에 각각 0과 1을 입력해 코스피 첫 번째 페이지에 해당하는 url을 생성합니다.

❷ GET() 함수를 이용해 해당 페이지의 데이터를 다운로드합니다.

```
Sys.setlocale("LC_ALL", "English")  ┄┄┄┄ ❶

table = read_html(down_table, encoding = "EUC-KR") %>%  ┄┄┄┄ ❷
  html_table(fill = TRUE)  ┄┄┄┄ ❸
table = table[[2]]  ┄┄┄┄ ❹

Sys.setlocale("LC_ALL", "Korean")  ┄┄┄┄ ❺
```

❶ Sys.setlocale() 함수를 통해 로케일 언어를 English로 설정합니다.

❷ read_html() 함수를 통해 HTML 정보를 읽어옵니다.

❸ html_table() 함수를 통해 테이블 정보를 읽어오며, fill=TRUE를 추가해줍니다.

❹ table 변수에는 리스트 형태로 총 세 가지 테이블이 저장되어 있습니다. 첫 번째 리스트에는 거래량, 시가, 고가 등 적용 항목이 저장되어 있고 세 번째 리스트에는 페이지 내비게이션 테이블이 저장되어 있으므로, 우리에게 필요한 두 번째 리스트만을 table 변수에 다시 저장합니다.

❺ 한글을 읽기 위해 Sys.setlocale() 함수를 통해 로케일 언어를 다시 Korean
으로 변경합니다.

저장된 테이블 내용을 확인하면 다음과 같습니다.

```
print(head(table))
```

##	N	종목명	현재가	전일비	등락률	액면가	시가총액	상장주식수
## 1	NA							
## 2	1	삼성전자	45,650	350	-0.76%	100	2,725,206	5,969,783
## 3	2	SK하이닉스	68,400	1,800	-2.56%	5,000	497,954	728,002
## 4	3	삼성전자우	37,350	650	-1.71%	100	307,348	822,887
## 5	4	현대차	141,500	2,500	+1.80%	5,000	302,340	213,668
## 6	5	셀트리온	208,000	4,500	+2.21%	1,000	266,924	128,329

##	외국인비율	거래량	PER	ROE	토론실
## 1	NA		<NA>	<NA>	NA
## 2	57.38	7,222,188	7.58	19.63	NA
## 3	50.70	2,037,255	3.20	38.53	NA
## 4	92.73	599,446	6.20	N/A	NA
## 5	44.37	338,120	26.44	2.20	NA
## 6	21.39	259,974	101.51	10.84	NA

이 중 마지막 열인 토론실은 필요 없는 열이며, 첫 번째 행과 같이 아무런 정보가 없는
행도 있습니다. 이를 다음과 같이 정리해줍니다.

```
table[, ncol(table)] = NULL
table = na.omit(table)
print(head(table))
```

##	N	종목명	현재가	전일비	등락률	액면가	시가총액	상장주식수
## 2	1	삼성전자	45,650	350	-0.76%	100	2,725,206	5,969,783
## 3	2	SK하이닉스	68,400	1,800	-2.56%	5,000	497,954	728,002
## 4	3	삼성전자우	37,350	650	-1.71%	100	307,348	822,887
## 5	4	현대차	141,500	2,500	+1.80%	5,000	302,340	213,668
## 6	5	셀트리온	208,000	4,500	+2.21%	1,000	266,924	128,329
## 10	6	LG화학	354,500	4,000	-1.12%	5,000	250,250	70,592

##	외국인비율	거래량	PER	ROE
## 2	57.38	7,222,188	7.58	19.63
## 3	50.70	2,037,255	3.20	38.53
## 4	92.73	599,446	6.20	N/A

```
## 5      44.37      338,120      26.44    2.20
## 6      21.39      259,974     101.51   10.84
## 10     38.90       99,907      18.84    8.86
```

이제 필요한 정보는 6자리 티커입니다. 티커 역시 개발자 도구 화면을 통해 tbody →
td → a 태그의 href 속성에 위치하고 있음을 알고 있습니다. 티커를 추출하는 코드
는 다음과 같습니다.

```
symbol = read_html(down_table, encoding = 'EUC-KR') %>%  ──── ❶
  html_nodes(., 'tbody') %>%   ──── ❷
  html_nodes(., 'td') %>%
  html_nodes(., 'a') %>%   ──── ❸
  html_attr(., 'href')   ──── ❹

print(head(symbol, 10))
```

```
##  [1] "/item/main.nhn?code=005930"    "/item/board.nhn?code=005930"
##  [3] "/item/main.nhn?code=000660"    "/item/board.nhn?code=000660"
##  [5] "/item/main.nhn?code=005935"    "/item/board.nhn?code=005935"
##  [7] "/item/main.nhn?code=005380"    "/item/board.nhn?code=005380"
##  [9] "/item/main.nhn?code=068270"    "/item/board.nhn?code=068270"
```

❶ read_html() 함수를 통해 HTML 정보를 읽어오며, 인코딩은 EUC-KR로 설정
   합니다.
❷ html_nodes() 함수를 통해 tbody 태그 정보를 불러옵니다.
❸ 다시 html_nodes() 함수를 통해 td와 a 태그 정보를 불러옵니다.
❹ html_attr() 함수를 이용해 href 속성을 불러옵니다.

이를 통해 symbol에는 href 속성에 해당하는 링크 주소들이 저장됩니다. 이 중 마지
막 6자리 글자만 추출하는 코드는 다음과 같습니다.

```
symbol = sapply(symbol, function(x) {
        substr(x, nchar(x) - 5, nchar(x))
```

```
    })

print(head(symbol, 10))
```

```
##   /item/main.nhn?code=005930 /item/board.nhn?code=005930
##                    "005930"                    "005930"
##   /item/main.nhn?code=000660 /item/board.nhn?code=000660
##                    "000660"                    "000660"
##   /item/main.nhn?code=005935 /item/board.nhn?code=005935
##                    "005935"                    "005935"
##   /item/main.nhn?code=005380 /item/board.nhn?code=005380
##                    "005380"                    "005380"
##   /item/main.nhn?code=068270 /item/board.nhn?code=068270
##                    "068270"                    "068270"
```

sapply() 함수를 통해 symbol 변수의 내용들에 function()을 적용하며, substr()
함수 내에 nchar() 함수를 적용해 마지막 6자리 글자만 추출합니다.

결과를 살펴보면 티커에 해당하는 마지막 6글자만 추출되지만 동일한 내용이 두 번 연
속해 추출됩니다. 이는 main.nhn?code=에 해당하는 부분은 종목명에 설정된 링크,
board.nhn?code=에 해당하는 부분은 토론실에 설정된 링크이기 때문입니다.

```
symbol = unique(symbol)
print(head(symbol, 10))
```

```
## [1] "005930" "000660" "005935" "005380" "068270" "051910" "012330"
## [8] "005490" "017670" "055550"
```

unique() 함수를 이용해 중복되는 티커를 제거하면 우리가 원하는 티커 부분만 깔끔
하게 정리됩니다. 해당 내용을 위에서 구한 테이블에 입력한 후 데이터를 다듬는 과정
은 다음과 같습니다.

```
table$N = symbol  ········ ❶
colnames(table)[1] = '종목코드'  ········ ❷

rownames(table) = NULL  ········ ❸
ticker[[j]] = table  ········ ❹
```

❶ 위에서 구한 티커를 N열에 입력합니다.

❷ 해당 열 이름을 종목코드로 변경합니다.

❸ na.omit() 함수를 통해 특정 행을 삭제했으므로, 행 이름을 초기화해줍니다.

❹ ticker의 j번째 리스트에 정리된 데이터를 입력합니다.

위의 코드에서 i와 j 값을 for loop 구문에 이용하면 코스피와 코스닥 전 종목의 티커가 정리된 테이블을 만들 수 있습니다. 이를 전체 코드로 나타내면 다음과 같습니다.

```r
data = list()

# i = 0은 코스피, i = 1은 코스닥 종목
for (i in 0:1) {

  ticker = list()
  url =
    paste0('https://finance.naver.com/sise/',
           'sise_market_sum.nhn?sosok=',i,'&page=1')

  down_table = GET(url)

  # 최종 페이지 번호 찾아주기
  navi.final = read_html(down_table, encoding = "EUC-KR") %>%
    html_nodes(., ".pgRR") %>%
    html_nodes(., "a") %>%
    html_attr(.,"href") %>%
    strsplit(., "=") %>%
    unlist() %>%
    tail(., 1) %>%
    as.numeric()

  # 첫 번째부터 마지막 페이지까지 for loop를 이용하여 테이블 추출하기
  for (j in 1:navi.final) {

    # 각 페이지에 해당하는 URL 생성
    url = paste0(
      'https://finance.naver.com/sise/',
      'sise_market_sum.nhn?sosok=',i,"&page=",j)
    down_table = GET(url)
```

```r
    Sys.setlocale("LC_ALL", "English")
    # 한글 오류 방지를 위해 영어로 로케일 언어 변경

    table = read_html(down_table, encoding = "EUC-KR") %>%
      html_table(fill = TRUE)
    table = table[[2]] # 원하는 테이블 추출

    Sys.setlocale("LC_ALL", "Korean")
    # 한글을 읽기 위해 로케일 언어 재변경

    table[, ncol(table)] = NULL # 토론실 부분 삭제
    table = na.omit(table) # 빈 행 삭제

    # 6자리 티커만 추출
    symbol = read_html(down_table, encoding = "EUC-KR") %>%
      html_nodes(., "tbody") %>%
      html_nodes(., "td") %>%
      html_nodes(., "a") %>%
      html_attr(., "href")

    symbol = sapply(symbol, function(x) {
      substr(x, nchar(x) - 5, nchar(x))
      }) %>% unique()

    # 테이블에 티커 넣어준 후 테이블 정리
    table$N = symbol
    colnames(table)[1] = "종목코드"

    rownames(table) = NULL
    ticker[[j]] = table

    Sys.sleep(0.5) # 페이지당 0.5초의 슬립 적용
  }

  # do.call을 통해 리스트를 데이터 프레임으로 묶기
  ticker = do.call(rbind, ticker)
  data[[i + 1]] = ticker
}

# 코스피와 코스닥 테이블 묶기
data = do.call(rbind, data)
```

5

금융 데이터 수집하기 기본

API와 크롤링을 이용한다면 비용을 지불하지 않고 얼마든지 금융 데이터를 수집할 수 있습니다. 이 CHAPTER에서는 금융 데이터를 받기 위해 필요한 주식티커를 구하는 방법과 섹터별 구성종목을 크롤링하는 방법을 알아보겠습니다.

5.1 한국거래소의 산업별 현황 및 개별지표 크롤링

앞 CHAPTER의 예제를 통해 네이버 금융에서 주식티커를 크롤링하는 방법을 살펴보았습니다. 그러나 이 방법은 지나치게 복잡하고 시간이 오래 걸립니다. 반면 한국거래소에서 제공하는 업종분류 현황과 개별종목 지표 데이터를 이용하면 훨씬 간단하게 주식티커 데이터를 수집할 수 있습니다.

- **KRX 정보데이터시스템** http://data.krx.co.kr/에서 [기본통계 → 주식 → 세부안내] 부분
- **[12025] 업종분류 현황**
- **[12021] 개별종목**

해당 데이터들을 크롤링이 아닌 [Excel] 버튼을 클릭해 엑셀 파일로 받을 수도 있습니다. 그러나 매번 엑셀 파일을 다운로드하고 이를 R로 불러오는 작업은 상당히 비효율적이며, 크롤링을 이용한다면 해당 데이터를 R로 직접 불러올 수 있습니다.

5.1.1 업종분류 현황 크롤링

먼저 업종분류 현황에 해당하는 페이지에 접속한 후 개발자 도구 화면을 열고 [다운로드] 버튼을 클릭한 후 [CSV]를 누릅니다. [Network] 탭에는 generate.cmd와 download.cmd 두 가지 항목이 있습니다. 거래소에서 엑셀 데이터를 받는 과정은 다음과 같습니다.

1. http://data.krx.co.kr/comm/fileDn/download_excel/download.cmd에 원하는 항목을 쿼리로 발송하면 해당 쿼리에 해당하는 OTP(generate.cmd)를 받게 됩니다.
2. 부여받은 OTP를 http://data.krx.co.kr/에 제출하면 이에 해당하는 데이터 (download.cmd)를 다운로드하게 됩니다.

먼저 1번 단계를 살펴보겠습니다.

그림 5-1 OTP 생성 부분

General 항목의 Request URL의 앞부분이 원하는 항목을 제출할 주소입니다. Form Data에는 우리가 원하는 항목들이 적혀 있습니다. 이를 통해 POST 방식으로 데이터를 요청함을 알 수 있습니다.

다음으로 2번 단계를 살펴보겠습니다.

그림 5-2 **OTP 제출 부분**

General 항목의 Request URL은 OTP를 제출할 주소입니다. Form Data의 OTP는 1번 단계에서 부여받은 OTP에 해당합니다. 이 역시 POST 방식으로 데이터를 요청합니다.

위 과정을 코드로 나타내면 다음과 같습니다.

```r
library(httr)
library(rvest)
library(readr)

gen_otp_url =
  'http://data.krx.co.kr/comm/fileDn/GenerateOTP/generate.cmd'       ----- ①
gen_otp_data = list(       ----- ②
  mktId = 'STK',
  trdDd = '20210108',
  money = '1',
  csvxls_isNo = 'false',
  name = 'fileDown',
  url = 'dbms/MDC/STAT/standard/MDCSTAT03901'
)
otp = POST(gen_otp_url, query = gen_otp_data) %>%       ----- ③
  read_html() %>%       ----- ④
  html_text()       ----- ⑤
```

① gen_otp_url에 원하는 항목을 제출할 URL을 입력합니다.

② 개발자 도구 화면에 나타는 쿼리 내용들을 리스트 형태로 입력합니다. 이 중 mktId의 STK는 코스피에 해당하는 내용이며, 코스닥 데이터를 받고자 할 경우 KSQ를 입력해야 합니다.

③ POST() 함수를 통해 해당 URL에 쿼리를 전송하면 이에 해당하는 데이터를 받게 됩니다.

④ read_html() 함수를 통해 HTML 내용을 읽어옵니다.

⑤ html_text() 함수는 HTML 내에서 텍스트에 해당하는 부분만을 추출합니다. 이를 통해 OTP 값만 추출하게 됩니다.

위의 과정을 거쳐 생성된 OTP를 제출하면, 우리가 원하는 데이터를 다운로드할 수 있습니다.

```
down_url = 'http://data.krx.co.kr/comm/fileDn/download_csv/download.cmd'····①
down_sector_KS = POST(down_url, query = list(code = otp),    ····②
            add_headers(referer = gen_otp_url)) %>%    ····③
  read_html(encoding = 'EUC-KR') %>%
  html_text() %>%    ····④
  read_csv()    ····⑤
```

① OTP를 제출할 URL을 down_url에 입력합니다.

② POST() 함수를 통해 위에서 부여받은 OTP 코드를 해당 URL에 제출합니다.

③ add_headers() 구문을 통해 리퍼러(referer)를 추가해야 합니다. 리퍼러란, 링크를 통해서 각각의 웹사이트로 방문할 때 남는 흔적입니다. 거래소 데이터를 다운로드하는 과정을 살펴보면, 첫 번째 URL에서 OTP를 부여받고, 이를 다시 두 번째 URL에 제출했습니다. 그런데 이러한 과정의 흔적이 없이 OTP를 바로 두 번째 URL에 제출하면 서버는 이를 로봇으로 인식해 데이터를 반환하지 않습니다. 따라서 add_headers() 함수를 통해 우리가 거쳐온 과정을 흔적으로 남겨야 데이터를 반환하게 되며, 첫 번째 URL을 리퍼러로 지정해줍니다.

④ read_html()과 html_text() 함수를 통해 텍스트 데이터만 추출합니다. EUC-KR로 인코딩이 되어 있으므로 read_html() 내에 이를 입력해줍니다

❺ read_csv() 함수는 csv 형태의 데이터를 불러옵니다.

```
print(down_sector_KS)
```

```
## # A tibble: 917 x 8
##    종목코드 종목명   시장구분 업종명   종가   대비  등락률
##    <chr>   <chr>   <chr>   <chr>   <dbl>  <dbl> <dbl>
## 1  095570  AJ네트웍…  KOSPI   서비스업…  4540   -155  -3.3
## 2  006840  AK홀딩스…  KOSPI   기타금융…  25350   150   0.6
## 3  027410  BGF     KOSPI   기타금융…  4905   -25  -0.51
## 4  282330  BGF리테…  KOSPI   유통업   141000  4500   3.3
## 5  138930  BNK금융…  KOSPI   기타금융…  5780    0    0
## 6  001460  BYC     KOSPI   섬유의복…  324500 10500  3.34
## 7  001465  BYC우    KOSPI   섬유의복…  157500 10000  6.78
## 8  001040  CJ      KOSPI   기타금융…  102500  7600  8.01
## 9  079160  CJ CGV  KOSPI   서비스업…  26150   300   1.16
## 10 00104K  CJ4우(…  KOSPI   기타금융…  81400  5300  6.96
## # … with 907 more rows, and 1 more variable:
## #   시가총액 <dbl>
```

위 과정을 통해 down_sector 변수에는 산업별 현황 데이터가 저장되었습니다. 코스 닥 시장의 데이터도 다운로드받도록 하겠습니다.

```
gen_otp_data = list(
  mktId = 'KSQ', # 코스닥으로 변경
  trdDd = '20210108',
  money = '1',
  csvxls_isNo = 'false',
  name = 'fileDown',
  url = 'dbms/MDC/STAT/standard/MDCSTAT03901'
)
otp = POST(gen_otp_url, query = gen_otp_data) %>%
  read_html() %>%
  html_text()

down_sector_KQ = POST(down_url, query = list(code = otp),
                  add_headers(referer = gen_otp_url)) %>%
  read_html(encoding = 'EUC-KR') %>%
  html_text() %>%
  read_csv()
```

코스피 데이터와 코스닥 데이터를 하나로 합치도록 합니다.

```
down_sector = rbind(down_sector_KS, down_sector_KQ)
```

이를 csv 파일로 저장하겠습니다.

```
ifelse(dir.exists('data'), FALSE, dir.create('data'))
write. (down_sector, 'data/krx_sector.csv')
```

먼저 ifelse() 함수를 통해 data라는 이름의 폴더가 있으면 FALSE를 반환하고, 없으면 해당 이름으로 폴더를 생성해줍니다. 그 후 앞서 다운로드한 데이터를 data 폴더 안에 krx_sector.csv 이름으로 저장합니다. 해당 폴더를 확인해보면 데이터가 csv 형태로 저장되어 있습니다.

5.1.2 개별종목 지표 크롤링

개별종목 데이터를 크롤링하는 방법은 위와 매우 유사하며, 요청하는 쿼리 값에만 차이가 있습니다. 개발자 도구 화면을 열고 [CSV] 버튼을 클릭해 어떠한 쿼리를 요청하는지 확인합니다.

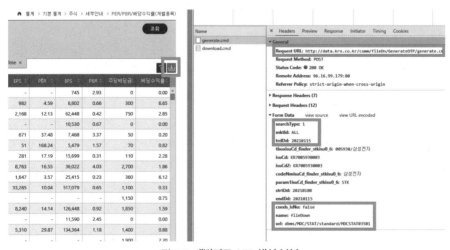

그림 5-3 개별지표 OTP 생성 부분

이 중 tboxisuCd_finder_stkisu0_6, isu_Cd, isu_Cd2 등의 항목은 조회 구분의 개별추이 탭에 해당하는 부분이므로 우리가 원하는 전체 데이터를 받을 때는 필요하지 않은 요청값입니다. 이를 제외한 요청값을 산업별 현황 예제에 적용하면 해당 데이터 역시 손쉽게 다운로드할 수 있습니다.

```r
library(httr)
library(rvest)
library(readr)

gen_otp_url =
  'http://data.krx.co.kr/comm/fileDn/GenerateOTP/generate.cmd'
gen_otp_data = list(
  searchType = '1',
  mktId = 'ALL',
  trdDd = '20210108',
  csvxls_isNo = 'false',
  name = 'fileDown',
  url = 'dbms/MDC/STAT/standard/MDCSTAT03501'
)
otp = POST(gen_otp_url, query = gen_otp_data) %>%
  read_html() %>%
  html_text()

down_url = 'http://data.krx.co.kr/comm/fileDn/download_csv/download.cmd'
down_ind = POST(down_url, query = list(code = otp),
                add_headers(referer = gen_otp_url)) %>%
  read_html(encoding = 'EUC-KR') %>%
  html_text() %>%
  read_csv()
print(down_ind)
```

```
## # A tibble: 2,345 x 11
##   종목코드 종목명      종가   대비   등락률   EPS    PER
##   <chr>   <chr>      <dbl>  <dbl>  <dbl>   <dbl>  <dbl>
## 1 060310  3S         2245   -45    -1.97   NA     NA
## 2 095570  AJ네트웍…   4540   -155   -3.3    982    4.62
## 3 006840  AK홀딩스…   25350  150    0.6     2168   11.7
## 4 054620  APS홀딩…    7500   -150   -1.96   NA     NA
## 5 265520  AP시스템…   26000  -100   -0.38   671    38.8
## 6 211270  AP위성      8100   -250   -2.99   51     159.
## 7 027410  BGF        4905   -25    -0.51   281    17.5
## 8 282330  BGF리테…   141000  4500   3.3     8763   16.1
## 9 138930  BNK금융…   5780   0      0       1647   3.51
```

```
## 10 001460   BYC           324500    10500 3.34     33265  9.75
## # … with 2,335 more rows, and 4 more variables:
## #   BPS <dbl>, PBR <dbl>, 주당배당금 <dbl>,
## #   배당수익률 <dbl>
```

위 과정을 통해 down_ind 변수에는 개별종목 지표 데이터가 저장되었습니다. 해당 데이터 역시 csv 파일로 저장하겠습니다.

```
write.csv(down_ind, 'data/krx_ind.csv')
```

5.1.3 최근 영업일 기준 데이터 받기

위 예제의 쿼리 항목 중 date와 schdate 부분을 원하는 일자로 입력하면(예: 20190104) 해당일의 데이터를 다운로드할 수 있으며, 전 영업일 날짜를 입력하면 가장 최근의 데이터를 받을 수 있습니다. 그러나 매번 해당 항목을 입력하기는 번거로우므로 자동으로 반영되게 할 필요가 있습니다.

네이버 금융의 [국내증시 → 증시자금동향]에는 이전 2영업일에 해당하는 날짜가 있으며, 자동으로 날짜가 업데이트되어 편리합니다. 따라서 해당 부분을 크롤링해 쿼리 항목에 사용할 수 있습니다.

그림 5-4 최근 영업일 부분

크롤링하고자 하는 데이터가 하나이거나 소수일 때는 HTML 구조를 모두 분해한 후 데이터를 추출하는 것보다 Xpath를 이용하는 것이 훨씬 효율적입니다. Xpath란, XML 중 특정 값의 태그나 속성을 찾기 쉽게 만든 주소라 생각하면 됩니다. 예를 들어 R 프로그램이 저장된 곳을 윈도우 탐색기를 이용해 이용하면 C:\Program Files\R\R-3.4.2 형태의 주소를 보이는데, 이것은 윈도우의 path 문법입니다. XML 역시 이와 동일한 개념의 Xpath가 있습니다. 웹페이지에서 Xpath를 찾는 법은 다음과 같습니다.

그림 5-5 Xpath 복사하기

먼저, 크롤링하고자 하는 내용에 마우스 커서를 올린 채 마우스 오른쪽 버튼을 클릭한 후 [검사]를 선택합니다. 그러면 개발자 도구 화면이 열리며 해당 지점의 HTML 부분이 선택됩니다. 그 후 HTML 화면에서 마우스 오른쪽 버튼을 클릭하고 [Copy → Copy Xpath]를 선택하면 해당 지점의 Xpath가 복사됩니다.

```
//*[@id="type_0"]/div/ul[2]/li/span
```

위에서 구한 날짜의 Xpath를 이용해 해당 데이터를 크롤링하겠습니다.

```
library(httr)
library(rvest)
library(stringr)

url = 'https://finance.naver.com/sise/sise_deposit.nhn'  ── ❶

biz_day = GET(url) %>%  ── ❷
  read_html(encoding = 'EUC-KR') %>%  ── ❸
  html_nodes(xpath =
             '//*[@id="type_1"]/div/ul[2]/li/span') %>%  ── ❹
  html_text() %>%  ── ❺
```

```
    str_match((('[0-9]+.[0-9]+.[0-9]+') ) %>%  ········ ❻
    str_replace_all('\\.', '')  ········ ❼

print(biz_day)
```

```
## [1] "20210113"
```

❶ 페이지의 url을 저장합니다.

❷ GET() 함수를 통해 해당 페이지 내용을 받습니다.

❸ read_html() 함수를 이용해 해당 페이지의 HTML 내용을 읽어오며, 인코딩은
EUC-KR로 설정합니다.

❹ html_node() 함수 내에 위에서 구한 Xpath를 입력해서 해당 지점의 데이터를
추출합니다.

❺ html_text() 함수를 통해 텍스트 데이터만을 추출합니다.

❻ str_match() 함수 내에서 정규표현식[12]을 사용해 숫자.숫자.숫자 형식의 데이터
를 추출합니다.

❼ str_replace_all() 함수를 이용해 마침표(.)를 모두 없애줍니다.

이처럼 Xpath를 이용하면 태그나 속성을 분해하지 않고도 원하는 지점의 데이터를 크
롤링할 수 있습니다. 위 과정을 통해 yyyymmdd 형태의 날짜만 남게 되었습니다. 이를
위의 date와 schdate에 입력하면 산업별 현황과 개별종목 지표를 최근일자 기준으
로 다운로드하게 됩니다. 전체 코드는 다음과 같습니다.

```
library(httr)
library(rvest)
library(stringr)
library(readr)

# 최근 영업일 구하기
url = 'https://finance.naver.com/sise/sise_deposit.nhn'

biz_day = GET(url) %>%
  read_html(encoding = 'EUC-KR') %>%
```

---

12   특정한 규칙을 가진 문자열의 집합을 표현하는 데 사용하는 형식 언어를 말합니다.

```r
  html_nodes(xpath =
               '//*[@id="type_1"]/div/ul[2]/li/span') %>%
  html_text() %>%
  str_match(('[0-9]+.[0-9]+.[0-9]+') ) %>%
  str_replace_all('\\.', '')

# 코스피 업종분류 OTP 발급
gen_otp_url =
 'http://data.krx.co.kr/comm/fileDn/GenerateOTP/generate.cmd'
gen_otp_data = list(
  mktId = 'STK',
  trdDd = biz_day, # 최근영업일로 변경
  money = '1',
  csvxls_isNo = 'false',
  name = 'fileDown',
  url = 'dbms/MDC/STAT/standard/MDCSTAT03901'
)
otp = POST(gen_otp_url, query = gen_otp_data) %>%
  read_html() %>%
  html_text()

# 코스피 업종분류 데이터 다운로드
down_url = 'http://data.krx.co.kr/comm/fileDn/download_csv/download.cmd'
down_sector_KS = POST(down_url, query = list(code = otp),
               add_headers(referer = gen_otp_url)) %>%
  read_html(encoding = 'EUC-KR') %>%
  html_text() %>%
  read_csv()

# 코스닥 업종분류 OTP 발급
gen_otp_data = list(
  mktId = 'KSQ',
  trdDd = biz_day, # 최근영업일로 변경
  money = '1',
  csvxls_isNo = 'false',
  name = 'fileDown',
  url = 'dbms/MDC/STAT/standard/MDCSTAT03901'
)
otp = POST(gen_otp_url, query = gen_otp_data) %>%
  read_html() %>%
  html_text()

# 코스닥 업종분류 데이터 다운로드
down_sector_KQ = POST(down_url, query = list(code = otp),
                 add_headers(referer = gen_otp_url)) %>%
  read_html(encoding = 'EUC-KR') %>%
  html_text() %>%
```

```
   read_csv()

down_sector = rbind(down_sector_KS, down_sector_KQ)

ifelse(dir.exists('data'), FALSE, dir.create('data'))
write.csv(down_sector, 'data/krx_sector.csv')

# 개별종목 지표 OTP 발급
gen_otp_url =
  'http://data.krx.co.kr/comm/fileDn/GenerateOTP/generate.cmd'
gen_otp_data = list(
  searchType = '1',
  mktId = 'ALL',
  trdDd = biz_day, # 최근영업일로 변경
  csvxls_isNo = 'false',
  name = 'fileDown',
  url = 'dbms/MDC/STAT/standard/MDCSTAT03501'
)
otp = POST(gen_otp_url, query = gen_otp_data) %>%
  read_html() %>%
  html_text()

# 개별종목 지표 데이터 다운로드
down_url = 'http://data.krx.co.kr/comm/fileDn/download_csv/download.cmd'
down_ind = POST(down_url, query = list(code = otp),
                add_headers(referer = gen_otp_url)) %>%
  read_html(encoding = 'EUC-KR') %>%
  html_text() %>%
  read_csv()

write.csv(down_ind, 'data/krx_ind.csv')
```

5.1.4 거래소 데이터 정리하기

위에서 다운로드한 데이터는 중복된 열이 있으며, 불필요한 데이터 역시 있습니다. 따라서 하나의 테이블로 합친 후 정리할 필요가 있습니다. 먼저, 다운로드한 csv 파일을 읽어옵니다.

```
down_sector = read.csv('data/krx_sector.csv', row.names = 1,
                       stringsAsFactors = FALSE)
down_ind = read.csv('data/krx_ind.csv',  row.names = 1,
                    stringsAsFactors = FALSE)
```

read.csv() 함수를 이용해 csv 파일을 불러옵니다. row.names = 1을 통해 첫 번째 열을 행 이름으로 지정하고, stringsAsFactors = FALSE를 통해 문자열 데이터가 팩터 형태로 변형되지 않게 합니다.

```r
intersect(names(down_sector), names(down_ind))
```

```
## [1] "종목코드" "종목명"   "종가"     "대비"
## [5] "등락률"
```

먼저, intersect() 함수를 통해 두 데이터 간 중복되는 열 이름을 살펴보면 종목코드와 종목명 등이 동일한 위치에 있습니다.

```r
setdiff(down_sector[, '종목명'], down_ind[ ,'종목명'])
```

```
##  [1] "ESR켄달스퀘어리츠"   "NH프라임리츠"
##  [3] "롯데리츠"            "맥쿼리인프라"
##  [5] "맵스리얼티1"          "모두투어리츠"
##  [7] "미래에셋맵스리츠"    "바다로19호"
##  [9] "베트남개발1"          "신한알파리츠"
## [11] "에이리츠"            "엘브이엠씨홀딩스"
## [13] "이리츠코크렙"        "이지스레지던스리츠"
## [15] "이지스밸류리츠"      "제이알글로벌리츠"
## [17] "케이탑리츠"          "코람코에너지리츠"
## [19] "하이골드12호"        "하이골드3호"
## [21] "한국ANKOR유전"       "한국패러랠"
## [23] "GRT"                "JTC"
## [25] "SBI핀테크솔루션즈"   "SNK"
## [27] "골든센츄리"          "글로벌에스엠"
## [29] "넥스틴"              "뉴프라이드"
## [31] "로스웰"              "미투젠"
## [33] "소마젠(Reg.S)"       "씨케이에이치"
## [35] "에스앤씨엔진그룹"    "엑세스바이오"
## [37] "오가닉티코스메틱"    "윙입푸드"
## [39] "이스트아시아홀딩스"  "잉글우드랩"
## [41] "컬러레이"            "코오롱티슈진"
## [43] "크리스탈신소재"      "헝셩그룹"
```

setdiff() 함수를 통해 두 데이터에 공통적으로 없는 종목명, 즉 하나의 데이터에만 있는 종목을 살펴보면 위와 같습니다. 해당 종목들은 선박펀드, 광물펀드, 해외종목

등 일반적이지 않은 종목들이므로 제외하는 것이 좋습니다. 따라서 둘 사이에 공통적
으로 존재하는 종목을 기준으로 데이터를 합쳐주겠습니다.

```
KOR_ticker = merge(down_sector, down_ind,
                   by = intersect(names(down_sector),
                                  names(down_ind)),
                   all = FALSE
                   )
```

merge() 함수는 by를 기준으로 두 데이터를 하나로 합치며, 공통으로 존재하는 종
목코드, 종목명, 종가, 대비, 등락률을 기준으로 입력해줍니다. 또한 all 값을 TRUE로
설정하면 합집합을 반환하고, FALSE로 설정하면 교집합을 반환합니다. 공통으로 존재
하는 항목을 원하므로 여기서는 FALSE를 입력합니다.

```
KOR_ticker = KOR_ticker[order(-KOR_ticker['시가총액']), ]
print(head(KOR_ticker))
```

```
##        종목코드           종목명      종가   대비  등락률
## 327    005930          삼성전자    89700   -900   -0.99
## 45     000660         SK하이닉스  133000   4000    3.10
## 1076   051910           LG화학  1000000  38000    3.95
## 328    005935          삼성전자우   78600  -1400   -1.75
## 299    005380            현대차   259000  -2000   -0.77
## 1928   207940     삼성바이오로직스   830000  12000    1.47
##      시장구분  업종명   시가총액      EPS      PER      BPS
## 327     KOSPI  전기전자  5.355e+14   3166    28.33    37528
## 45      KOSPI  전기전자  9.682e+13   2943    45.19    65836
## 1076    KOSPI      화학  7.059e+13   4085   244.80   217230
## 328     KOSPI  전기전자  6.468e+13     NA       NA       NA
## 299     KOSPI  운수장비  5.534e+13  11310    22.90   253001
## 1928    KOSPI    의약품  5.492e+13   3067   270.62    65812
##       PBR 주당배당금 배당수익률
## 327   2.39      1416       1.58
## 45    2.02      1000       0.75
## 1076  4.60      2000       0.20
## 328     NA      1417       1.80
## 299   1.02      4000       1.54
## 1928 12.61         0       0.00
```

데이터를 시가총액 기준으로 내림차순 정렬할 필요도 있습니다. order() 함수를 통해 상대적인 순서를 구할 수 있습니다. R은 기본적으로 오름차순으로 순서를 구하므로 앞에 마이너스(-)를 붙여 내림차순 형태로 바꿉니다. 결과적으로 시가총액 기준 내림차순으로 해당 데이터가 정렬됩니다.

마지막으로 스팩, 우선주 종목 역시 제외해야 합니다.

```r
library(stringr)

KOR_ticker[grepl('스팩', KOR_ticker[, '종목명']), '종목명']
```

```
##  [1] "엔에이치스팩14호"       "유안타제3호스팩"
##  [3] "케이비제18호스팩"       "삼성스팩2호"
##  [5] "교보8호스팩"            "엔에이치스팩17호"
##  [7] "유안타제6호스팩"        "미래에셋대우스팩3호"
##  [9] "케이비제20호스팩"       "DB금융스팩8호"
## [11] "유안타제5호스팩"        "SK6호스팩"
## [13] "대신밸런스제8호스팩"    "케이비17호스팩"
## [15] "유안타제7호스팩"        "교보10호스팩"
## [17] "IBKS제13호스팩"         "대신밸런스제7호스팩"
## [19] "한화에스비아이스팩"     "미래에셋대우스팩 5호"
## [21] "하이제5호스팩"          "SK4호스팩"
## [23] "신한제6호스팩"          "에이치엠씨제5호스팩"
## [25] "한국제7호스팩"          "하나금융15호스팩"
## [27] "유안타제4호스팩"        "한화플러스제1호스팩"
## [29] "하나머스트제6호스팩"    "상상인이안1호스팩"
## [31] "엔에이치스팩18호"       "IBKS제14호스팩"
## [33] "하나금융14호스팩"       "엔에이치스팩16호"
## [35] "미래에셋대우스팩4호"    "SK5호스팩"
## [37] "케이비제19호스팩"       "신영스팩6호"
## [39] "에이치엠씨제4호스팩"    "대신밸런스제9호스팩"
## [41] "엔에이치스팩13호"       "하나금융16호스팩"
## [43] "유진스팩5호"            "교보9호스팩"
## [45] "상상인이안제2호스팩"    "키움제5호스팩"
## [47] "이베스트스팩5호"        "신영스팩5호"
## [49] "유진스팩4호"            "한국제8호스팩"
## [51] "IBKS제12호스팩"         "이베스트이안스팩1호"
```

```r
KOR_ticker[str_sub(KOR_ticker[, '종목코드'], -1, -1) != 0, '종목명']
```

```
##  [1] "삼성전자우"          "현대차2우B"
##  [3] "LG화학우"            "현대차우"
##  [5] "LG생활건강우"        "LG전자우"
##  [7] "삼성SDI우"           "아모레퍼시픽우"
##  [9] "미래에셋대우2우B"     "삼성화재우"
## [11] "한국금융지주우"       "신영증권우"
## [13] "CJ4우(전환)"         "삼성전기우"
## [15] "한화3우B"            "아모레G3우(전환)"
## [17] "현대차3우B"          "신풍제약우"
## [19] "대신증권우"          "SK케미칼우"
## [21] "CJ제일제당 우"       "SK이노베이션우"
## [23] "LG우"               "삼성물산우B"
## [25] "대림산업우"          "두산퓨얼셀1우"
## [27] "금호석유우"          "S-Oil우"
## [29] "NH투자증권우"        "두산우"
## [31] "SK우"               "CJ우"
## [33] "아모레G우"           "솔루스첨단소재1우"
## [35] "녹십자홀딩스2우"      "대신증권2우B"
## [37] "유한양행우"          "한화솔루션우"
## [39] "SK디스커버리우"      "미래에셋대우우"
## [41] "호텔신라우"          "코오롱인더우"
## [43] "롯데지주우"          "두산퓨얼셀2우B"
## [45] "부국증권우"          "두산2우B"
## [47] "GS우"               "솔루스첨단소재2우B"
## [49] "대교우B"            "대한항공우"
## [51] "롯데칠성우"          "유화증권우"
## [53] "삼성중공우"          "LG하우시스우"
## [55] "BYC우"              "유안타증권우"
## [57] "티와이홀딩스우"      "일양약품우"
## [59] "남양유업우"          "세방우"
## [61] "한진칼우"           "대상우"
## [63] "하이트진로2우B"      "코리아써우"
## [65] "한화우"             "대덕전자1우"
## [67] "SK증권우"           "덕성우"
## [69] "현대건설우"          "한화투자증권우"
## [71] "태영건설우"          "넥센타이어1우B"
## [73] "삼양사우"           "코오롱우"
## [75] "삼양홀딩스우"        "유유제약1우"
## [77] "DB하이텍1우"        "남선알미우"
## [79] "NPC우"              "SK네트웍스우"
## [81] "루트로닉3우C"        "서울식품우"
## [83] "넥센우"             "성신양회우"
## [85] "대덕1우"            "계양전기우"
## [87] "금호산업우"          "대한제당우"
## [89] "태양금속우"          "코오롱글로벌우"
```

```
##  [91] "한양증권우"          "동원시스템즈우"
##  [93] "크라운제과우"          "CJ씨푸드1우"
##  [95] "크라운해태홀딩스우" "대상홀딩스우"
##  [97] "현대비앤지스틸우"    "대원전선우"
##  [99] "흥국화재우"          "깨끗한나라우"
## [101] "금강공업우"          "하이트진로홀딩스우"
## [103] "JW중외제약우"        "KG동부제철우"
## [105] "대호피앤씨우"        "노루페인트우"
## [107] "코리아써키트2우B"    "진흥기업우B"
## [109] "동부건설우"          "성문전자우"
## [111] "JW중외제약2우B"      "유유제약2우B"
## [113] "동양우"              "소프트센우"
## [115] "동양2우B"            "진흥기업2우B"
## [117] "신원우"              "노루홀딩스우"
## [119] "흥국화재2우B"        "동양3우B"
```

grepl() 함수를 통해 종목명에 '스팩'이 들어가는 종목을 찾고, stringr 패키지의
str_sub() 함수를 통해 종목코드 끝이 0이 아닌 우선주 종목을 찾을 수 있습니다.

```
KOR_ticker = KOR_ticker[!grepl('스팩', KOR_ticker[, '종목명']), ]
KOR_ticker = KOR_ticker[str_sub(KOR_ticker[, '종목코드'], -1, -1) == 0, ]
```

마지막으로 행 이름을 초기화한 후 정리된 데이터를 csv 파일로 저장합니다.

```
rownames(KOR_ticker) = NULL
write.csv(KOR_ticker, 'data/KOR_ticker.csv')
```

5.2 WICS 기준 섹터 정보 크롤링

일반적으로 주식의 섹터를 나누는 기준은 MSCI와 S&P가 개발한 GICS[13]를 가장 많이
사용합니다. 국내 종목의 GICS 기준 정보 역시 한국거래소에서 제공하고 있으나, 이는
독점적 지적재산으로 명시했기에 사용하는 데 무리가 있습니다. 그러나 지수제공업체

---

13   https://en.wikipedia.org/wiki/Global_Industry_Classification_Standard

인 와이즈인덱스[14]에서는 GICS와 비슷한 WICS 산업분류를 발표하고 있습니다. WICS 를 크롤링해 필요한 정보를 수집해보겠습니다.

먼저 웹페이지에 접속해 [Index → WISE SECTOR INDEX → WICS → 에너지]를 클릭합니다. 그 후 [Components] 탭을 클릭하면 해당 섹터의 구성종목을 확인할 수 있습니다.

그림 5-6 WICS 기준 구성종목

개발자 도구 화면(그림 5-7)을 통해 해당 페이지의 데이터 전송 과정을 살펴보겠습니다.

---

14 http://www.wiseindex.com

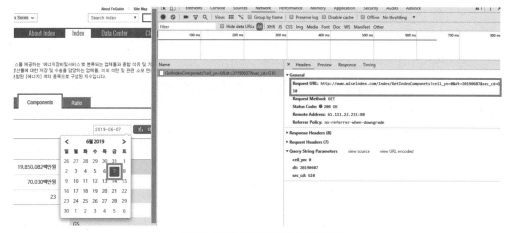

그림 5-7 WICS 페이지 개발자 도구 화면

일자를 선택하면 [Network] 탭의 GetIndexComponets 항목을 통해 데이터 전송 과정이 나타납니다. Request URL의 주소를 살펴보면 다음과 같습니다.

1. **http://www.wiseindex.com/Index/GetIndexComponets:** 데이터를 요청하는 URL입니다.

2. **ceil_yn = 0:** 실링 여부를 나타내며, 0은 비실링을 의미합니다.

3. **dt=20190607:** 조회일자를 나타냅니다.

4. **sec_cd=G10:** 섹터 코드를 나타냅니다.

이번엔 위 주소의 페이지를 열어보겠습니다.

그림 5-8 WICS 데이터 페이지

글자들은 페이지에 출력된 내용이지만 매우 특이한 형태로 구성되어 있는데 이것은 JSON 형식의 데이터입니다. 기존에 우리가 살펴보았던 대부분의 웹페이지는 XML 형식으로 표현되어 있습니다. XML 형식은 문법이 복잡하고 표현 규칙이 엄격해 데이터의 용량이 커지는 단점이 있습니다. 반면 JSON 형식은 문법이 단순하고 데이터의 용량이 작아 빠른 속도로 데이터를 교환할 수 있습니다. R에서는 jsonlite 패키지의 fromJSON() 함수를 사용해 매우 손쉽게 JSON 형식의 데이터를 크롤링할 수 있습니다.

```r
library(jsonlite)

url = paste0(
  'http://www.wiseindex.com/Index/GetIndexComponets',
  '?ceil_yn=0&dt=20190607&sec_cd=G10')
data = fromJSON(url)

lapply(data, head)
```

```
## $info
## $info$TRD_DT
## [1] "/Date(1559833200000)/"
##
## $info$MKT_VAL
## [1] 19850082
##
## $info$TRD_AMT
## [1] 70030
##
## $info$CNT
## [1] 23
##
##
## $list
##     IDX_CD IDX_NM_KOR ALL_MKT_VAL CMP_CD        CMP_KOR MKT_VAL   WGT
## 1  G10 WICS      에너지    19850082 096770      SK이노베이션 9052841 45.61
## 2  G10 WICS      에너지    19850082 010950           S-Oil 3403265 17.14
## 3  G10 WICS      에너지    19850082 267250   현대중공업지주 2873204 14.47
## 4  G10 WICS      에너지    19850082 078930              GS 2491805 12.55
## 5  G10 WICS      에너지    19850082 067630에이치엘비생명과학  624986  3.15
## 6  G10 WICS      에너지    19850082 006120     SK디스커버리  257059  1.30
##   S_WGT CAL_WGT SEC_CD SEC_NM_KOR SEQ TOP60 APT_SHR_CNT
## 1 45.61       1    G10       에너지   1     2    56403994
```

```
## 2 62.75        1    G10    에너지    2    2    41655633
## 3 77.23        1    G10    에너지    3    2     9283372
## 4 89.78        1    G10    에너지    4    2    49245150
## 5 92.93        1    G10    에너지    5    2    39307272
## 6 94.22        1    G10    에너지    6    2    10470820
##
## $sector
##     SEC_CD        SEC_NM_KOR    SEC_RATE    IDX_RATE
## 1    G25      경기관련소비재        16.05           0
## 2    G35             건강관리         9.27           0
## 3    G50 커뮤니케이션서비스         2.26           0
## 4    G40                금융        10.31           0
## 5    G10             에너지         2.37         100
## 6    G20             산업재        12.68           0
##
## $size
##              SEC_CD    SEC_NM_KOR    SEC_RATE    IDX_RATE
## 1    WMI510 WMI500          대형주       69.40       89.78
## 2    WMI520 WMI500          중형주       13.56        4.44
## 3    WMI530 WMI500          소형주       17.04        5.78
```

$list 항목에는 해당 섹터의 구성종목 정보가 있으며, $sector 항목을 통해 다른 섹터의 코드도 확인할 수 있습니다. for loop 구문을 이용해 URL의 sec_cd=에 해당하는 부분만 변경하면 모든 섹터의 구성종목을 매우 쉽게 얻을 수 있습니다.

```
sector_code = c('G25', 'G35', 'G50', 'G40', 'G10',
                'G20', 'G55', 'G30', 'G15', 'G45')
data_sector = list()

for (i in sector_code) {

  url = paste0(
    'http://www.wiseindex.com/Index/GetIndexComponets',
    '?ceil_yn=0&dt=20190607&sec_cd=',i)
  data = fromJSON(url)
  data = data$list

  data_sector[[i]] = data

  Sys.sleep(1)
}
```

```
data_sector = do.call(rbind, data_sector)
```

해당 데이터를 csv 파일로 저장합니다.

```
write.csv(data_sector, 'data/KOR_sector.csv')
```

6

금융 데이터 수집하기 [심화]

지난 CHAPTER에서 수집한 주식티커를 바탕으로 이번 CHAPTER에서는 퀀트 투자의 핵심 자료인 수정주가, 재무제표, 가치지표를 크롤링하는 방법을 알아보겠습니다.

6.1 수정주가 크롤링

주가 데이터는 투자를 함에 있어 반드시 필요한 데이터이며, 인터넷에서 주가를 수집할 수 있는 방법은 매우 많습니다. 먼저 API를 이용한 데이터 수집에서 살펴본 것과 같이, getSymbols() 함수를 이용해 데이터를 받을 수 있습니다. 그러나 야후 파이낸스에서 제공하는 데이터 중 미국 주가는 이상 없이 다운로드되지만, 국내 중소형주는 주가가 없는 경우가 있습니다.

또한 단순 주가를 구할 수 있는 방법은 많지만, 투자에 필요한 수정주가를 구할 수 있는 방법은 찾기 힘듭니다. 다행히 네이버 금융에서 제공하는 정보를 통해 모든 종목의 수정주가를 매우 손쉽게 구할 수 있습니다.

6.1.1 개별종목 주가 크롤링

먼저 네이버 금융에서 특정종목(예: 삼성전자)의 [차트] 탭[15]을 선택합니다.[16] 해당 차트는 주가 데이터를 받아 그래프를 그려주는 형태입니다. 따라서 해당 데이터가 어디에서 오는지 알기 위해 개발자 도구 화면을 이용합니다.

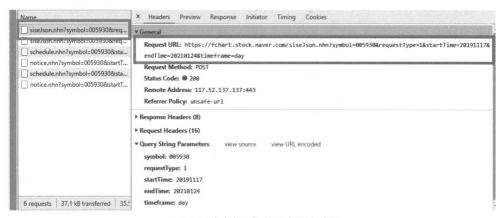

그림 6-1 네이버 금융 차트의 통신 기록

화면을 연 상태에서 [일] 탭을 선택하면 나오는 항목 중 가장 상단 항목의 Request URL이 주가 데이터를 요청하는 주소입니다. 해당 URL에 접속해보겠습니다.

URL: https://fchart.stock.naver.com/siseJson.nhn?symbol=005930&requestType=1&
startTime=20191117&endTime=20210124&timeframe=day

---

15   https://finance.naver.com/item/fchart.nhn?code=005930

16   플래시가 차단되어 화면이 나오지 않는 경우 주소 창의 왼쪽 상단의 자물쇠 버튼을 클릭한 후 [Flash를 허용]으로 바꾸고 [새로고침]을 클릭하면 차트가 나옵니다.

```
[['날짜', '시가', '고가', '저가', '종가', '거래량', '외국인소진율'],

["20190315", 43800, 44250, 43700, 44200, 16814163, 56.71],
["20190318", 43950, 44150, 43450, 43700, 8188876, 56.67],
["20190319", 43750, 43900, 43550, 43900, 7609563, 56.69],
["20190320", 43800, 44200, 43100, 44050, 9846242, 56.68],
["20190321", 44600, 46250, 44050, 45850, 21138016, 56.76],
["20190322", 46850, 47000, 46250, 46550, 12535911, 56.81],
["20190325", 45300, 45650, 44800, 45500, 8699728, 56.82],
["20190326", 45500, 45700, 44900, 45250, 9729811, 56.84],
["20190327", 44750, 45600, 44250, 45350, 9568081, 56.82],
["20190328", 44950, 45200, 44300, 44850, 6821306, 56.83],
["20190329", 44500, 44900, 44200, 44650, 11491713, 56.82],
["20190401", 45200, 45450, 44850, 45050, 7362129, 56.82],
["20190402", 45550, 46100, 45350, 45750, 9480688, 56.88],
["20190403", 46750, 46750, 45800, 46600, 12436570, 56.95],
["20190404", 46150, 47100, 46150, 46950, 12650168, 57.0],
["20190405", 46950, 47550, 46600, 46850, 8546339, 57.03],
```

그림 6-2 주가 데이터 페이지

각 날짜별로 시가, 고가, 저가, 종가, 거래량, 외국인소지율이 있으며, 주가는 모두 수정주가 기준입니다.

URL에서 symbol= 뒤에 6자리 티커만 변경하면 해당 종목의 주가 데이터가 있는 페이지로 이동할 수 있으며, 이를 통해 우리가 원하는 모든 종목의 주가 데이터를 크롤링할 수 있습니다. 또한 startTime=에는 시작일자를, endTime=에는 종료일자를 입력하여 원하는 기간만큼의 데이터를 받을 수도 있습니다.

```r
library(stringr)

KOR_ticker = read.csv('data/KOR_ticker.csv', row.names = 1)
print(KOR_ticker$'종목코드'[1])
```

```
## [1] 5930
```

```
KOR_ticker$'종목코드' =
  str_pad(KOR_ticker$'종목코드', 6, side = c('left'), pad = '0')
```

먼저, 저장해두었던 티커 항목의 csv 파일을 불러옵니다. 종목코드를 살펴보면 005930 이어야 할 삼성전자의 티커가 5930으로 입력되어 있습니다. 이는 파일을 불러오는 과정에서 0으로 시작하는 숫자들이 지워졌기 때문입니다. stringr 패키지의 str_pad() 함수를 사용해 6자리가 되지 않는 문자는 왼쪽에 0을 추가해 강제로 6자리로 만들어주도록 합니다.

다음은 첫 번째 종목인 삼성전자의 주가를 크롤링한 후 가공하는 방법입니다.

```
library(xts)

ifelse(dir.exists('data/KOR_price'), FALSE,
       dir.create('data/KOR_price'))   ········· ❶
```

```
## [1] FALSE
```

```
i = 1   ········· ❷
name = KOR_ticker$'종목코드'[i]   ········· ❸

price = xts(NA, order.by = Sys.Date())   ········· ❹
print(price)
```

```
##              [,1]
## 2020-01-24   NA
```

❶ data 폴더 내에 KOR_price 폴더를 생성합니다.
❷ i = 1을 입력합니다. 향후 for loop 구문을 통해 i 값만 변경하면 모든 종목의 주가를 다운로드할 수 있습니다.
❸ name에 해당 티커를 입력합니다.
❹ xts() 함수를 이용해 빈 시계열 데이터를 생성하며, 인덱스는 Sys.Date()를 통해 현재 날짜를 입력합니다.

```r
library(httr)
library(rvest)
library(lubridate)
library(stringr)
library(readr)

from = (Sys.Date() - years(3)) %>% str_remove_all('-')    ········ ❶
to = Sys.Date() %>% str_remove_all('-')

url = paste0('https://fchart.stock.naver.com/siseJson.nhn?symbol=', name,
             '&requestType=1&startTime=', from, '&endTime=', to,
             '&timeframe=day')    ········ ❷

data = GET(url)    ········ ❸
data_html = data %>% read_html %>%    ········ ❹
  html_text() %>%    ········ ❺
  read_csv()    ········ ❻

print(data_html)
```

```
## # A tibble: 1,479 x 8
##    `[['날짜'`     `'시가'`  `'고가'`  `'저가'`  `'종가'`
##    <chr>         <dbl>    <dbl>    <dbl>    <dbl>
##  1 <NA>             NA       NA       NA       NA
##  2 <NA>             NA       NA       NA       NA
##  3 <NA>             NA       NA       NA       NA
##  4 "[\"20180…    48860    49700    48560    49340
##  5 <NA>             NA       NA       NA       NA
##  6 "[\"20180…    49220    50360    49160    50260
##  7 <NA>             NA       NA       NA       NA
##  8 "[\"20180…    50500    50780    49840    50780
##  9 <NA>             NA       NA       NA       NA
## 10 "[\"20180…    51200    51480    50900    51220
## # … with 1,469 more rows, and 3 more variables:
## #   `'거래량'` <dbl>, `'외국인소진율']` <chr>, X8 <lgl>
```

❶ 먼저 시작일(from)과 종료일(to)에 해당하는 날짜를 입력합니다. Sys.Date()를 통해 오늘 날짜를 불러온 후, 시작일은 years() 함수를 이용해 3년을 빼줍니다. (본인이 원하는 기간만큼을 빼주면 됩니다.) 그 후 str_remove_all() 함수를 이용해 – 부분을 제거해 yyyymmdd 형식을 만들어 줍니다.

❷ paste0() 함수를 이용해 원하는 종목의 url을 생성합니다. url 중 티커에 해당하는 6자리 부분에 위에서 입력한 name을 설정합니다.

❸ GET() 함수를 통해 페이지의 데이터를 불러옵니다.

❹ read_html() 함수를 통해 HTML 정보를 읽어옵니다.

❺ html_text() 함수를 통해 텍스트 데이터만을 추출합니다.

❻ read_csv() 함수로 csv 형태의 데이터를 불러옵니다.

결과적으로 날짜 및 주가, 거래량, 외국인소진율 데이터가 추출됩니다. 우리에게 필요
한 날짜와 종가에 해당하는 열만 선택하고, 클렌징 작업을 해주도록 하겠습니다.

```
library(timetk)

price = data_html[c(1, 5)] ········· ❶
colnames(price) = (c('Date', 'Price')) ········· ❷
price = na.omit(price) ········· ❸
price$Date = parse_number(price$Date) ········· ❹
price$Date = ymd(price$Date) ········· ❺
price = tk_xts(price, date_var = Date) ········· ❻

print(tail(price))

##            Price
## 2021-01-15 88000
## 2021-01-18 85000
## 2021-01-19 87000
## 2021-01-20 87200
## 2021-01-21 88100
## 2021-01-22 86800
```

❶ 날짜에 해당하는 첫 번째 열과 종가에 해당하는 다섯 번째 열만 선택해 저장합
니다.

❷ 열 이름을 Date와 Price로 변경합니다.

❸ na.omit() 함수를 통해 NA 데이터를 삭제해줍니다.

❹ Date 열에서 숫자만을 추출하기 위해 readr 패키지의 parse_number() 함수를
적용합니다. 해당 함수는 문자형 데이터에서 콤마와 같은 불필요한 문자를 제거
한 후 숫자형 데이터로 변경해줍니다.

❺ lubridate 패키지의 ymd() 함수를 이용하면 yyyymmdd 형태가 yyyy-mm-dd로
변경되며, 데이터 형태 또한 Date 타입으로 변경됩니다.

❻ timetk 패키지의 tk_xts() 함수를 이용해 시계열 형태로 변경하며, 인덱스는
Date 열을 설정합니다. 형태를 변경한 후 해당 열은 자동으로 삭제됩니다.

데이터를 확인해보면 우리에게 필요한 형태로 정리되었습니다.

```
write.csv(data.frame(price),
         paste0('data/KOR_price/', name, '_price.csv'))
```

마지막으로 해당 데이터를 data 폴더의 KOR_price 폴더 내에 티커_price.csv 이름으로
저장합니다.

6.1.2 전 종목 주가 크롤링

위의 코드에서 for loop 구문을 이용해 i 값만 변경해주면 모든 종목의 주가를 다운로
드할 수 있습니다. 전 종목 주가를 다운로드하는 전체 코드는 다음과 같습니다.

```
library(httr)
library(rvest)
library(stringr)
library(xts)
library(lubridate)
library(readr)
library(timetk)

KOR_ticker = read.csv('data/KOR_ticker.csv', row.names = 1)
print(KOR_ticker$'종목코드'[1])
KOR_ticker$'종목코드' =
  str_pad(KOR_ticker$'종목코드', 6, side = c('left'), pad = '0')

ifelse(dir.exists('data/KOR_price'), FALSE,
       dir.create('data/KOR_price'))

for(i in 1 : nrow(KOR_ticker) ) {

  price = xts(NA, order.by = Sys.Date()) # 빈 시계열 데이터 생성
  name = KOR_ticker$'종목코드'[i] # 티커 부분 선택

  from = (Sys.Date() - years(3)) %>% str_remove_all('-') # 시작일
```

```
  to = Sys.Date() %>% str_remove_all('-') # 종료일

# 오류 발생 시 이를 무시하고 다음 루프로 진행
tryCatch({
  # url 생성
  url = paste0('https://fchart.stock.naver.com/siseJson.nhn?symbol=',
               name,'&requestType=1&startTime=', from, '&endTime=', to,
               '&timeframe=day')

  # 이후 과정은 위와 동일함
  # 데이터 다운로드
  data = GET(url)
  data_html = data %>% read_html %>%
    html_text() %>%
    read_csv()

  # 필요한 열만 선택 후 클렌징
  price = data_html[c(1, 5)]
  colnames(price) = (c('Date', 'Price'))
  price = na.omit(price)
  price$Date = parse_number(price$Date)
  price$Date = ymd(price$Date)
  price = tk_xts(price, date_var = Date)

}, error = function(e) {

  # 오류 발생 시 해당 종목명을 출력하고 다음 루프로 이동
  warning(paste0("Error in Ticker: ", name))
})

# 다운로드받은 파일을 생성한 폴더 내 csv 파일로 저장
write.csv(data.frame(price),
          paste0('data/KOR_price/', name, '_price.csv'))

# 타임슬립 적용
Sys.sleep(2)
}
```

위 코드에서 추가된 점은 다음과 같습니다. 페이지 오류, 통신 오류 등 오류가 발생할 경우 for loop 구문은 멈춰버리는데, 전체 데이터를 처음부터 다시 받는 일은 매우 귀찮은 작업입니다. 따라서 tryCatch() 함수를 이용해 오류가 발생할 때 해당 티커를 출력한 후 다음 루프로 넘어가게 합니다.

또한 오류가 발생하면 xts() 함수를 통해 만들어둔 빈 데이터를 저장하게 됩니다. 마지막으로 무한 크롤링을 방지하기 위해 한 번의 루프가 끝날 때마다 2초의 타임슬립을 적용했습니다.

위 코드가 모두 돌아가는 데는 수 시간이 걸립니다. 작업이 끝난 후 data/KOR_price 폴더를 확인해보면 전 종목 주가가 csv 형태로 저장되어 있습니다.

6.2 재무제표 및 가치지표 크롤링

주가와 더불어 재무제표와 가치지표 역시 투자에 있어 핵심이 되는 데이터입니다. 해당 데이터 역시 여러 웹사이트에서 구할 수 있지만, 국내 데이터 제공업체인 FnGuide에서 운영하는 Company Guide 웹사이트[17]에서 손쉽게 구할 수 있습니다.

6.2.1 재무제표 다운로드

먼저 개별종목의 재무제표를 탭을 선택하면 포괄손익계산서, 재무상태표, 현금흐름표 항목이 보이게 되며, 티커에 해당하는 A005930 뒤의 주소는 불필요한 내용이므로, 이를 제거한 주소로 접속합니다. A 뒤의 6자리 티커만 변경한다면 해당 종목의 재무제표 페이지로 이동하게 됩니다.

http://comp.fnguide.com/SVO2/ASP/SVD_Finance.asp?pGB=1&gicode=A005930

우리가 원하는 재무제표 항목들은 모두 테이블 형태로 제공되고 있으므로 html_table() 함수를 이용해 추출할 수 있습니다.

```
library(httr)
library(rvest)

ifelse(dir.exists('data/KOR_fs'), FALSE,
```

---

17 http://comp.fnguide.com

```r
    dir.create('data/KOR_fs'))  ┈┈┈┈ ❶

Sys.setlocale("LC_ALL", "English")  ┈┈┈┈ ❷

url = paste0('http://comp.fnguide.com/SVO2/ASP/',
             'SVD_Finance.asp?pGB=1&gicode=A005930')

data = GET(url,  ┈┈┈┈ ❸
           user_agent('Mozilla/5.0 (Windows NT 10.0; Win64; x64)
                       AppleWebKit/537.36 (KHTML, like Gecko)
                       Chrome/70.0.3538.77 Safari/537.36)
data = data %>%
  read_html() %>%
  html_table()  ┈┈┈┈ ❹

Sys.setlocale("LC_ALL", "Korean")  ┈┈┈┈ ❺

lapply(data, function(x) {
head(x, 3)})
```

```
## [[1]]
##   IFRS(연결)     2016/12     2017/12     2018/12  2019/03  전년동기 전년동기(%)
## 1     매출액  2,018,667   2,395,754   2,437,714  523,855   605,637       -13.5
## 2     매출원가 1,202,777   1,292,907   1,323,944  327,465   319,095         2.6
## 3 매출총이익    815,890   1,102,847   1,113,770  196,391   286,542       -31.5
##
## [[2]]
##   IFRS(연결)     2018/06     2018/09     2018/12  2019/03  전년동기 전년동기(%)
## 1     매출액    584,827     654,600     592,651  523,855   605,637       -13.5
## 2     매출원가   312,746     351,944     340,160  327,465   319,095         2.6
## 3 매출총이익    272,081     302,656     252,491  196,391   286,542       -31.5
##
## [[3]]
##                          IFRS(연결)     2016/12     2017/12     2018/12
## 1                              자산   2,621,743   3,017,521   3,393,572
## 2유동자산계산에 참여한 계정 펼치기   1,414,297   1,469,825   1,746,974
## 3                          재고자산     183,535     249,834     289,847
##       2019/03
## 1   3,450,679
## 2   1,773,885
## 3     314,560
##
## [[4]]
##                          IFRS(연결)     2018/06     2018/09     2018/12
## 1                              자산   3,186,884   3,371,958   3,393,572
```

```
##  2유동자산계산에 참여한 계정 펼치기 1,569,768   1,762,820   1,746,974
##  3                       재고자산    273,588     282,428     289,847
##       2019/03
##  1 3,450,679
##  2 1,773,885
##  3   314,560
##
## [[5]]
##                       IFRS(연결)  2016/12  2017/12  2018/12  2019/03
##  1        영업활동으로인한현금흐름  473,856  621,620  670,319   52,443
##  2                    당기순손익  227,261  421,867  443,449   50,436
##  3   법인세비용차감전계속사업이익
##
## [[6]]
##                       IFRS(연결)  2018/06  2018/09  2018/12  2019/03
##  1     영업활동으로인한현금흐름   134,378  155,497  224,281   52,443
##  2                   당기순손익   110,434  131,507   84,622   50,436
## 3법인세비용차감전계속사업이익
```

❶ data 폴더 내에 KOR_fs 폴더를 생성합니다.

❷ Sys.setlocale() 함수를 통해 로케일 언어를 English로 설정합니다.

❸ url을 입력한 후 GET() 함수를 통해 페이지 내용을 받아오며, user_agent() 항목에 웹브라우저 구별을 입력해줍니다. 해당 사이트는 크롤러와 같이 정체가 불분명한 웹브라우저를 통한 접속이 막혀 있어, 마치 모질라 혹은 크롬을 통해 접속한 것처럼 데이터를 요청합니다. 다양한 웹브라우저 리스트는 아래 링크에 나와 있습니다.

http://www.useragentstring.com/pages/useragentstring.php

❹ read_html() 함수를 통해 HTML 내용을 읽어오며, html_table() 함수를 통해 테이블 내용만 추출합니다.

❺ 로케일 언어를 다시 Korean으로 설정합니다.

위의 과정을 거치면 data 변수에는 리스트 형태로 총 6개의 테이블이 들어오게 되며, 그 내용은 표 6-1과 같습니다.

표 6-1 **재무제표 테이블 내역**

순서	내용
1	포괄손익계산서(연간)
2	포괄손익계산서(분기)
3	재무상태표(연간)
4	재무상태표(분기)
5	현금흐름표(연간)
6	현금흐름표(분기)

이 중 연간 기준 재무제표에 해당하는 첫 번째, 세 번째, 다섯 번째 테이블을 선택합니다.

```
data_IS = data[[1]]
data_BS = data[[3]]
data_CF = data[[5]]

print(names(data_IS))
```

```
## [1] "IFRS(연결)"    "2016/12"      "2017/12"      "2018/12"      "2019/03"
## [6] "전년동기"      "전년동기(%)"
```

```
data_IS = data_IS[, 1:(ncol(data_IS)-2)]
```

포괄손익계산서 테이블(data_IS)에는 전년동기, 전년동기(%) 열이 있는데 통일성을 위해 해당 열을 삭제합니다. 이제 테이블을 묶은 후 클렌징하겠습니다.

```
data_fs = rbind(data_IS, data_BS, data_CF)         ┈┈┈┈ ❶
data_fs[, 1] = gsub('계산에 참여한 계정 펼치기',    ┈┈┈┈ ❷
                    '', data_fs[, 1])
```

```
data_fs = data_fs[!duplicated(data_fs[, 1]), ]  ········ ❸

rownames(data_fs) = NULL
rownames(data_fs) = data_fs[, 1]
data_fs[, 1] = NULL  ········ ❹

data_fs = data_fs[, substr(colnames(data_fs), 6,7) == '12']  ········ ❺
```

❶ rbind() 함수를 이용해 세 테이블을 행으로 묶은 후 data_fs에 저장합니다.

❷ 첫 번째 열인 계정명에는 '계산에 참여한 계정 펼치기'라는 글자가 들어간 항목이 있습니다. 이는 페이지 내에서 펼치기 역할을 하는 (+) 항목에 해당하며 gsub() 함수를 이용해 해당 글자를 삭제합니다.

❸ 중복되는 계정명이 다수 있는데 대부분 불필요한 항목입니다. !duplicated() 함수를 사용해 중복되지 않는 계정명만 선택합니다.

❹ 행 이름을 초기화한 후 첫 번째 열의 계정명을 행 이름으로 변경합니다. 그 후 첫 번째 열은 삭제합니다.

❺ 간혹 12월 결산법인이 아닌 종목이거나 연간 재무제표임에도 불구하고 분기 재무제표가 들어간 경우가 있습니다. 비교의 통일성을 위해 substr() 함수를 이용해 끝 글자가 12인 열, 즉 12월 결산 데이터만 선택합니다.

```
print(head(data_fs))
```

```
##                    2016/12      2017/12      2018/12
## 매출액            2,018,667    2,395,754    2,437,714
## 매출원가          1,202,777    1,292,907    1,323,944
## 매출총이익          815,890    1,102,847    1,113,770
## 판매비와관리비      523,484      566,397      524,903
## 인건비               59,763       67,972       64,514
## 유무형자산상각비     10,018       13,366       14,477
```

```
sapply(data_fs, typeof)
```

```
##     2016/12      2017/12      2018/12
## "character"  "character"  "character"
```

데이터를 확인해보면 연간 기준 재무제표가 정리되었습니다. 문자형 데이터이므로 숫
자형으로 변경합니다.

```r
library(stringr)

data_fs = sapply(data_fs, function(x) {  ········ ①
  str_replace_all(x, ',', '') %>%
    as.numeric()
}) %>%
  data.frame(., row.names = rownames(data_fs))  ········ ②

print(head(data_fs))
```

```
##                   X2016.12   X2017.12   X2018.12
## 매출액            2018667    2395754    2437714
## 매출원가          1202777    1292907    1323944
## 매출총이익        815890     1102847    1113770
## 판매비와관리비    523484     566397     524903
## 인건비            59763      67972      64514
## 유무형자산상각비  10018      13366      14477
```

```r
sapply(data_fs, typeof)
```

```
## X2016.12 X2017.12 X2018.12
## "double" "double" "double"
```

① sapply() 함수를 이용해 각 열에 stringr 패키지의 str_replace_all() 함수
를 적용해 콤마(,)를 제거한 후 as.numeric() 함수를 통해 숫자형 데이터로 변
경합니다.

② data.frame() 함수를 이용해 데이터 프레임 형태로 만들어주며, 행 이름은 기
존 내용을 그대로 유지합니다.

정리된 데이터를 출력해보면 문자형이던 데이터가 숫자형으로 변경되었습니다.

```r
write.csv(data_fs, 'data/KOR_fs/005930_fs.csv')
```

data 폴더의 KOR_fs 폴더 내에 티커_fs.csv 이름으로 저장합니다.

6.2.2 가치지표 계산하기

위에서 구한 재무제표 데이터를 이용해 가치지표를 계산할 수 있습니다. 흔히 사용되는 가치지표는 PER, PBR, PCR, PSR이며 분자는 주가, 분모는 재무제표 데이터가 사용됩니다.

표 6-2 가치지표의 종류

순서	분모
PER	Earnings(순이익)
PBR	Book Value(순자산)
PCR	Cash Flow(영업활동현금흐름)
PSR	Sales(매출액)

위에서 구한 재무제표 항목에서 분모 부분에 해당하는 데이터만 선택해보겠습니다.

```
ifelse(dir.exists('data/KOR_value'), FALSE,
       dir.create('data/KOR_value'))  ······· ❶
```

```
## [1] FALSE
```

```
value_type = c('지배주주순이익',
               '자본',
               '영업활동으로인한현금흐름',
               '매출액')

value_index = data_fs[match(value_type, rownames(data_fs)),
                      ncol(data_fs)]  ······· ❷
print(value_index)
```

```
## [1]  438909 2477532  670319 2437714
```

❶ data 폴더 내에 KOR_value 폴더를 생성합니다.

❷ 분모에 해당하는 항목을 저장한 후 match() 함수를 이용해 해당 항목이 위치하는 지점을 찾습니다. ncol() 함수를 이용해 맨 오른쪽, 즉 최근년도 재무제표 데이터를 선택합니다.

다음으로 분자 부분에 해당하는 현재 주가를 수집해야 합니다. 이 역시 Company Guide 접속 화면에서 구할 수 있습니다. 불필요한 부분을 제거한 URL은 다음과 같습니다.

http://comp.fnguide.com/SVO2/ASP/SVD_main.asp?pGB=1&gicode=A005930

위의 주소 역시 A 뒤의 6자리 티커만 변경하면 해당 종목의 스냅샷 페이지로 이동하게 됩니다.

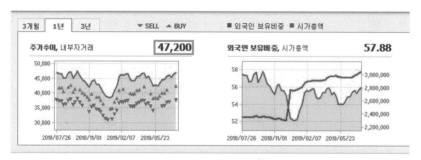

그림 6-3 **Company Guide 스냅샷 화면**

주가추이 부분에 우리가 원하는 현재 주가가 있습니다. 해당 데이터의 Xpath는 다음과 같습니다.

```
//*[@id="svdMainChartTxt11"]
```

위에서 구한 주가의 Xpath를 이용해 해당 데이터를 크롤링하겠습니다.

```
library(readr)

url =
  paste0('http://comp.fnguide.com/SVO2/ASP/SVD_main.asp',
         '?pGB=1&gicode=A005930')
data = GET(url)   ········ ❶

price = read_html(data) %>%
  html_node(xpath = '//*[@id="svdMainChartTxt11"]') %>%   ········ ❷
  html_text() %>%
  parse_number()   ········ ❸

print(price)
```

```
## [1] 45650
```

❶ url을 입력한 후 GET() 함수를 이용해 데이터를 불러옵니다.

❷ read_html() 함수를 이용해 HTML 데이터를 불러온 후 html_node() 함수
에 앞서 구한 Xpath를 입력해 해당 지점의 데이터를 추출합니다.

❸ html_text() 함수를 통해 텍스트 데이터만을 추출하며, readr 패키지의
parse_number() 함수를 적용합니다.

가치지표를 계산하려면 발행주식수 역시 필요합니다. 예를 들어 PER를 계산하는 방법
은 다음과 같습니다.

$$PER = Price/EPS = 주가/주당순이익$$

주당순이익은 순이익을 전체 주식수로 나눈 값이므로, 해당 값의 계산하려면 전체 주
식수를 구해야 합니다. 전체 주식수 데이터 역시 웹페이지에 있으므로 앞서 주가를 크
롤링한 방법과 동일한 방법으로 구할 수 있습니다. 전체 주식수 데이터의 Xpath는 다
음과 같습니다.

```
//*[@id="svdMainGrid1"]/table/tbody/tr[7]/td[1]
```

이를 이용해 발행주식수 중 보통주를 선택하는 방법은 다음과 같습니다.

```
share = read_html(data) %>%
  html_node(
    xpath =
      '//*[@id="svdMainGrid1"]/table/tbody/tr[7]/td[1]') %>%
  html_text()

print(share)
```

```
## [1] "5,969,782,550/ 822,886,700"
```

read_html() 함수와 html_node() 함수를 이용해, HTML 내에서 Xpath에 해당하는 데이터를 추출합니다. 그 후 html_text() 함수를 통해 텍스트 부분만 추출합니다. 해당 과정을 거치면 보통주/우선주의 형태로 발행주식주가 저장됩니다. 이 중 우리가 원하는 데이터는 / 앞에 있는 보통주 발행주식수입니다.

```
share = share %>%
  strsplit('/') %>%  ········ ❶
  unlist() %>%  ········ ❷
  .[1] %>%  ········ ❸
  parse_number()  ········ ❹

print(share)
```

```
## [1] 5969782550
```

❶ strsplit() 함수를 통해 /를 기준으로 데이터를 나눕니다. 해당 결과는 리스트 형태로 저장됩니다.

❷ unlist() 함수를 통해 리스트를 벡터 형태로 변환합니다.

❸ .[1]을 통해 보통주 발행주식수인 첫 번째 데이터를 선택합니다.

❹ parse_number() 함수를 통해 문자형 데이터를 숫자형으로 변환합니다.

재무 데이터, 현재 주가, 발행주식수를 이용해 가치지표를 계산해보겠습니다.

```
data_value = price / (value_index * 100000000 / share)
names(data_value) = c('PER', 'PBR', 'PCR', 'PSR')
```

```
data_value[data_value < 0] = NA

print(data_value)
```

```
##   PER   PBR   PCR   PSR
## 6.209 1.100 4.066 1.118
```

분자에는 현재 주가를 입력하며, 분모에는 재무 데이터를 보통주 발행주식수로 나눈 값을 입력합니다. 단, 주가는 원 단위, 재무 데이터는 억 원 단위이므로, 둘 사이에 단위를 동일하게 맞춰주기 위해 분모에 억을 곱합니다. 또한 가치지표가 음수인 경우는 NA로 변경해줍니다.

결과를 확인해보면 네 가지 가치지표가 잘 계산되었습니다.[18]

```
write.csv(data_value, 'data/KOR_value/005930_value.csv')
```

data 폴더의 KOR_value 폴더 내에 티커_value.csv 이름으로 저장합니다.

6.2.3 전 종목 재무제표 및 가치지표 다운로드

위 코드에서 for loop 구문을 이용해 URL 중 6자리 티커에 해당하는 값만 변경해주면 모든 종목의 재무제표를 다운로드하고 이를 바탕으로 가치지표를 계산할 수 있습니다. 해당 코드는 다음과 같습니다.

```
library(stringr)
library(httr)
library(rvest)
library(stringr)
library(readr)

KOR_ticker = read.csv('data/KOR_ticker.csv', row.names = 1)
```

---

18   분모에 사용되는 재무 데이터의 구체적인 항목과 발행주식수를 계산하는 방법의 차이로 인해 여러 업체에서 제공하는 가치지표와 다소 차이가 발생할 수 있습니다.

```r
KOR_ticker$'종목코드' =
  str_pad(KOR_ticker$'종목코드', 6,side = c('left'), pad = '0')

ifelse(dir.exists('data/KOR_fs'), FALSE,
       dir.create('data/KOR_fs'))
ifelse(dir.exists('data/KOR_value'), FALSE,
       dir.create('data/KOR_value'))

for(i in 1 : nrow(KOR_ticker) ) {

  data_fs = c()
  data_value = c()
  name = KOR_ticker$'종목코드'[i]

  # 오류 발생 시 이를 무시하고 다음 루프로 진행
  tryCatch({

    Sys.setlocale('LC_ALL', 'English')

    # URL 생성
    url = paste0(
      'http://comp.fnguide.com/SVO2/ASP/'
      ,'SVD_Finance.asp?pGB=1&gicode=A',
      name)

    # 이후 과정은 위와 동일함

    # 데이터 다운로드 후 테이블 추출
    data = GET(url) %>%
      read_html() %>%
      html_table()

    Sys.setlocale('LC_ALL', 'Korean')

    # 3개 재무제표를 하나로 합치기
    data_IS = data[[1]]
    data_BS = data[[3]]
    data_CF = data[[5]]

    data_IS = data_IS[, 1:(ncol(data_IS)-2)]
    data_fs = rbind(data_IS, data_BS, data_CF)

    # 데이터 클렌징
    data_fs[, 1] = gsub('계산에 참여한 계정 펼치기',
                        '', data_fs[, 1])
```

```r
data_fs = data_fs[!duplicated(data_fs[, 1]), ]

rownames(data_fs) = NULL
rownames(data_fs) = data_fs[, 1]
data_fs[, 1] = NULL

# 12월 재무제표만 선택
data_fs =
  data_fs[, substr(colnames(data_fs), 6,7) == "12"]

data_fs = sapply(data_fs, function(x) {
  str_replace_all(x, ',', '') %>%
    as.numeric()
}) %>%
  data.frame(., row.names = rownames(data_fs))


# 가치지표 분모 부분
value_type = c('지배주주순이익',
               '자본',
               '영업활동으로인한현금흐름',
               '매출액')

# 해당 재무 데이터만 선택
value_index = data_fs[match(value_type, rownames(data_fs)),
                      ncol(data_fs)]

# Snapshot 페이지 불러오기
url =
  paste0(
    'http://comp.fnguide.com/SVO2/ASP/SVD_Main.asp',
    '?pGB=1&gicode=A',name)
data = GET(url)

# 현재 주가 크롤링
price = read_html(data) %>%
  html_node(xpath = '//*[@id="svdMainChartTxt11"]') %>%
  html_text() %>%
  parse_number()

# 보통주 발행주식수 크롤링
share = read_html(data) %>%
  html_node(
    xpath =
    '//*[@id="svdMainGrid1"]/table/tbody/tr[7]/td[1]') %>%
```

```
        html_text() %>%
        strsplit('/') %>%
        unlist() %>%
        .[1] %>%
        parse_number()

    # 가치지표 계산
    data_value = price / (value_index * 100000000/ share)
    names(data_value) = c('PER', 'PBR', 'PCR', 'PSR')
    data_value[data_value < 0] = NA

  }, error = function(e) {

    # 오류 발생 시 해당 종목명을 출력하고 다음 루프로 이동
    data_fs <<- NA
    data_value <<- NA
    warning(paste0("Error in Ticker: ", name))
  })

  # 다운로드한 파일을 생성한 각각의 폴더 내 csv 파일로 저장

  # 재무제표 저장
  write.csv(data_fs, paste0('data/KOR_fs/', name, '_fs.csv'))

  # 가치지표 저장
  write.csv(data_value, paste0('data/KOR_value/', name,
                               '_value.csv'))

  # 2초간 타임슬립 적용
  Sys.sleep(2)
}
```

전 종목 주가 데이터를 받는 과정과 동일하게 KOR_ticker.csv 파일을 불러온 후 for loop를 통해 i 값이 변함에 따라 티커를 변경해가며 모든 종목의 재무제표 및 가치지표를 다운로드합니다. tryCatch() 함수를 이용해 오류가 발생하면 NA로 이루어진 빈 데이터를 저장한 후 다음 루프로 넘어가게 됩니다.

data/KOR_fs 폴더에는 전 종목의 재무제표 데이터가 저장되고, data/KOR_value 폴더에는 전 종목의 가치지표 데이터가 csv 형태로 저장됩니다.

6.3 DART의 Open API를 이용한 데이터 수집하기

DART(Data Analysis, Retrieval and Transfer System)는 금융감독원 전자공시시스템으로서, 상장법인 등이 공시서류를 인터넷으로 제출하고, 투자자 등 이용자는 제출 즉시 인터넷을 통해 조회할 수 있도록 하는 종합적 기업공시 시스템입니다. 홈페이지에서도 각종 공시내역을 확인할 수 있지만, 해당 사이트에서 제공하는 API를 이용할 경우 더욱 쉽게 공시 내용을 수집할 수 있습니다.

6.3.1 API Key 발급 및 추가하기

먼저 https://opendart.fss.or.kr/에 접속한 후 [인증키 신청/관리] → [인증키 신청]을 통해 API Key를 발급받습니다.

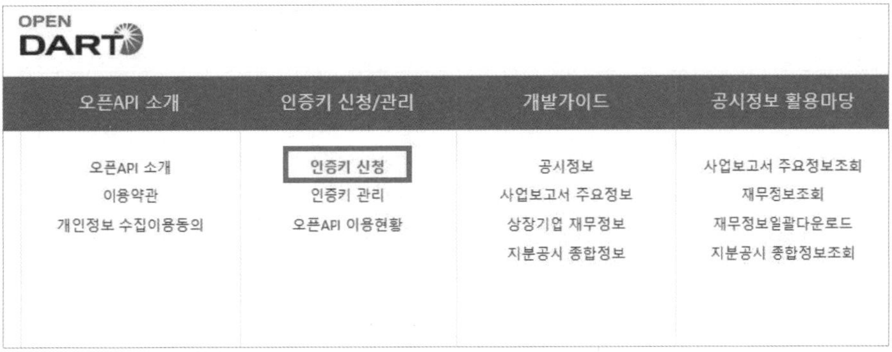

오픈API 소개	인증키 신청/관리	개발가이드	공시정보 활용마당
오픈API 소개 이용약관 개인정보 수집이용동의	인증키 신청 인증키 관리 오픈API 이용현황	공시정보 사업보고서 주요정보 상장기업 재무정보 지분공시 종합정보	사업보고서 주요정보조회 재무정보조회 재무정보일괄다운로드 지분공시 종합정보조회

그림 6-4 OpenAPI 인증키 신청

계정을 생성하고 이메일을 통해 이용자 등록을 한 후 로그인을 합니다. 그 후 [오픈API 이용현황]을 살펴보면 API Key 부분에 발급받은 Key가 있으며, 금일 몇 번의 API를 요청했는지가 일일이용현황에 나옵니다. 하루 총 10,000번까지 데이터를 요청할 수 있습니다.

그림 6-5 **OpenAPI 이용현황**

다음으로 발급받은 API Key를 .Renviron 파일에 추가하도록 합니다. 해당 파일에는 여러 패스워드를 추가해 안전하게 관리할 수 있습니다.

```
file.edit("~/.Renviron")
```

.Renviron 파일이 열리면 다음과 같이 입력을 해줍니다.

```
dart_api_key = '발급받은 API'
```

파일을 저장한 후 해당 파일을 적용하기 위해 R의 Session을 재시작합니다. 그 후 아래 명령어를 실행하여 API Key를 불러오도록 합니다. (재시작하지 않으면 Key를 불러올 수 없습니다.)

```
dart_api = Sys.getenv("dart_api_key")
```

6.3.2 고유번호 다운로드

Open API에서 각 기업의 데이터를 받기 위해서는 종목에 해당하는 고유번호를 알아야 합니다. 이에 대한 개발 가이드는 아래 페이지에 나와 있습니다.

https://opendart.fss.or.kr/guide/detail.do?apiGrpCd=DS001&apiId=2019018

위 페이지의 내용을 코드로 나타내보도록 합니다.

```
library(httr)
library(rvest)

codezip_url = paste0(
  'https://opendart.fss.or.kr/api/corpCode.xml?crtfc_key=',dart_api)

codezip_data = GET(codezip_url)
print(codezip_data)
```

```
## Response [https://opendart.fss.or.kr/api/corpCode.xml?crtfc_key=b1a630e52
7b0e5ff5bd58ed81b49825017fa80b8]
##   Date: 2020-12-20 12:56
##   Status: 200
##   Content-Type: application/x-msdownload
##   Size: 1.4 MB
## <BINARY BODY>
## NULL
```

1. https://opendart.fss.or.kr/api/corpCode.xml?crtfc_key= 뒤에 본인의 API 키를 입력합니다.
2. GET() 함수를 통해 해당 페이지 내용을 받습니다.

다운로드받은 내용을 확인해보면, 즉 바이너리 형태의 데이터가 첨부되어 있습니다. 이에 대해 좀 더 자세히 알아보도록 하겠습니다.

```
codezip_data$headers[["content-disposition"]]
```

```
## [1] ": attachment; filename=CORPCODE.zip"
```

headers의 "content-disposition" 부분을 확인해보면 CORPCODE.zip 파일이 첨부되어 있습니다. 해당 파일의 압축을 풀어 첨부된 내용을 확인합니다.

```
tf = tempfile(fileext = '.zip')

writeBin(
  content(codezip_data, as = "raw"),
  file.path(tf)
)

nm = unzip(tf, list = TRUE)
print(nm)
```

```
##              Name    Length Date
## 1 CORPCODE.xml 16039857 <NA>
```

1. tempfile() 함수 통해 빈 .zip 파일을 만듭니다.
2. writeBin() 함수는 바이너리 형태의 파일을 저장하는 함수이며, content()를 통해 첨부 파일 내용을 raw 형태로 저장합니다. 파일명은 위에서 만든 tf로 합니다.
3. unzip() 함수를 통해 zip 내의 파일 리스트를 확인합니다.

zip 파일 내에는 CORPCODE.xml 파일이 있으며, read_xml() 함수를 통해 이를 불러오도록 합니다.

```
code_data = read_xml(unzip(tf, nm$Name))
print(code_data)
```

```
## {xml_document}
## <result>
##  [1] <list>\n  <corp_code>00434003</corp_code>\n  <co ...
##  [2] <list>\n  <corp_code>00434456</corp_code>\n  <co ...
##  [3] <list>\n  <corp_code>00430964</corp_code>\n  <co ...
##  [4] <list>\n  <corp_code>00432403</corp_code>\n  <co ...
##  [5] <list>\n  <corp_code>00388953</corp_code>\n  <co ...
##  [6] <list>\n  <corp_code>00179984</corp_code>\n  <co ...
##  [7] <list>\n  <corp_code>00420143</corp_code>\n  <co ...
##  [8] <list>\n  <corp_code>00401111</corp_code>\n  <co ...
```

```
##  [9] <list>\n  <corp_code>00435534</corp_code>\n  <co ...
## [10] <list>\n  <corp_code>00430186</corp_code>\n  <co ...
## [11] <list>\n  <corp_code>00430201</corp_code>\n  <co ...
## [12] <list>\n  <corp_code>00430210</corp_code>\n  <co ...
## [13] <list>\n  <corp_code>00430229</corp_code>\n  <co ...
## [14] <list>\n  <corp_code>00140432</corp_code>\n  <co ...
## [15] <list>\n  <corp_code>00426208</corp_code>\n  <co ...
## [16] <list>\n  <corp_code>00433262</corp_code>\n  <co ...
## [17] <list>\n  <corp_code>00433749</corp_code>\n  <co ...
## [18] <list>\n  <corp_code>00433785</corp_code>\n  <co ...
## [19] <list>\n  <corp_code>00196079</corp_code>\n  <co ...
## [20] <list>\n  <corp_code>00435048</corp_code>\n  <co ...
## ...
```

해당 파일은 HTML 형식으로 되어 있으며 중요 부분은 다음과 같습니다.

- corp_code: 고유번호

- corp_name: 종목명

- corp_stock: 거래소 상장 티커

HTML의 태그를 이용해 각 부분을 추출한 후 하나의 데이터로 합치도록 하겠습니다.

```
corp_code = code_data %>% html_nodes('corp_code') %>% html_text()
corp_name = code_data %>% html_nodes('corp_name') %>% html_text()
corp_stock = code_data %>% html_nodes('stock_code') %>% html_text()

corp_list = data.frame(
  'code' = corp_code,
  'name' = corp_name,
  'stock' = corp_stock,
  stringsAsFactors = FALSE
)
```

1. html_nodes() 함수를 이용해 고유번호, 종목명, 상장티커를 선택한 후, html_text() 함수를 이용해 문자열만 추출하도록 합니다.

2. data.frame() 함수를 통해 데이터프레임 형식으로 묶어주도록 합니다.

```
nrow(corp_list)
```

```
## [1] 83201
```

```
head(corp_list)
```

```
##      code                              name stock
## 1 00434003                              다코
## 2 00434456                          일산약품
## 3 00430964                        굿앤엘에스
## 4 00432403                          한라판지
## 5 00388953  크레디피아제이십오차유동화전문회사
## 6 00179984                      연방건설산업
```

종목 수를 확인해보면 83201개가 확인되며, 이 중 stock 열이 빈 종목은 거래소에 상장되지 않은 종목입니다. 따라서 해당 데이터는 삭제하여 거래소 상장 종목만을 남긴 후, csv 파일로 저장하도록 합니다.

```
corp_list = corp_list[corp_list$stock != " ", ]
```

```
write.csv(corp_list, 'data/corp_list.csv')
```

6.3.3 공시 검색

6.3.3.1 전체 공시 검색

먼저 공시검색 API에 대한 이해를 위해 전체 종목의 공시를 수집하도록 하며, 해당 개발 가이드는 아래 페이지에 나와 있습니다.

https://opendart.fss.or.kr/guide/detail.do?apiGrpCd=DS001&apiId=2019001

각종 요청 인자를 통해 url을 생성 후 전송하여 요청에 맞는 데이터를 받을 수 있습니다. 공시 검색에 해당하는 인자는 다음과 같습니다.

▪ 요청 인자

키	명칭	타입	필수여부	값설명
crtfc_key	API 인증키	STRING(40)	Y	발급받은 인증키(40자리)
corp_code	고유번호	STRING(8)	N	공시대상회사의 고유번호(8자리) ※ 개발가이드 > 공시정보 > 고유번호 API조회 가능
bgn_de	시작일	STRING(8)	N	검색시작 접수일자(YYYYMMDD) : 없으면 종료일(end_de) 고유번호(corp_code)가 없는 경우 검색기간은 3개월로 제한
end_de	종료일	STRING(8)	N	검색종료 접수일자(YYYYMMDD) : 없으면 당일
last_reprt_at	최종보고서 검색여부	STRING(1)	N	최종보고서만 검색여부(Y or N) 기본값 : N (정정이 있는 경우 최종정정만 검색)
pblntf_ty	공시유형	STRING(1)	N	(※ 상세 유형 참조 : pblntf_ty)
pblntf_detail_ty	공시상세유형	STRING(4)	N	(※ 상세 유형 참조 : pblntf_detail_ty)
corp_cls	법인구분	STRING(1)	N	법인구분 : Y(유가), K(코스닥), N(코넥스), E(기타) ※ 없으면 전체조회, 복수조건 불가
sort	정렬	STRING(4)	N	접수일자: date 회사명 : crp 보고서 : rpt 기본값: date
sort_mth	정렬방법	STRING(4)	N	오름차순(asc), 내림차순(desc) 기본값 : desc
page_no	페이지 번호	STRING(5)	N	페이지 번호(1~n) 기본값 : 1
page_count	페이지 별 건수	STRING(3)	N	페이지당 건수(1~100) 기본값 : 10, 최대값 : 100

▪ 상세 유형　　　　　　　　　　　　　　　　　　　　　　　　　　　　　　　+

그림 6-6 **OpenAPI 요청 인자 예시**

페이지 하단에서 인자를 입력 후 [검색]을 누르면 각 인자에 맞게 생성된 url과 그 결과를 볼 수 있습니다.

▪ OpenAPI 테스트

OpenAPI 서비스의 요청인자에 값을 입력하고 검색버튼을 클릭하여 해당 서비스의 선택하신 응답을 확인해 볼 수 있습니다.

응답방식	⦿ JSON ◯ XML 〔 Q 검색 〕
요청인자	API 인증키 *　　xxxxxxxxxxxxxxxxxxxxxxxxxxxxxxxxxxxxxxxx 고유번호 시작일　　20200117 종료일　　20200117 최종보고서 검색여부 공시유형 공시상세유형 법인구분　　Y 정렬 정렬방법 페이지 번호　　1 페이지 별 건수　　10

https://opendart.fss.or.kr/api/list.json?crtfc_key=xxxxxxxxxxxxxxxxxxxxxxxxxxxxxxxxxxxxxxxx&bgn_de=20200117&end_de=20200117&corp_cls=Y&page_no=1&page_count=10

{"status":"000","message":"정상","page_no":1,"page_count":10,"total_count":223,"total_page":23,"list":[{"corp_code":"00879915","corp_name":"DB금융투자","stock_code":"139130","corp_cls":"Y","report_nm":"소송등의판결·결정(자회사의 주요경영사항)","rcept_no":"20200117800593","flr_nm":"DB금융지주","rcept_dt":"20200117","rm":"유"},{"corp_code":"00120571","corp_name":"롯데칠성음료","stock_code":"005300","corp_cls":"Y","report_nm":"타법인주식및출자증권취득결정","rcept_no":"20200117800584","flr_nm":"롯데칠성음료","rcept_dt":"20200117","rm":"유정"},{"corp_code":"00161709","corp_name":"팜시스","stock_code":"016800","corp_cls":"Y","report_nm":"주식등의대량보유상황보고서(약식)","rcept_no":"20200117000661","flr_nm":"파일럿매니지먼트투핸리서치컴퍼니엘엘씨","rcept_dt":"20200117","rm":""},{"corp_code":"00188089","corp_name":"한섬","stock_code":"020000","corp_cls":"Y","report_nm":"주식등의대량보유상황보고서(약식)","rcept_no":"20200117000657","flr_nm":"파일럿매니지먼트투핸리서치컴퍼니엘엘씨","rcept_dt":"20200117","rm":""},{"corp_code":"00111111","corp_name":"대양금속","stock_code":"009190","corp_cls":"Y","report_nm":"주식등의대량보유상황보고서(약식)","rcept_no":"20200117000656","flr_nm":"라이브저축은행","rcept_dt":"20200117","rm":""},{"corp_code":"00342877","corp_name":"두산인프라코어","stock_code":"042670","corp_cls":"Y","report_nm":"[발행조건확정]증권신고서(채무증권)","rcept_no":"2020

그림 6-7 **OpenAPI 테스트 예시**

먼저 시작일과 종료일을 토대로 최근 공시 100건에 해당하는 url을 생성하도록 하겠습니다.

```
library(lubridate)
library(stringr)
library(jsonlite)

bgn_date = (Sys.Date() - days(7)) %>% str_remove_all('-')
end_date = (Sys.Date() ) %>% str_remove_all('-')
notice_url = paste0('https://opendart.fss.or.kr/api/list.json?crtfc key=',
                    dart_api,'&bgn_de=',bgn_date,'&end_de=',end_date,'&page_
                    no=1&page_count=100')
```

bgn_date에는 현재로부터 일주일 전을, end_date는 오늘 날짜를, 페이지별 건수에 해당하는 page_count에는 100을 입력하도록 합니다. 그 후 홈페이지에 나와 있는 예시에 맞게 url을 작성해주도록 합니다. XML보다는 JSON 형식으로 url을 생성 후 요청하는 것이 데이터 처리 측면에서 훨씬 효율적입니다.

```
notice_data = fromJSON(notice_url)
notice_data = notice_data[['list']]

head(notice_data)
```

```
##    corp_code corp_name stock_code corp_cls
## 1  00249441    씨씨에스     066790        K
## 2  00545929      제넥신     095700        K
## 3  00167208    흥아해운     003280        Y
## 4  00167208    흥아해운     003280        Y
## 5  01363818    롯데리츠     330590        Y
## 6  00181712          SK     034730        Y
##                                                             report_nm
## 1                                      기타시장안내(개선계획 이행내역서 제출)
## 2  투자판단관련주요경영사항(코로나바이러스감염증-19 (COVID-19) 예방백신 (GX-19) 임상
       제1/2a상 임상시험 종료)
## 3                                            [기재정정]임시주주총회결과
## 4                                              기타경영사항(자율공시)
## 5                                [첨부정정]주요사항보고서(유형자산양수결정)
## 6                             타인에대한채무보증결정(자회사의 주요경영사항)
##          rcept_no       flr_nm rcept_dt rm
## 1 20201218900715  코스닥시장본부 20201218 코
```

```
## 2 20201218900783          제넥신 20201218 코
## 3 20201218800815        흥아해운 20201218 유
## 4 20201218800814        흥아해운 20201218 유
## 5 20201218000648        롯데리츠 20201218
## 6 20201218800792             SK 20201218 유
```

fromJSON() 함수를 통해 JSON 데이터를 받은 후 list를 확인해보면 우리가 원하는 공
시정보, 즉 일주일 전부터 100건의 공시 정보가 다운로드되어 있습니다.

6.3.3.2 특정 기업의 공시 검색

이번에는 고유번호를 추가하여 원하는 기업의 공시만 확인해보록 하겠습니다. 고유번
호는 위에서 다운받은 corp_list.csv 파일을 통해 확인해볼 수 있으며, 예시로 살펴볼
삼성전자의 고유번호는 00126380입니다.

```
bgn_date = (Sys.Date() - days(30)) %>% str_remove_all('-')
end_date = (Sys.Date() ) %>% str_remove_all('-')
corp_code = '00126380'

notice_url_ss = paste0(
  'https://opendart.fss.or.kr/api/list.json?crtfc_key=',dart_api,
  '&corp_code=', corp_code,
  '&bgn_de=', bgn_date,'&end_de=',
  end_date,'&page_no=1&page_count=100')
```

시작일을 과거 30일로 수정하였으며, 기존 url에 **&corp_code=** 부분을 추가하였습니다.

```
notice_data_ss = fromJSON(notice_url_ss)
notice_data_ss = notice_data_ss[['list']]

head(notice_data_ss)
```

```
##   corp_code corp_name stock_code corp_cls
## 1  00126380    삼성전자      005930        Y
## 2  00126380    삼성전자      005930        Y
## 3  00126380    삼성전자      005930        Y
## 4  00126380    삼성전자      005930        Y
## 5  00126380    삼성전자      005930        Y
## 6  00126380    삼성전자      005930        Y
```

```
##                                  report_nm        rcept_no
## 1 임원 · 주주주특정증권등소유상황보고서 20201218000643
## 2 임원 · 주주주특정증권등소유상황보고서 20201217000257
## 3 임원 · 주주주특정증권등소유상황보고서 20201217000239
## 4 임원 · 주주주특정증권등소유상황보고서 20201215000506
## 5 임원 · 주주주특정증권등소유상황보고서 20201215000074
## 6 임원 · 주주주특정증권등소유상황보고서 20201215000061
##   flr_nm rcept_dt rm
## 1 지송하 20201218
## 2 이상훈 20201217
## 3 양장규 20201217
## 4 최재혁 20201215
## 5 전승준 20201215
## 6 김윤재 20201215
```

역시나 JSON 형태로 손쉽게 공시 정보를 다운로드받을 수 있습니다. 이 중 rcept_no
는 공시 번호에 해당하며, 해당 데이터를 이용해 공시에 해당하는 url에 접속을 할 수
도 있습니다.

```
notice_url_exam = notice_data_ss[1, 'rcept_no']
notice_dart_url = paste0(
  'http://dart.fss.or.kr/dsaf001/main.do?rcpNo=',notice_url_exam)

print(notice_dart_url)
```

```
## [1] "http://dart.fss.or.kr/dsaf001/main.do?rcpNo=20201218000643"
```

dart 홈페이지의 공시에 해당하는 url과 첫 번째 공시에 해당하는 공시 번호를 합쳐주
도록 합니다.

위 url에 접속하여 해당 공시를 좀 더 자세하게 확인할 수 있습니다.

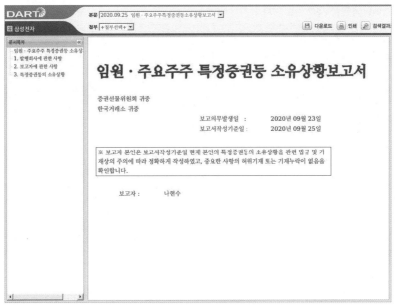

그림 6-8 공시 정보의 확인

6.3.4 사업보고서 주요 정보

API를 이용하여 사업보고서의 주요 정보 역시 다운로드받을 수 있으며, 제공하는 목록은 다음과 같습니다.

https://opendart.fss.or.kr/guide/main.do?apiGrpCd=DS002

이 중 예시로서 [배당에 관한 사항]을 다운로드받도록 하며, 개발 가이드 페이지는 다음과 같습니다.

https://opendart.fss.or.kr/guide/detail.do?apiGrpCd=DS002&apiId=2019005

url 생성에 필요한 요청 인자는 다음과 같습니다.

표 6-3 배당에 관한 사항 주요 인자

키	명칭	설명
crtfc_key	API 인증키	발급받은 인증키
corp_code	고유번호	공시대상회사의 고유번호(8자리)
bsns_year	사업년도	사업연도(4자리)
reprt_code	보고서 코드	1분기보고서 : 11013 반기보고서 : 11012 3분기보고서 : 11014 사업보고서 : 11011ㅎ

이를 바탕으로 삼성전자의 2019년 사업보고서를 통해 배당에 관한 사항을 살펴보도록 하겠습니다.

```
corp_code = '00126380'
bsns_year = '2019'
reprt_code = '11011'

url_div = paste0('https://opendart.fss.or.kr/api/alotMatter.json?crtfc_key=',
    dart_api,
    '&corp_code=', corp_code,
    '&bsns_year=', bsns_year,
    '&reprt_code=', reprt_code
    )
```

API 인증키, 고유번호, 사업년도, 보고서 코드에 각각 해당하는 데이터를 입력하여 url을 생성하도록 합니다.

```
div_data_ss = fromJSON(url_div)
div_data_ss = div_data_ss[['list']]

head(div_data_ss)

##        rcept_no corp_cls corp_code corp_name
## 1 20200330003851       Y  00126380  삼성전자
## 2 20200330003851       Y  00126380  삼성전자
## 3 20200330003851       Y  00126380  삼성전자
```

```
## 4 20200330003851      Y   00126380    삼성전자
## 5 20200330003851      Y   00126380    삼성전자
## 6 20200330003851      Y   00126380    삼성전자
##                    se       thstrm      frmtrm
## 1       주당액면가액(원)          100         100
## 2 (연결)당기순이익(백만원) 21,505,054 43,890,877
## 3 (별도)당기순이익(백만원) 15,353,323 32,815,127
## 4     (연결)주당순이익(원)        3,166       6,461
## 5   현금배당금총액(백만원)    9,619,243   9,619,243
## 6   주식배당금총액(백만원)           -           -
##         lwfr stock_knd
## 1        100      <NA>
## 2 41,344,569      <NA>
## 3 28,800,837      <NA>
## 4      5,997      <NA>
## 5  5,826,302      <NA>
## 6          -      <NA>
```

JSON 파일을 다운로드받은 후 데이터를 확인해보면, 사업보고서 중 배당에 관한 사항만이 나타나 있습니다. 위 url의 alotMatter 부분을 각 사업보고서에 해당하는 값으로 변경해주면 다른 정보 역시 동일한 방법으로 수집이 가능합니다.

6.3.5 상장기업 재무정보

Open API에서는 상장기업의 재무정보 중 주요 계정, 전체 재무제표, 원본 파일을 제공하고 있습니다. 이 중 주요 계정 및 전체 재무제표를 다운로드받는 법에 대해 알아보도록 하겠습니다.

6.3.5.1 단일회사 및 다중회사 주요계정

API를 통해 단일회사의 주요계정을, 혹은 한 번에 여러 회사의 주요 계정을 받을수 있습니다. 각각의 개발 가이드는 다음과 같습니다.

- **단일회사 주요 계정**: https://opendart.fss.or.kr/guide/detail.do?apiGrp
  Cd=DS003&apiId=2019016
- **다중회사 주요 계정**: https://opendart.fss.or.kr/guide/detail.do?apiGrp
  Cd=DS003&apiId=2019017

먼저 단일회사(삼성전자)의 주요계정을 다운로드받도록 하겠습니다.

```
corp_code = '00126380'
bsns_year = '2019'
reprt_code = '11011'

url_single = paste0(
  'https://opendart.fss.or.kr/api/fnlttSinglAcnt.json?crtfc_key=',
  dart_api,
  '&corp_code=', corp_code,
  '&bsns_year=', bsns_year,
  '&reprt_code=', reprt_code
  )
```

url을 생성하는 방법이 기존 사업보고서 주요 정보에서 살펴본 바와 매우 비슷하며, /api 뒷부분을 [fnlttSinglAcnt.json]으로 변경하기만 하면 됩니다.

```
fs_data_single = fromJSON(url_single)
fs_data_single = fs_data_single[['list']]

head(fs_data_single)
```

```
##           rcept_no reprt_code bsns_year corp_code
## 1 20200330003851      11011      2019  00126380
## 2 20200330003851      11011      2019  00126380
## 3 20200330003851      11011      2019  00126380
## 4 20200330003851      11011      2019  00126380
## 5 20200330003851      11011      2019  00126380
## 6 20200330003851      11011      2019  00126380
##    stock_code fs_div  fs_nm sj_div        sj_nm
## 1     005930    CFS 연결재무제표     BS 재무상태표
## 2     005930    CFS 연결재무제표     BS 재무상태표
## 3     005930    CFS 연결재무제표     BS 재무상태표
## 4     005930    CFS 연결재무제표     BS 재무상태표
## 5     005930    CFS 연결재무제표     BS 재무상태표
## 6     005930    CFS 연결재무제표     BS 재무상태표
##   account_nm thstrm_nm      thstrm_dt
## 1    유동자산   제 51 기 2019.12.31 현재
## 2   비유동자산   제 51 기 2019.12.31 현재
## 3    자산총계   제 51 기 2019.12.31 현재
## 4    유동부채   제 51 기 2019.12.31 현재
## 5   비유동부채   제 51 기 2019.12.31 현재
## 6    부채총계   제 51 기 2019.12.31 현재
```

```
##       thstrm_amount  frmtrm_nm        frmtrm_dt
## 1 181,385,260,000,000  제 50 기 2018.12.31 현재
## 2 171,179,237,000,000  제 50 기 2018.12.31 현재
## 3 352,564,497,000,000  제 50 기 2018.12.31 현재
## 4  63,782,764,000,000  제 50 기 2018.12.31 현재
## 5  25,901,312,000,000  제 50 기 2018.12.31 현재
## 6  89,684,076,000,000  제 50 기 2018.12.31 현재
##       frmtrm_amount bfefrmtrm_nm   bfefrmtrm_dt
## 1 174,697,424,000,000   제 49 기 2017.12.31 현재
## 2 164,659,820,000,000   제 49 기 2017.12.31 현재
## 3 339,357,244,000,000   제 49 기 2017.12.31 현재
## 4  69,081,510,000,000   제 49 기 2017.12.31 현재
## 5  22,522,557,000,000   제 49 기 2017.12.31 현재
## 6  91,604,067,000,000   제 49 기 2017.12.31 현재
##    bfefrmtrm_amount ord
## 1 146,982,464,000,000   1
## 2 154,769,626,000,000   3
## 3 301,752,090,000,000   5
## 4  67,175,114,000,000   7
## 5  20,085,548,000,000   9
## 6  87,260,662,000,000  11
```

연결재무제표와 재무상태표에 해당하는 주요 내용이 수집되었으며, 각 열에 해당하는
내용은 페이지의 개발 가이드의 [응답 결과]에서 확인할 수 있습니다.

키	명칭	List 여부	출력설명
status	에러 및 정보 코드		(※메시지 설명 참조)
message	에러 및 정보 메시지		(※메시지 설명 참조)
rcept_no	접수번호	Y	접수번호(14자리) ※ 공시뷰어 연결에 이용예시 - PC용 : http://dart.fss.or.kr/dsaf001/main.do?rcpNo=접수번호 - 모바일용 : http://m.dart.fss.or.kr/html_mdart/MD1007.html?rcpNo=접수번호
bsns_year	사업 연도	Y	2019
stock_code	종목 코드	Y	상장회사의 종목코드(6자리)
reprt_code	보고서 코드	Y	1분기보고서 : 11013 반기보고서 : 11012 3분기보고서 : 11014 사업보고서 : 11011
account_nm	계정명	Y	ex) 자본총계
fs_div	개별/연결구분	Y	CFS:연결재무제표, OFS:재무제표
fs_nm	개별/연결명	Y	ex) 연결재무제표 또는 재무제표 출력
sj_div	재무제표구분	Y	BS:재무상태표, IS:손익계산서
sj_nm	재무제표명	Y	ex) 재무상태표 또는 손익계산서 출력
thstrm_nm	당기명	Y	ex) 제 13 기 3분기말
thstrm_dt	당기일자	Y	ex) 2018.09.30 현재
thstrm_amount	당기금액	Y	9,999,999,999
thstrm_add_amount	당기누적금액	Y	9,999,999,999
frmtrm_nm	전기명	Y	ex) 제 12 기말
frmtrm_dt	전기일자	Y	ex) 2017.01.01 ~ 2017.12.31
frmtrm_amount	전기금액	Y	9,999,999,999
frmtrm_add_amount	전기누적금액	Y	9,999,999,999
bfefrmtrm_nm	전전기명	Y	ex) 제 11 기말(※ 사업보고서의 경우에만 출력)
bfefrmtrm_dt	전전기일자	Y	ex) 2016.12.31 현재(※ 사업보고서의 경우에만 출력)
bfefrmtrm_amount	전전기금액	Y	9,999,999,999(※ 사업보고서의 경우에만 출력)
ord	계정과목 정렬순서	Y	계정과목 정렬순서

그림 6-9 단일회사 주요 계정 응답 결과

이번에는 url을 수정하여 여러 회사의 주요 계정을 한 번에 받도록 하겠으며, 그 예로
삼성전자, 셀트리온, KT의 데이터를 다운로드받도록 합니다.

```
corp_code = c('00126380,00413046,00190321')
bsns_year = '2019'
reprt_code = '11011'

url_multiple = paste0(
  'https://opendart.fss.or.kr/api/fnlttMultiAcnt.json?crtfc_key=',
  dart_api,
  '&corp_code=', corp_code,
  '&bsns_year=', bsns_year,
  '&reprt_code=', reprt_code
  )
```

먼저 corp에 원하는 기업들의 고유번호를 나열해주며, url 중 [fnlttSinglAcnt]을 [fnlttMultiAcnt]로 수정합니다.

```
fs_data_multiple = fromJSON(url_multiple)
fs_data_multiple = fs_data_multiple[['list']]
```

3개 기업의 주요 계정이 하나의 데이터 프레임으로 다운로드됩니다. 마지막으로 각 회사별로 데이터를 나눠주도록 하겠습니다.

```
fs_data_list = fs_data_multiple %>% split(f = .$corp_code)

lapply(fs_data_list, head, 2)
```

```
## $`00126380`
##          rcept_no reprt_code bsns_year corp_code
## 1 20200330003851      11011      2019  00126380
## 2 20200330003851      11011      2019  00126380
##   stock_code fs_div        fs_nm sj_div     sj_nm
## 1     005930    CFS 연결재무제표     BS 재무상태표
## 2     005930    CFS 연결재무제표     BS 재무상태표
##   account_nm thstrm_nm       thstrm_dt
## 1   유동자산  제 51 기 2019.12.31 현재
## 2 비유동자산  제 51 기 2019.12.31 현재
##        thstrm_amount frmtrm_nm        frmtrm_dt
## 1 181,385,260,000,000  제 50 기 2018.12.31 현재
## 2 171,179,237,000,000  제 50 기 2018.12.31 현재
##        frmtrm_amount bfefrmtrm_nm    bfefrmtrm_dt
## 1 174,697,424,000,000     제 49 기 2017.12.31 현재
## 2 164,659,820,000,000     제 49 기 2017.12.31 현재
##      bfefrmtrm_amount ord
## 1 146,982,464,000,000   1
## 2 154,769,626,000,000   3
##
## $`00190321`
##          rcept_no reprt_code bsns_year corp_code
## 27 20200330004658      11011      2019  00190321
## 28 20200330004658      11011      2019  00190321
##    stock_code fs_div        fs_nm sj_div     sj_nm
## 27     030200    CFS 연결재무제표     BS 재무상태표
## 28     030200    CFS 연결재무제표     BS 재무상태표
```

```
##    account_nm thstrm_nm        thstrm_dt
## 27   유동자산  제 38 기 2019.12.31 현재
## 28 비유동자산  제 38 기 2019.12.31 현재
##        thstrm_amount frmtrm_nm        frmtrm_dt
## 27 11,898,255,000,000  제 37 기 2018.12.31 현재
## 28 22,163,037,000,000  제 37 기 2018.12.31 현재
##        frmtrm_amount bfefrmtrm_nm   bfefrmtrm_dt
## 27 11,894,252,000,000     제 36 기 2017.12.31 현재
## 28 20,294,578,000,000     제 36 기 2017.12.31 현재
##     bfefrmtrm_amount ord
## 27  9,672,412,000,000   1
## 28 20,058,498,000,000   3
##
## $`00413046`
##          rcept_no reprt_code bsns_year corp_code
## 53 20200410002837      11011      2019  00413046
## 54 20200410002837      11011      2019  00413046
##    stock_code fs_div       fs_nm sj_div       sj_nm
## 53     068270    CFS 연결재무제표     BS 재무상태표
## 54     068270    CFS 연결재무제표     BS 재무상태표
##    account_nm thstrm_nm        thstrm_dt
## 53   유동자산  제 29 기 2019.12.31 현재
## 54 비유동자산  제 29 기 2019.12.31 현재
##        thstrm_amount frmtrm_nm        frmtrm_dt
## 53 1,787,340,254,600  제 28 기 2018.12.31 현재
## 54 2,106,351,351,846  제 28 기 2018.12.31 현재
##        frmtrm_amount bfefrmtrm_nm   bfefrmtrm_dt
## 53 1,664,478,918,682     제 27 기 2017.12.31 현재
## 54 1,876,147,755,272     제 27 기 2017.12.31 현재
##     bfefrmtrm_amount ord
## 53 1,614,033,788,024   1
## 54 1,701,493,916,629   3
```

split() 함수 내 f 인자를 통해 corp_code, 즉 고유번호 단위로 각각의 리스트에 데이터가 저장됩니다.

6.3.6 단일회사 전체 재무제표

단일회사의 전체 재무제표 데이터 역시 다운로드받을 수 있으며 개발 가이드는 다음과 같습니다.

https://opendart.fss.or.kr/guide/detail.do?apiGrpCd=DS003&apiId=2019020

예제로 삼성전자의 2019년 사업보고서에 나와 있는 전체 재무제표를 다운로드받도록 하겠습니다.

```
corp_code = '00126380'
bsns_year = 2019
reprt_code = '11011'

url_fs_all = paste0(
  'https://opendart.fss.or.kr/api/fnlttSinglAcntAll.json?crtfc_key=',
  dart_api,
  '&corp_code=', corp_code,
  '&bsns_year=', bsns_year,
  '&reprt_code=', reprt_code,'&fs_div=CFS'
  )
```

역시나 앞선 예제들과 거의 동일하며, url의 api/ 뒷부분을 [fnlttSinglAcntAll.json] 으로 변경해주도록 합니다. 연결재무제표와 일반재무제표를 구분하는 fs_div 인자는 연결재무제표를 의미하는 CFS로 선택해줍니다.

```
fs_data_all = fromJSON(url_fs_all)
fs_data_all = fs_data_all[['list']]

head(fs_data_all)

##         rcept_no reprt_code bsns_year corp_code sj_div
## 1 20200330003851      11011      2019  00126380     BS
## 2 20200330003851      11011      2019  00126380     BS
## 3 20200330003851      11011      2019  00126380     BS
## 4 20200330003851      11011      2019  00126380     BS
## 5 20200330003851      11011      2019  00126380     BS
## 6 20200330003851      11011      2019  00126380     BS
##       sj_nm
## 1 재무상태표
## 2 재무상태표
## 3 재무상태표
## 4 재무상태표
## 5 재무상태표
```

```
## 6 재무상태표
##                                                                    account_id
## 1                                                  ifrs-full_CurrentAssets
## 2                                        ifrs-full_CashAndCashEquivalents
## 3                      dart_ShortTermDepositsNotClassifiedAsCashEquivalents
## 4                                                          -표준계정코드 미사용-
## 5                                                          -표준계정코드 미사용-
## 6 ifrs-full_CurrentFinancialAssetsAtFairValueThroughProfitOrLossMandatorilyMeasu
     redAtFairValue
##                   account_nm  account_detail
## 1                    유동자산               -
## 2               현금밎현금성자산               -
## 3                  단기금융상품               -
## 4              단기매도가능금융자산               -
## 5              단기상각후원가금융자산               -
## 6       단기당기손익-공정가치금융자산               -
##    thstrm_nm     thstrm_amount frmtrm_nm     frmtrm_amount
## 1 제 51 기 181385260000000  제 50 기 174697424000000
## 2 제 51 기  26885999000000  제 50 기  30340505000000
## 3 제 51 기  76252052000000  제 50 기  65893797000000
## 4 제 51 기                    제 50 기
## 5 제 51 기   3914216000000  제 50 기   2703693000000
## 6 제 51 기   1727436000000  제 50 기   2001948000000
##   bfefrmtrm_nm bfefrmtrm_amount ord thstrm_add_amount
## 1    제 49 기  146982464000000   1             <NA>
## 2    제 49 기   30545130000000   2             <NA>
## 3    제 49 기   49447696000000   3             <NA>
## 4    제 49 기    3191375000000   4             <NA>
## 5    제 49 기                    5             <NA>
## 6    제 49 기                    6             <NA>
```

총 210개의 재무제표 항목이 다운로드됩니다. 이 중 thstrm_nm와 thstrm_amount
는 당기(금년), frmtrm_nm과 frmtrm_amount는 전기, bfefrmtrm_nm과 bfefrmtrm_
amount는 전전기를 의미합니다. 따라서 해당 열을 통해 최근 3년 재무제표만을 선택
할 수도 있습니다.

```
yr_count = str_detect(colnames(fs_data_all), 'trm_amount') %>% sum()
yr_name = seq(bsns_year, (bsns_year - yr_count + 1))

fs_data_all = fs_data_all[, c('corp_code', 'sj_nm', 'account_nm', 'account_
detail')] %>%
  cbind(fs_data_all[, str_which(colnames(fs_data_all), 'trm_amount')])
```

```
colnames(fs_data_all)[str_which(colnames(fs_data_all), 'amount')] = yr_name

head(fs_data_all)
```

```
##    corp_code      sj_nm                       account_nm
## 1  00126380   재무상태표                           유동자산
## 2  00126380   재무상태표                       현금및현금성자산
## 3  00126380   재무상태표                         단기금융상품
## 4  00126380   재무상태표                     단기매도가능금융자산
## 5  00126380   재무상태표                     단기상각후원가금융자산
## 6  00126380   재무상태표               단기당기손익-공정가치금융자산
##    account_detail            2019             2018
## 1              -  181385260000000  174697424000000
## 2              -   26885999000000   30340505000000
## 3              -   76252052000000   65893797000000
## 4              -
## 5              -    3914216000000    2703693000000
## 6              -    1727436000000    2001948000000
##               2017
## 1  146982464000000
## 2   30545130000000
## 3   49447696000000
## 4    3191375000000
## 5
## 6
```

1. str_detect() 함수를 이용해 열 이름에 trm_amount가 들어간 개수를 확인합니다. 이는 최근 3개 년 데이터가 없는 경우도 고려하기 위함입니다. (일반적으로 3이 반환될 것이며, 재무 데이터가 2년치밖에 없는 경우 2가 반환될 것입니다.)

2. 위에서 계산된 개수를 이용해 열 이름에 들어갈 년도를 생성합니다.

3. corp_code(고유번호), sj_nm(재무제표명), account_nm(계정명), account_detail(계정상세) 및 연도별 금액에 해당하는 trm_amount가 포함된 열을 선택합니다.

4. 연도별 데이터에 해당하는 열의 이름을 yr_name, 즉 각 연도로 변경합니다.

6.3.6.1 전 종목 전체 재무제표 데이터 수집하기

for loop 구문을 이용해 고유번호에 해당하는 corp_code 부분만 변경해주면 전 종목의 API를 통해 재무제표 데이터를 손쉽게 수집할 수도 있습니다. 단, 일부 종목(대부분 금융주)은 API로 파일이 제공되지 않습니다.

```r
library(stringr)

KOR_ticker = read.csv('data/KOR_ticker.csv', row.names = 1)
corp_list =  read.csv('data/corp_list.csv', row.names = 1)

KOR_ticker$'종목코드' =
  str_pad(KOR_ticker$'종목코드', 6, side = c('left'), pad = '0')

corp_list$'code' =
  str_pad(corp_list$'code', 8, side = c('left'), pad = '0')

corp_list$'stock' =
  str_pad(corp_list$'stock', 6, side = c('left'), pad = '0')

ticker_list = KOR_ticker %>% left_join(corp_list, by = c('종목코드' =
'stock')) %>%
  select('종목코드', '종목명', 'code')

ifelse(dir.exists('data/dart_fs'), FALSE, dir.create('data/dart_fs'))
```

먼저 거래소에서 받은 티커 파일과 API를 통해 받은 고유번호 파일을 불러온 후, str_
pad() 함수를 통해 0을 채워주며, 고유번호의 경우 8자리로 구성되어 있습니다. 그 후
dart_fs 폴더를 생성해줍니다.

```r
bsns_year = 2019
reprt_code = '11011'

for(i in 1 : nrow(ticker_list) ) {

  data_fs = c()
  name = ticker_list$code[i]

  # 오류 발생 시 이를 무시하고 다음 루프로 진행

  tryCatch({

    # url 생성
    url = paste0('https://opendart.fss.or.kr/api/fnlttSinglAcntAll.
json?crtfc_key=',
        dart_api,
        '&corp_code=', name,
        '&bsns_year=', bsns_year,
```

```
    '&reprt_code=', reprt_code,'&fs_div=CFS'
    )

# JSON 다운로드
fs_data_all = fromJSON(url)
fs_data_all = fs_data_all[['list']]

# 만일 연결재무제표 없어서 NULL 반환 시
# reprt_code를 OFS, 즉 재무제표 다운로드
if (is.null(fs_data_all)) {

    url = paste0('https://opendart.fss.or.kr/api/fnlttSinglAcntAll.
json?crtfc_key=',
      dart_api,
      '&corp_code=', name,
      '&bsns_year=', bsns_year,
      '&reprt_code=', reprt_code,'&fs_div=OFS'
      )

    fs_data_all = fromJSON(url)
    fs_data_all = fs_data_all[['list']]

}


# 데이터 선택 후 열 이름을 연도로 변경
yr_count = str_detect(colnames(fs_data_all), 'trm_amount') %>% sum()
yr_name = seq(bsns_year, (bsns_year - yr_count + 1))

fs_data_all = fs_data_all[, c('corp_code', 'sj_nm', 'account_nm',
'account_detail')] %>%
    cbind(fs_data_all[, str_which(colnames(fs_data_all), 'trm_amount')])

colnames(fs_data_all)[str_which(colnames(fs_data_all), 'amount')] = yr_
name

}, error = function(e) {

# 오류 발생 시 해당 종목명을 출력하고 다음 루프로 이동
data_fs <<- NA
warning(paste0("Error in Ticker: ", name))
})

# 다운로드받은 파일을 생성한 각각의 폴더 내 csv 파일로 저장
```

```
  # 재무제표 저장
  write.csv(fs_data_all, paste0('data/dart_fs/', ticker_list$종목코드[i], '_
fs_dart.csv'))

  # 2초간 타임슬립 적용
  Sys.sleep(2)
}
```

1. for loop 구문을 이용해 고유번호에 해당하는 값을 변경합니다.

2. 일부 종목의 경우 연결재무제표가 아닌 재무제표를 업로드하는 경우가 있으며,
   if (is.null(fs_data_all)) 부분을 통해 연결재무제표가 없을 경우 fs_div
   를 OFS로 변경하여 재무제표를 다운로드받습니다.

3. 이를 제외하고는 앞서 살펴본 예제와 동일합니다.

4. 데이터 수집 및 정리를 해준 후, data 폴더의 dart_fs 폴더 내에 티커_fs_dart.csv
   이름으로 저장해줍니다.

Open API 내에서는 2015년 이후 재무제표 데이터를 API 형태로 제공하고 있으므로
bsns_year 부분에도 for loop 구문을 이용하면 해당 데이터를 모두 수집할 수 있습니다. 그러나 간단한 퀀트 투자를 하기에는 최근 3년의 재무제표 데이터만 있어도 충분하며, 시간이 너무 오래 걸린다는 점, API 요청한도를 초과한다는 단점이 있으므로 이책에서는 다루지 않도록 하겠습니다.

CHAPTER

7

데이터 정리하기

앞 CHAPTER에서는 API와 크롤링을 통해 주가, 재무제표, 가치지표를 수집하는 방법을 배웠습니다. 이번 CHAPTER에서는 각각 csv 파일로 저장된 데이터들을 하나로 합친 후 저장하는 과정을 살펴보겠습니다.

7.1 주가 정리하기

주가는 data/KOR_price 폴더 내에 티커_price.csv 파일로 저장되어 있습니다. 해당 파일들을 불러온 후 데이터를 묶는 작업을 통해 하나의 파일로 합치는 방법을 알아보겠습니다.

```
library(stringr)
library(xts)
```

```
library(magrittr)

KOR_ticker = read.csv('data/KOR_ticker.csv', row.names = 1)
KOR_ticker$'종목코드' =
  str_pad(KOR_ticker$'종목코드', 6, side = c('left'), pad = '0')   ┈┈┈ ❶

price_list = list()   ┈┈┈ ❷

for (i in 1 : nrow(KOR_ticker)) {

  name = KOR_ticker[i, '종목코드']
  price_list[[i]] =
    read.csv(paste0('data/KOR_price/', name,
                    '_price.csv'),row.names = 1) %>%
    as.xts()   ┈┈┈ ❸

}

price_list = do.call(cbind, price_list) %>% na.locf()   ┈┈┈ ❹❺
colnames(price_list) = KOR_ticker$'종목코드'   ┈┈┈ ❻

head(price_list[, 1:5])
```

```
##              005930 000660 005380 068270 051910
## 2017-06-21   47480  64800 160500 112857 280000
## 2017-06-22   47960  65000 161500 110896 287000
## 2017-06-23   47620  65000 164000 111092 283500
## 2017-06-26   48280  67500 164000 111778 282500
## 2017-06-27   48300  69200 160500 112857 283000
## 2017-06-28   47700  67200 160000 111778 280500
```

❶ 티커가 저장된 csv 파일을 불러온 후 티커를 6자리로 맞춰줍니다.

❷ 빈 리스트인 price_list를 생성합니다.

❸ for loop 구문을 이용해 종목별 가격 데이터를 불러온 후 as.xts()를 통해 시계열 형태로 데이터를 변경하고 리스트에 저장합니다.

❹ do.call() 함수를 통해 리스트를 열 형태로 묶습니다.

❺ 간혹 결측치가 발생할 수 있으므로, na.locf() 함수를 통해 결측치에는 전일 데이터를 사용합니다.

❻ 행 이름을 각 종목의 티커로 변경합니다.

해당 작업을 통해 개별 csv 파일로 흩어져 있던 가격 데이터가 하나의 데이터로 묶이게 됩니다.

```
write.csv(data.frame(price_list), 'data/KOR_price.csv')
```

마지막으로 해당 데이터를 data 폴더에 KOR_price.csv 파일로 저장합니다. 시계열 형태 그대로 저장하면 인덱스가 삭제되므로 데이터 프레임 형태로 변경한 후 저장해야 합니다.

7.2 재무제표 정리하기

재무제표는 data/KOR_fs 폴더 내 티커_fs.csv 파일로 저장되어 있습니다. 주가는 하나의 열로 이루어져 있어 데이터를 정리하는 것이 간단했지만, 재무제표는 각 종목별 재무 항목이 모두 달라 정리하기 번거롭습니다.

```r
library(stringr)
library(magrittr)
library(dplyr)

KOR_ticker = read.csv('data/KOR_ticker.csv', row.names = 1)
KOR_ticker$'종목코드' =
  str_pad(KOR_ticker$'종목코드', 6, side = c('left'), pad = '0')

data_fs = list()

for (i in 1 : nrow(KOR_ticker)){

  name = KOR_ticker[i, '종목코드']
  data_fs[[i]] = read.csv(paste0('data/KOR_fs/', name,
                                 '_fs.csv'), row.names = 1)
}
```

위와 동일하게 티커 데이터를 읽어옵니다. 이를 바탕으로 종목별 재무제표 데이터를 읽어온 후 리스트에 저장합니다.

```
fs_item = data_fs[[1]] %>% rownames()
length(fs_item)
```

```
## [1] 236
```

```
print(head(fs_item))
```

```
## [1] "매출액"        "매출원가"   "매출총이익"
## [4] "판매비와관리비" "인건비"     "유무형자산상각비"
```

다음으로 재무제표 항목의 기준을 정해줄 필요가 있습니다. 재무제표 작성 항목은 각 업종별로 상이하므로, 이를 모두 고려하면 지나치게 데이터가 커지게 됩니다. 또한 퀀트 투자에는 일반적이고 공통적인 항목을 주로 사용하므로 대표적인 재무 항목을 정해 이를 기준으로 데이터를 정리해도 충분합니다.

따라서 기준점으로 첫 번째 리스트, 즉 삼성전자의 재무 항목을 선택하며, 총 236개 재무 항목이 있습니다. 해당 기준을 바탕으로 재무제표 데이터를 정리하며, 전체 항목에 대한 정리 이전에 간단한 예시로 첫 번째 항목인 매출액 기준 데이터 정리를 살펴보겠습니다.

```
select_fs = lapply(data_fs, function(x) {
    # 해당 항목이 있을 시 데이터를 선택
    if ( '매출액' %in% rownames(x) ) {
        x[which(rownames(x) == '매출액'), ]

    # 해당 항목이 존재하지 않을 시 NA로 된 데이터 프레임 생성
    } else {
      data.frame(NA)
    }
  })

select_fs = bind_rows(select_fs)

print(head(select_fs))
```

```
##   X2016.12 X2017.12 X2018.12 NA. X2015.12
## 1 2018667  2395754  2437714  NA       NA
```

```
## 2     171980    301094    404451   NA        NA
## 3     936490    963761    968126   NA        NA
## 4       6706      9491      9821   NA        NA
## 5     206593    256980    281830   NA        NA
## 6     382617    351446    351492   NA        NA
```

먼저 lapply() 함수를 이용해 모든 재무 데이터가 들어 있는 data_fs 데이터를 대
상으로 함수를 적용합니다. %in% 함수를 통해 만일 매출액이라는 항목이 행 이름에
있으면 해당 부분의 데이터를 select_fs 리스트에 저장하고, 해당 항목이 없는 경우
NA로 이루어진 데이터 프레임을 저장합니다.

그 후 dplyr 패키지의 bind_rows() 함수를 이용해 리스트 내 데이터들을 행으로 묶
어줍니다. rbind()에서는 리스트 형태를 테이블로 묶으려면 모든 데이터의 열 개수가
동일해야 하는 반면, bind_rows()에서는 열 개수가 다를 경우 나머지 부분을 NA로
처리해 합쳐주는 장점이 있습니다.

합쳐진 데이터를 살펴보면, 먼저 열 이름이 . 혹은 NA.인 부분이 있습니다. 이는 매출
액 항목이 없는 종목의 경우 NA 데이터 프레임을 저장해 생긴 결과입니다. 또한 연도
가 순서대로 저장되지 않은 경우가 있습니다. 이 두 가지를 고려해 데이터를 클렌징합
니다.

```
select_fs = select_fs[!colnames(select_fs) %in%
                      c('.', 'NA.')]  ┈┈┈┈ ❶
select_fs = select_fs[, order(names(select_fs))]  ┈┈┈┈ ❷
rownames(select_fs) = KOR_ticker[, '종목코드']  ┈┈┈┈ ❸

print(head(select_fs))
```

```
##        X2015.12 X2016.12 X2017.12 X2018.12
## 005930       NA  2018667  2395754  2437714
## 000660       NA   171980   301094   404451
## 005380       NA   936490   963761   968126
## 068270       NA     6706     9491     9821
## 051910       NA   206593   256980   281830
## 012330       NA   382617   351446   351492
```

❶ !와 %in% 함수를 이용해, 열 이름에 . 혹은 NA.가 들어가지 않은 열만 선택합니다.

❷ order() 함수를 이용해 열 이름의 연도별 순서를 구한 후 이를 바탕으로 열을 다시 정리합니다.

❸ 행 이름을 티커들로 변경합니다.

해당 과정을 통해 전 종목의 매출액 데이터가 연도별로 정리되었습니다. for loop 구문을 이용해 모든 재무 항목에 대한 데이터를 정리하는 방법은 다음과 같습니다.

```r
fs_list = list()

for (i in 1 : length(fs_item)) {
  select_fs = lapply(data_fs, function(x) {
    # 해당 항목이 있을 시 데이터를 선택
    if ( fs_item[i] %in% rownames(x) ) {
        x[which(rownames(x) == fs_item[i]), ]

    # 해당 항목이 존재하지 않을 시 NA로 된 데이터 프레임 생성
      } else {
      data.frame(NA)
    }
  })

  # 리스트 데이터를 행으로 묶어줌
  select_fs = bind_rows(select_fs)

  # 열 이름이 '.' 혹은 'NA.'인 지점은 삭제 (NA 데이터)
  select_fs = select_fs[!colnames(select_fs) %in%
                          c('.', 'NA.')]

  # 연도 순별로 정리
  select_fs = select_fs[, order(names(select_fs))]

  # 행 이름을 티커로 변경
  rownames(select_fs) = KOR_ticker[, '종목코드']

  # 리스트에 최종 저장
  fs_list[[i]] = select_fs

}
```

```
# 리스트 이름을 재무 항목으로 변경
names(fs_list) = fs_item
```

위 과정을 거치면 **fs_list**에 총 236개 리스트가 생성됩니다. 각 리스트에는 해당 재무 항목에 대한 전 종목의 연도별 데이터가 정리되어 있습니다.

```
saveRDS(fs_list, 'data/KOR_fs.Rds')
```

마지막으로 해당 데이터를 data 폴더 내에 저장합니다. 리스트 형태 그대로 저장하기 위해 saveRDS() 함수를 이용해 KOR_fs.Rds 파일로 저장합니다.

Rds 형식은 파일을 더블 클릭한 후 연결 프로그램을 R Studio로 설정해 파일을 불러올 수 있습니다. 혹은 readRDS() 함수를 이용해 파일을 읽어올 수도 있습니다.

7.3 가치지표 정리하기

가치지표는 data/KOR_value 폴더 내 티커_value.csv 파일로 저장되어 있습니다. 재무제표를 정리하는 방법과 거의 동일합니다.

```
library(stringr)
library(magrittr)
library(dplyr)

KOR_ticker = read.csv('data/KOR_ticker.csv', row.names = 1)
KOR_ticker$'종목코드' =
  str_pad(KOR_ticker$'종목코드', 6, side = c('left'), pad = '0')

data_value = list()

for (i in 1 : nrow(KOR_ticker)){

  name = KOR_ticker[i, '종목코드']
  data_value[[i]] =
    read.csv(paste0('data/KOR_value/', name,
```

```
                     '_value.csv'), row.names = 1) %>%
    t() %>% data.frame()

}
```

먼저 티커에 해당하는 파일을 불러온 후 for loop 구문을 통해 가치지표 데이터를 data_value 리스트에 저장합니다. 단, csv 내에 데이터가 표 7-1과 같이 행의 형태로 저장되어 있으므로, t() 함수를 이용해 열의 형태로 바꿔주며, 데이터 프레임 형태로 저장합니다.

표 7-1 가치지표의 저장 예시

value	x
PER	Number 1
PBR	Number 2
PCR	Number 3
PSR	Number 4

```
data_value = bind_rows(data_value)
print(head(data_value))
```

```
##         PER     PBR    PCR     PSR X1
## 1     6.209  1.1000  4.066  1.1179 NA
## 2     3.204  1.0628  2.240  1.2312 NA
## 3    20.048  0.4091  8.032  0.3123 NA
## 4   101.957 10.1384 69.857 27.1789 NA
## 5    16.994  1.4447 11.776  0.8879 NA
## 6    11.782  0.7248 13.822  0.6331 NA
```

bind_rows() 함수를 이용하여 리스트 내 데이터들을 행으로 묶어준 후 데이터를 확인해보면 PER, PBR, PCR, PSR 열 외에 불필요한 NA로 이루어진 열이 존재합니다. 해당 열을 삭제한 후 정리 작업을 하겠습니다.

```
data_value = data_value[colnames(data_value) %in%
                        c('PER', 'PBR', 'PCR', 'PSR')]
rownames(data_value) = KOR_ticker[, '종목코드']  ┈┈┈ ❶

print(head(data_value))
```

```
##              PER     PBR    PCR     PSR
## 005930     6.209  1.1000  4.066  1.1179
## 000660     3.204  1.0628  2.240  1.2312
## 005380    20.048  0.4091  8.032  0.3123
## 068270   101.957 10.1384 69.857 27.1789
## 051910    16.994  1.4447 11.776  0.8879
## 012330    11.782  0.7248 13.822  0.6331
```

```
data_value = data_value %>%
  mutate_all(list(~na_if(., Inf)))  ┈┈┈ ❷

write.csv(data_value, 'data/KOR_value.csv')  ┈┈┈ ❸
```

❶ 열 이름이 가치지표에 해당하는 부분만 선택한 후 행 이름을 티커들로 변경합니다.

❷ 일부 종목은 재무 데이터가 0으로 표기되어 가치지표가 Inf로 계산되는 경우가
   있습니다. mutate_all() 내에 na_if() 함수를 이용해 Inf 데이터를 NA로 변
   경합니다.

❸ data 폴더 내에 KOR_value.csv 파일로 저장합니다.

8

데이터 분석 및 시각화하기

데이터 수집 및 정리가 끝났다면, 내가 가지고 있는 데이터가 어떠한 특성을 가지고 있는지에 대한 분석 및 시각화 과정, 즉 탐색적 데이터 분석(Exploratory Data Analysis)을 할 필요가 있습니다. 이 과정을 통해 데이터를 더 잘 이해할 수 있으며, 극단치나 결측치 등 데이터가 가지고 있는 잠재적인 문제를 발견하고 이를 어떻게 처리할지 고민할 수 있습니다.

이 CHAPTER에서는 dplyr 패키지를 이용한 데이터 분석과 ggplot 패키지를 이용한 데이터 시각화에 대해 알아보겠습니다.

8.1 종목정보 데이터 분석

먼저 거래소를 통해 수집한 산업별 현황과 개별지표를 정리한 파일, WICS 기준 섹터 지표를 정리한 파일을 통해 국내 상장종목의 데이터를 분석해보겠습니다.

```
library(stringr)

KOR_ticker = read.csv('data/KOR_ticker.csv', row.names = 1,
                      stringsAsFactors = FALSE)
KOR_sector = read.csv('data/KOR_sector.csv', row.names = 1,
                      stringsAsFactors = FALSE)

KOR_ticker$'종목코드' =
  str_pad(KOR_ticker$'종목코드', 6,'left', 0)
KOR_sector$'CMP_CD' =
  str_pad(KOR_sector$'CMP_CD', 6, 'left', 0)
```

각 파일을 불러온 후 티커에 해당하는 종목코드와 CMP_CD 열을 6자리 숫자로 만들어 줍니다.

이제 dplyr 패키지의 여러 함수들을 이용해 데이터를 분석해보겠습니다. 해당 패키지는 데이터 처리에 특화된 패키지이며, C++로 작성되어 매우 빠른 처리 속도를 자랑합니다. 또한 문법이 SQL과 매우 비슷해 함수의 내용을 직관적으로 이해할 수 있습니다.

8.1.1 *_join(): 데이터 합치기

두 테이블을 하나로 합치기 위해 *_join() 함수를 이용합니다. 해당 함수는 기존에 살펴본 merge() 함수와 동일하며, 합치는 방법은 그림 8-1과 표 8-1과 같이 크게 네 가지 종류가 있습니다.

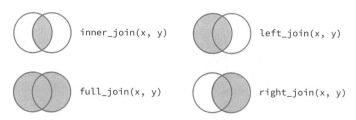

그림 8-1 *_join() 함수의 종류

표 8-1 *_join() 함수의 종류

함수	내용
inner_join()	교집합
full_join()	합집합
left_join()	왼쪽 기준
right_join()	오른쪽 기준

이 중 거래소 티커 기준으로 데이터를 맞추기 위해 left_join() 함수를 사용해 두 데이터를 합치겠습니다.

```r
library(dplyr)

data_market = left_join(KOR_ticker, KOR_sector,
                        by = c('종목코드' = 'CMP_CD',
                               '종목명' = 'CMP_KOR'))

head(data_market)
```

```
##     종목코드     종목명 시장구분 산업분류 현재가.종가. 전일대비 시가총액.원.
## 1   005930   삼성전자   코스피 전기전자        45400     -850    2.710e+14
## 2   000660 SK하이닉스   코스피 전기전자        69100    -2300    5.030e+13
## 3   005380     현대차   코스피 운수장비       136000    -1000    2.906e+13
## 4   068270     셀트리온  코스피   의약품       206000     1000    2.644e+13
## 5   051910     LG화학   코스피     화학       355500     7000    2.510e+13
## 6   012330 현대모비스   코스피 운수장비       229500    -2500    2.187e+13
##          일자 관리여부     종가    EPS  PER    BPS  PBR 주당배당금
## 1   2019-07-03       -    45400  6,461 7.03 35,342 1.28       1416
## 2   2019-07-03       -    69100 22,255  3.1 64,348 1.07       1500
```

```
## 3    2019-07-03        -   136000     5,632    24.15   245,447    0.55       4000
## 4    2019-07-03        -   206000     2,063    99.85    19,766   10.42          0
## 5    2019-07-03        -   355500    19,217    18.5    218,227    1.63       6000
## 6    2019-07-03        -   229500    19,944    11.51   314,650    0.73       4000
##    배당수익률 게시물..일련번호 총카운트   IDX_CD          IDX_NM_KOR
## 1       3.12            2165       NA   G45               WICS IT
## 2       2.17            1885       NA   G45               WICS IT
## 3       2.94            2159       NA   G25   WICS 경기관련소비재
## 4       0.00            2049       NA   G35          WICS 건강관리
## 5       1.69            2041       NA   G15              WICS 소재
## 6       1.74            2169       NA   G25   WICS 경기관련소비재
##      ALL_MKT_VAL       MKT_VAL    WGT    S_WGT   CAL_WGT   SEC_CD     SEC_NM_KOR   SEQ
## 1     376270891     208452867   55.40   55.40         1   G45                IT     1
## 2     376270891      35232402    9.36   64.76         1   G45                IT     2
## 3     141374708      20042076   14.18   14.18         1   G25경기관련소비재          1
## 4      81157991      16895164   20.82   20.82         1   G35          건강관리     1
## 5      71815100      15165000   21.12   43.84         1   G15              소재     2
## 6     141374708      14257881   10.09   24.26         1   G25경기관련소비재          2
##    TOP60 APT_SHR_CNT
## 1     2   4716128215
## 2     2    538721750
## 3    12    143157685
## 4    21     85980477
## 5     6     45885023
## 6    12     64808552
```

left_join() 함수를 이용해 KOR_ticker와 KOR_sector 데이터를 합쳐줍니다. by 인자는 데이터를 합치는 기준점을 의미하며, x 데이터(KOR_ticker)의 종목코드와 y 데이터(KOR_sector)의 CMP_CD는 같음을, x 데이터의 종목명과 y 데이터의 CMP_KOR는 같음을 정의합니다.

8.1.2 glimpse(): 데이터 구조 확인하기

```
glimpse(data_market)
```

```
## Observations: 2,041
## Variables: 30
## $ 종목코드        <chr> "005930", "000660", "005...
## $ 종목명          <chr> "삼성전자", "SK하이닉스", "현대차"...
## $ 시장구분        <chr> "코스피", "코스피", "코스피", "코스...
```

```
## $ 산업분류          <chr> "전기전자", "전기전자", "운수장비", ...
## $ 현재가.종가.       <int> 45400, 69100, 136000, 206...
## $ 전일대비          <int> -850, -2300, -1000, 1000...
## $ 시가총액.원.       <dbl> 2.710e+14, 5.030e+13, 2.9...
## $ 일자            <chr> "2019-07-03", "2019-07...
## $ 관리여부          <chr> "-", "-", "-", "-", "-",...
## $ 종가            <int> 45400, 69100, 136000, ...
## $ EPS           <chr> "6,461", "22,255", "...
## $ PER           <chr> "7.03", "3.1", "24.1...
## $ BPS           <chr> "35,342", "64,348", ...
## $ PBR           <chr> "1.28", "1.07", "0.5...
## $ 주당배당금         <int> 1416, 1500, 4000, 0, 6000...
## $ 배당수익률         <dbl> 3.12, 2.17, 2.94, 0.00, 1...
## $ 게시물..일련번호     <int> 2165, 1885, 2159, 2049, 204...
## $ 총카운트          <int> NA, NA, NA, NA, NA, NA, ...
## $ IDX_CD        <chr> "G45", "G45", "G25",...
## $ IDX_NM_KOR    <chr> "WICS IT", "WICS IT"...
## $ ALL_MKT_VAL   <int> 376270891, 376270891...
## $ MKT_VAL       <int> 208452867, 35232402,...
## $ WGT           <dbl> 55.40, 9.36, 14.18, ...
## $ S_WGT         <dbl> 55.40, 64.76, 14.18,...
## $ CAL_WGT       <int> 1, 1, 1, 1, 1, 1, 1,...
## $ SEC_CD        <chr> "G45", "G45", "G25",...
## $ SEC_NM_KOR    <chr> "IT", "IT", "경기관련소비재...
## $ SEQ           <int> 1, 2, 1, 1, 2, 2, 1,...
## $ TOP60         <int> 2, 2, 12, 21, 6, 12,...
## $ APT_SHR_CNT   <dbl> 4716128215, 53872175...
```

glimpse() 함수는 데이터 내용, 구조, 형식을 확인하는 함수입니다. 기본 함수인
str()과 그 역할은 비슷하지만, tidy 형태로 결과물이 훨씬 깔끔하게 출력됩니다.
총 관측값 및 열의 개수, 각 열의 이름과 데이터 형식, 앞부분 데이터를 확인할 수 있
습니다.

8.1.3 rename(): 열 이름 바꾸기

```
head(names(data_market), 15)
```

```
##  [1] "종목코드"      "종목명"       "종가"           "대비"
##  [5] "등락률"       "시장구분"     "업종명"         "시가총액"
##  [9] "EPS"         "PER"         "BPS"           "PBR"
## [13] "주당배당금"    "배당수익률"  "IDX_CD"
```

```
data_market = data_market %>%
  rename(`배당수익률(%)` = `배당수익률`)

head(names(data_market), 15)
```

```
## [1] "종목코드"      "종목명"        "종가"
## [4] "대비"          "등락률"        "시장구분"
## [7] "업종명"        "시가총액"      "EPS"
## [10] "PER"          "BPS"           "PBR"
## [13] "주당배당금"   "배당수익률(%)" "IDX_CD"
```

rename() 함수는 열 이름을 바꾸는 함수로서, rename(tbl, new_name, old_name)
형태로 입력합니다. 위의 경우 배당수익률 열 이름이 배당수익률(%)로 변경되었습니다.

8.1.4 distinct(): 고유한 값 확인

```
data_market %>%
  distinct(SEC_NM_KOR) %>% c()
```

```
## $SEC_NM_KOR
## [1] "IT"            "경기관련소비재" "건강관리"
## [4] "소재"          "금융"          "커뮤니케이션서비스"
## [7] "산업재"        "유틸리티"      "에너지"
## [10] "필수소비재"   NA
```

distinct() 함수는 고유한 값을 반환하며, 기본 함수 중 unique()와 동일한 기능을
합니다. 데이터의 섹터 정보를 확인해보면, WICS 기준 10개 섹터 및 섹터 정보가 없는
종목인 NA 값이 있습니다.

8.1.5 select(): 원하는 열만 선택

```
data_market %>%
  select(`종목명`) %>% head()
```

```
##      종목명
## 1  삼성전자
```

```
## 2  SK하이닉스
## 3     현대차
## 4    셀트리온
## 5    LG화학
## 6  현대모비스
```

```
data_market %>%
  select(`종목명`, `PBR`, `SEC_NM_KOR`) %>% head()
```

```
##       종목명   PBR     SEC_NM_KOR
## 1    삼성전자   1.28             IT
## 2   SK하이닉스   1.07             IT
## 3      현대차   0.55   경기관련소비재
## 4     셀트리온  10.42         건강관리
## 5     LG화학    1.63           소재
## 6   현대모비스   0.73   경기관련소비재
```

select() 함수는 원하는 열을 선택해주는 함수이며, 원하는 열 이름을 입력하면 됩니다. 하나의 열뿐만 아니라 다수의 열을 입력하면 해당 열들이 선택됩니다.

```
data_market %>%
  select(starts_with('시')) %>% head()
```

```
##     시장구분     시가총액
## 1    코스피    2.710e+14
## 2    코스피    5.030e+13
## 3    코스피    2.906e+13
## 4    코스피    2.644e+13
## 5    코스피    2.510e+13
## 6    코스피    2.187e+13
```

```
data_market %>%
  select(ends_with('R')) %>% head()
```

```
##      PER    PBR        IDX_NM_KOR        SEC_NM_KOR
## 1   7.03   1.28           WICS IT                IT
## 2    3.1   1.07           WICS IT                IT
## 3  24.15   0.55  WICS 경기관련소비재  경기관련소비재
```

```
## 4      99.85     10.42       WICS 건강관리       건강관리
## 5       18.5      1.63        WICS 소재            소재
## 6      11.51      0.73   WICS 경기관련소비재 경기관련소비재
```

```
data_market %>%
  select(contains('가')) %>% head()
```

```
##     현재가.종가.     시가총액      종가
## 1          45400    2.710e+14     45400
## 2          69100    5.030e+13     69100
## 3         136000    2.906e+13    136000
## 4         206000    2.644e+13    206000
## 5         355500    2.510e+13    355500
## 6         229500    2.187e+13    229500
```

해당 함수는 다양한 응용 기능도 제공합니다. starts_with()는 특정 문자로 시작하는 열들을 선택하고, ends_with()는 특정 문자로 끝나는 열들을 선택하며, contains()는 특정 문자가 포함되는 열들을 선택합니다.

8.1.6 mutate(): 열 생성 및 데이터 변형

```
data_market = data_market %>%
  mutate(`PBR` = as.numeric(PBR),
         `PER` = as.numeric(PER),
         `ROE` = PBR / PER,
         `ROE` = round(ROE, 4),
         `size` = ifelse(`시가총액` >=
                         median(`시가총액`, na.rm = TRUE),
                                'big', 'small')
  )

data_market %>%
  select(`종목명`, `ROE`, `size`) %>% head()
```

```
##        종목명       ROE   size
## 1     삼성전자   0.1821   big
## 2   SK하이닉스   0.3452   big
## 3      현대차   0.0228   big
## 4      셀트리온   0.1044   big
```

```
##  5      LG화학     0.0881    big
##  6 현대모비스    0.0634    big
```

mutate() 함수는 원하는 형태로 열을 생성하거나 변형하는 함수입니다. 위 예제에서는 먼저 PBR과 PER 열을 as.numeric() 함수를 통해 숫자형으로 변경한 후 PBR을 PER로 나눈 값을 ROE 열에 생성합니다. 그 후 round() 함수를 통해 ROE 값을 반올림하며, ifelse() 함수를 통해 시가총액의 중앙값보다 큰 기업은 big, 아닐 경우 small임을 size 열에 저장합니다.

이 외에도 mutate_*() 계열 함수에는 mutate_all(), mutate_if(), mutate_at() 처럼 각 상황에 맞게 쓸 수 있는 다양한 함수들이 있습니다.

8.1.7 filter(): 조건을 충족하는 행 선택

```
data_market %>%
  select(`종목명`, `PBR`) %>%
  filter(`PBR` < 1) %>% head()
```

```
##       종목명     PBR
## 1     현대차    0.55
## 2 현대모비스   0.73
## 3      POSCO   0.49
## 4    신한지주   0.59
## 5   SK텔레콤    0.93
## 6     KB금융   0.53
```

```
data_market %>%
  select(`종목명`, `PBR`, `PER`, `ROE`) %>%
  filter(PBR < 1 & PER < 20 & ROE > 0.1 ) %>% head()
```

```
##       종목명    PBR    PER     ROE
## 1   SK텔레콤   0.93   5.85   0.1590
## 2         SK   0.97   5.66   0.1714
## 3         LG   0.74   7.19   0.1029
## 4 롯데케미칼   0.72   5.83   0.1235
## 5         GS   0.56   5.28   0.1061
## 6   대림산업   0.80   6.69   0.1196
```

filter() 함수는 조건을 충족하는 부분의 데이터를 반환하는 함수입니다. 첫 번째 예제와 같이 PBR이 1 미만인 단일 조건을 입력할 수도 있으며, 두 번째 예제와 같이 PBR 1 미만, PER 20 미만, ROE 0.1 초과 등 복수 조건을 입력할 수도 있습니다.

8.1.8 summarize(): 요약 통곗값 계산

```
data_market %>%
  summarize(PBR_max = max(PBR, na.rm = TRUE),
            PBR_min = min(PBR, na.rm = TRUE))
```

```
##    PBR_max PBR_min
## 1    87.2    0.19
```

summarize() 혹은 summarise() 함수는 원하는 요약 통곗값을 계산합니다. PBR_max는 PBR 열에서 최댓값을, PBR_min은 최솟값을 계산해줍니다.

8.1.9 arrange(): 데이터 정렬

```
data_market %>%
  select(PBR) %>%
  arrange(PBR) %>%
  head(5)
```

```
##     PBR
## 1 0.19
## 2 0.21
## 3 0.21
## 4 0.23
## 5 0.23
```

```
data_market %>%
  select(ROE) %>%
  arrange(desc(ROE)) %>%
  head(5)
```

```
##      ROE
## 1 1.3404
## 2 0.9589
## 3 0.7175
## 4 0.5761
## 5 0.5714
```

arrange() 함수는 선택한 열을 기준으로 데이터를 정렬해주며, 오름차순으로 정렬합니다. 내림차순으로 데이터를 정렬하려면 arrange() 내에 desc() 함수를 추가로 입력해주면 됩니다.

8.1.10 row_number(): 순위 계산

```
data_market %>%
  mutate(PBR_rank = row_number(PBR)) %>%
  select(`종목명`, PBR, PBR_rank) %>%
  arrange(PBR) %>%
  head(5)
```

```
##      종목명   PBR PBR_rank
## 1 세아홀딩스  0.19        1
## 2   한국제지  0.21        2
## 3   세원정공  0.21        3
## 4     휴스틸  0.23        4
## 5       전방  0.23        5
```

```
data_market %>%
  mutate(PBR_rank = row_number(desc(ROE))) %>%
  select(`종목명`, ROE, PBR_rank) %>%
  arrange(desc(ROE)) %>%
  head(5)
```

```
##        종목명    ROE PBR_rank
## 1        효성 1.3404        1
## 2 바른손이앤에이 0.9589        2
## 3      THE E&M 0.7175        3
## 4       케이씨 0.5761        4
## 5   한일홀딩스 0.5714        5
```

row_number() 함수는 선택한 열의 순위를 구해줍니다. 기본적으로 오름차순으로 순위를 구하며, 내림차순으로 순위를 구하려면 desc() 함수를 추가해주면 됩니다.

순위를 구하는 함수는 이 외에도 min_rank(), dense_rank(), percent_rank()가 있습니다.

8.1.11 ntile(): 분위수 계산

```
data_market %>%
  mutate(PBR_tile = ntile(PBR, n = 5)) %>%
  select(PBR, PBR_tile) %>%
  head()
```

```
##     PBR PBR_tile
## 1  1.28        3
## 2  1.07        3
## 3  0.55        1
## 4 10.42        5
## 5  1.63        4
## 6  0.73        2
```

ntile() 함수는 분위수를 계산해주며, n 인자를 통해 몇 분위로 나눌지 선택할 수 있습니다. 해당 함수 역시 오름차순으로 분위수를 나눕니다.

8.1.12 group_by(): 그룹별로 데이터를 묶기

```
data_market %>%
  group_by(`SEC_NM_KOR`) %>%
  summarize(n())
```

```
## # A tibble: 11 x 2
##     SEC_NM_KOR   `n()`
##     <chr>        <int>
## 1   <NA>            77
## 2   IT             574
## 3   건강관리        226
## 4   경기관련소비재  393
## 5   금융            78
```

```
##   6          산업재        332
##   7           소재        216
##   8          에너지         23
##   9         유틸리티         19
## 10 커뮤니케이션서비스          7
## 11         필수소비재         96
```

group_by() 함수는 선택한 열 중 동일한 데이터를 기준으로 데이터를 묶어줍니다.
위 예제에서는 섹터를 나타내는 **SEC_NM_KOR** 기준으로 데이터를 묶었으며, n() 함수
를 통해 해당 그룹 내 데이터의 개수를 구할 수 있습니다.

```
data_market %>%
  group_by(`SEC_NM_KOR`) %>%
  summarize(PBR_median = median(PBR, na.rm = TRUE)) %>%
  arrange(PBR_median)
```

```
## #        A tibble:      11 x 2
##          SEC_NM_KOR  PBR_median
##          <chr>         <dbl>
##   1        유틸리티        0.48
##   2          금융        0.72
##   3          소재        0.76
##   4         산업재        0.93
##   5 커뮤니케이션서비스       0.93
##   6       필수소비재        0.96
##   7         에너지        0.98
##   8     경기관련소비재       1.07
##   9            IT       1.53
## 10         <NA>        1.72
## 11        건강관리        2.59
```

위 예제는 섹터를 기준으로 데이터를 묶은 후 summarize()를 통해 각 섹터에 속하는
종목의 PBR 중앙값을 구한 후 정렬했습니다.

```
data_market %>%
  group_by(`시장구분`, `SEC_NM_KOR`) %>%
  summarize(PBR_median = median(PBR, na.rm = TRUE)) %>%
  arrange(PBR_median)
```

```
## # A tibble: 22 x 3
## # Groups:   시장구분 [2]
##    시장구분         SEC_NM_KOR     PBR_median
##    <chr>           <chr>               <dbl>
##  1 코스피          유틸리티             0.46
##  2 코스피          금융                0.575
##  3 코스피          소재                 0.69
##  4 코스피          경기관련소비재        0.79
##  5 코스피          에너지                0.8
##  6 코스피          필수소비재           0.81
##  7 코스피          산업재               0.84
##  8 코스피 커뮤니케이션서비스            0.92
##  9 코스닥          유틸리티             0.93
## 10 코스닥          소재                 1.07
## # ... with 12 more rows
```

위 예제는 시장과 섹터를 기준으로 데이터를 그룹화한 후 각 그룹별 PBR 중앙값을 구했습니다. 이처럼 그룹은 하나만이 아닌 원하는 만큼 나눌 수 있습니다.

8.2 ggplot() 기초

R에서 기본적으로 제공하는 plot() 함수를 이용해도 시각화가 충분히 가능합니다. 그러나 데이터 과학자들에게 가장 많이 사랑받는 패키지 중 하나인 ggplot2 패키지의 ggplot() 함수를 사용하면 그림을 훨씬 아름답게 표현할 수 있으며, 다양한 기능을 매우 쉽게 사용할 수도 있습니다.

ggplot() 함수는 플러스(+) 기호를 사용한다는 점과 문법이 다소 어색하다는 점 때문에 처음에 배우기가 쉽지는 않습니다. 그러나 해당 패키지의 근본이 되는 철학인 그래픽 문법(Grammar of Graphics)을 이해하고 조금만 연습해본다면, 충분히 손쉽게 사용이 가능합니다.

그래픽 문법은 릴랜드 윌킨스(Leland Wilkinson)의 책 《The Grammar of Graphics》(Wilkinson, 2012)에서 따온 것인데, 데이터를 어떻게 표현할 것인지에 대한 내용입니다.

문법은 언어의 표현을 풍부하게 만든다. 단어만 있고 문법이 없는 언어가 있다면
(단어 = 문장), 오직 단어의 개수만큼만 생각을 표현할 수 있다. 문장 내에서 단어
가 어떻게 구성되는지를 규정함으로써 문법은 언어의 범위를 확장한다.

— Leland Wilkinson, 《The Grammar of Graphics》

그래픽 문법에서 말하는 요소는 다음과 같습니다.

1. **Data**: 시각화에 사용될 데이터
2. **Aesthetics**: 데이터를 나타내는 시각적인 요소(x축, y축, 사이즈, 색깔, 모양 등)
3. **Geometrics**: 데이터를 나타내는 도형
4. **Facets**: 하위 집합으로 분할하여 시각화
5. **Statistics**: 통곗값을 표현
6. **Coordinates**: 데이터를 표현할 이차원 좌표계
7. **Theme**: 그래프를 꾸밈

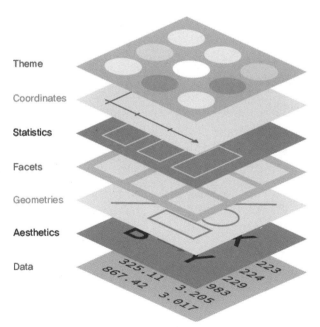

그림 8-2 The Grammar of Graphics

ggplot2 패키지의 앞글자가 gg인 것에서 알 수 있듯이, 해당 패키지는 그래픽 문법을 토대로 시각화를 표현하며, 전반적인 시각화의 순서는 그래픽 문법의 순서와 같습니다. ggplot2 패키지의 특징은 각 요소를 연결할 때 플러스(+) 기호를 사용한다는 점이며, 이는 그래픽 문법의 순서에 따라 요소들을 쌓아나간 후 최종적인 그래픽을 완성하는 패키지의 특성 때문입니다.

이 책에서 설명하는 것 외에도 다양한 예제와 함수가 궁금하신 분은 아래 링크를 참조하시길 바랍니다.

- http://r-statistics.co/ggplot2-Tutorial-With-R.html
- https://ggplot2.tidyverse.org/reference/

8.2.1 diamonds 데이터셋

ggplot2 패키지에는 데이터분석 및 시각화 연습을 위한 각종 데이터셋이 있으며, 그 중에서도 diamonds 데이터셋이 널리 사용됩니다. 먼저 해당 데이터를 불러오도록 하겠습니다.

```
library(ggplot2)

data(diamonds)
head(diamonds)
```

```
## # A tibble: 6 x 10
##   carat cut    color clarity depth table price    x
##   <dbl> <ord>  <ord> <ord>   <dbl> <dbl> <int> <dbl>
## 1 0.23  Ideal  E     SI2      61.5    55   326  3.95
## 2 0.21  Prem…  E     SI1      59.8    61   326  3.89
## 3 0.23  Good   E     VS1      56.9    65   327  4.05
## 4 0.290 Prem…  I     VS2      62.4    58   334   4.2
## 5 0.31  Good   J     SI2      63.3    58   335  4.34
## 6 0.24  Very…  J     VVS2     62.8    57   336  3.94
## # … with 2 more variables: y <dbl>, z <dbl>
```

데이터의 각 변수는 다음과 같습니다.

- **carat**: 다이아몬드 무게

- **cut**: 커팅의 가치

- **color**: 다이아몬드 색상

- **clarity**: 깨끗한 정도

- **depth**: 깊이 비율, z / mean(x, y)

- **table**: 가장 넓은 부분의 너비 대비 다이아몬드 꼭대기의 너비

- **price**: 가격

- **x**: 길이

- **y**: 너비

- **z**: 깊이

8.2.2 Data, Aesthetics, Geometrics

Data는 사용될 데이터이며, Aesthetics는 x축, y축, 사이즈 등 시각적인 요소를 의미합니다.

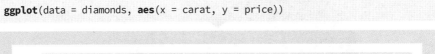

```
ggplot(data = diamonds, aes(x = carat, y = price))
```

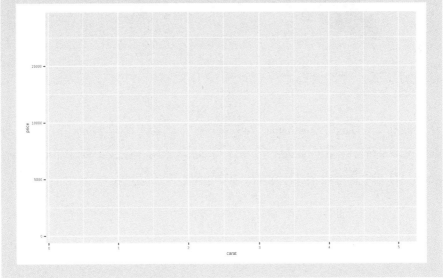

1. ggplot() 함수 내부의 data에 diamonds를 지정해줍니다.
2. aes() 함수를 통해 데이터를 매핑해주며, x축에 carat을, y축에 price를 지정해줍 니다.

x축과 y축에 우리가 매핑한 carat과 price가 표현되었지만, 어떠한 모양(Geometrics)으로 시각화를 할지 정의하지 않았으므로 빈 그림이 생성됩니다. 다음으로 Geometrics을 통해 데이터를 그림으로 표현해주도록 하겠습니다.

```
ggplot(data = diamonds, aes(x = carat, y = price)) +
  geom_point()
```

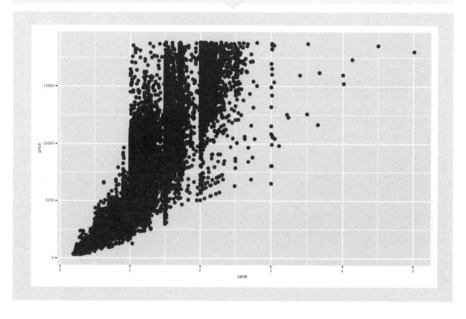

사전에 정의된 Data와 Aesthetics 위에 플러스(+) 기호를 통해 geom_point() 함 수를 입력하여 산점도가 표현되었습니다. geom은 Geometrics의 약자이며, 이처럼 geom_*() 함수를 통해 원하는 형태로 시각화를 할 수 있습니다.

일반적으로 Data는 ggplot() 함수 내에서 정의하기보다는 dplyr 패키지의 함수들을 이용하여 데이터를 가공한 후 파이프 오퍼레이터를 통해 연결합니다. 이에 대해서는 나중에 다시 다루도록 하겠습니다.

```
library(magrittr)

diamonds %>%
  ggplot(aes(x = carat, y = price)) +
  geom_point(aes(color = cut))
```

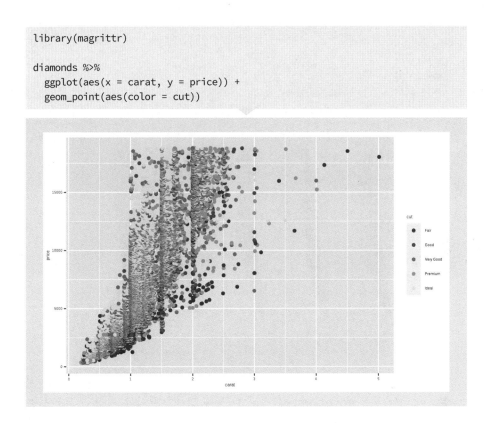

diamonds 데이터를 파이프 오퍼레이터(%>%)로 이을 경우 그대로 시각화가 가능하며, ggplot() 함수 내에 데이터를 입력하지 않아도 됩니다.

geom_point() 내부에서 aes()를 통해 점의 색깔을 매핑해줄 수 있습니다. color = cut을 지정하여 cut에 따라 점의 색깔이 다르게 표현하였습니다. 이 외에도 shape, size를 통해 모양과 크기를 각각 다르게 표현할 수 있습니다.

8.2.3 Facets

Facets은 여러 집합을 하나의 그림에 표현하기보다는 하위 집합으로 나누어 시각화하는 요소입니다.

```
diamonds %>%
  ggplot(aes(x = carat, y = price)) +
  geom_point() +
  facet_grid(. ~ cut)
```

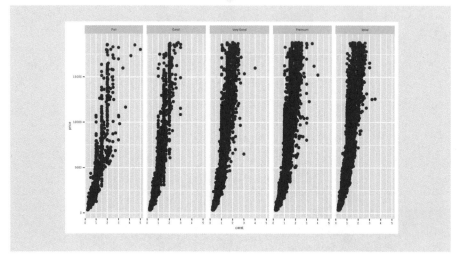

facet_grid() 혹은 facet_wrap() 함수를 통해 그림을 분할할 수 있습니다. 물결 표시(~)를 통해 하위 집합으로 나누고자 하는 변수를 선택할 수 있으며, 위 예제에서는 cut에 따라 각기 다른 그림으로 표현되었습니다.

8.2.4 Statistics

Statistics는 통곗값을 나타내는 요소입니다.

```
diamonds %>%
  ggplot(aes(x = cut, y = carat)) +
```

```
stat_summary_bin(fun.y = 'mean', geom = 'bar')
```

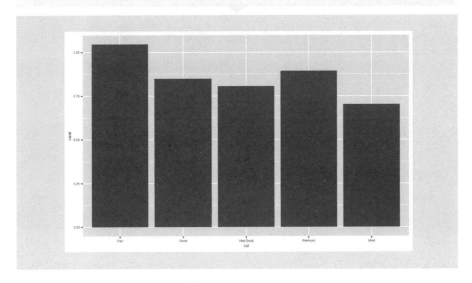

stat_summary_*() 함수를 사용하여 통곗값을 표현하였습니다. cut에 따른 carat의 평균값을 구하고자 할 경우, fun.y 인자에 mean을 입력하여 평균값을 구하고, geom 인자에 bar를 입력하여 막대그래프 형태로 표현하였습니다.

8.2.5 Coordinates

Coordinates는 좌표를 의미합니다. ggplot2에서는 coord_*() 함수를 이용하여 x축 혹은 y축 정보를 변형할 수 있습니다.

```
diamonds %>%
  ggplot(aes(x = carat, y = price)) +
  geom_point(aes(color = cut)) +
  coord_cartesian(xlim = c(0, 3), ylim = c(0, 20000))
```

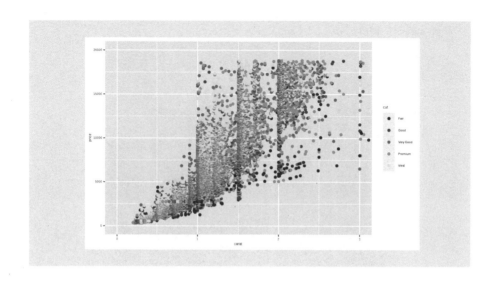

coord_cartesian() 함수를 통해 x축과 y축 범위를 지정해줄 수 있습니다. xlim과 ylim 내부에 범위의 최소 및 최댓값을 지정해주면 해당 범위의 데이터만을 보여줍니다.

```
diamonds %>%
    ggplot(aes(x = carat, y = price)) +
    geom_boxplot(aes(group = cut)) +
    coord_flip()
```

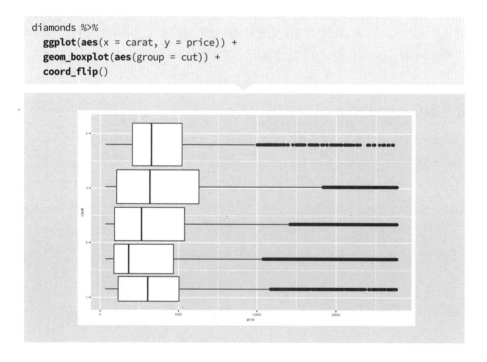

coord_flip() 함수는 x축과 y축을 뒤집어 표현합니다. ggplot() 함수의 aes 내부에서 x축은 carat을, y축은 price를 지정해주었지만, coord_flip() 함수를 통해 x축과 y축이 서로 바뀌었습니다.

8.2.6 Theme

Theme은 그림의 제목, 축 제목, 축 단위, 범례, 디자인 등 그림을 꾸며주는 역할을 담당합니다.

```
diamonds %>%
  ggplot(aes(x = carat, y = price)) +
  geom_point(aes(color = cut)) +
  theme_bw() +
  labs(title = 'Relation between Carat & Price',
       x = 'Carat', y = 'Price') +
  theme(legend.position = 'bottom',
        panel.grid.major.x = element_blank(),
        panel.grid.minor.x = element_blank(),
        panel.grid.major.y = element_blank(),
        panel.grid.minor.y = element_blank()
        ) +
  scale_y_continuous(
    labels = function(x) {
      paste0('$',
             format(x, big.mark = ','))
    })
```

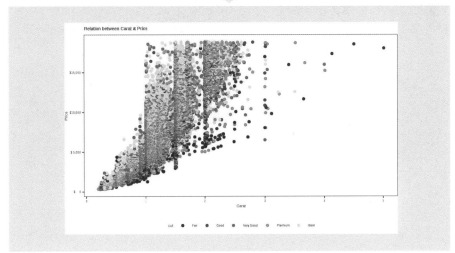

geom_point() 함수 이후 Theme에 해당하는 부분은 다음과 같습니다.

1. theme_bw() 함수를 통해 배경을 흰색으로 설정합니다.
2. labs() 함수를 통해 그래프의 제목 및 x축, y축 제목을 변경합니다.
3. theme() 함수 내 legend.position을 통해 범례를 하단으로 이동합니다.
4. theme() 함수 내 panel.grid를 통해 격자를 제거합니다.
5. scale_y_continuous() 함수를 통해 y축에서 천원 단위로 콤마(,)를 붙여주며, 이를 달러($) 표시와 합쳐줍니다.

8.3 종목정보 시각화

이번에는 앞서 배운 내용을 바탕으로 종목정보를 시각화하도록 하겠습니다.

8.3.1 geom_point(): 산점도 나타내기

```
library(ggplot2)

ggplot(data_market, aes(x = ROE, y = PBR)) +   ········ ❶
  geom_point()   ········ ❷
```

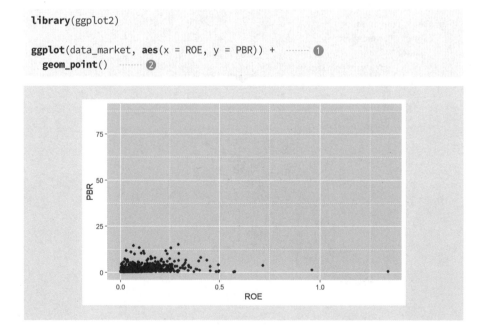

❶ ggplot() 함수 내에 사용될 데이터인 data_market을 입력합니다. aes 인자 내부에 x축은 ROE 열을 사용하고, y축은 PBR 열을 사용하도록 정의합니다.

❷ geom_point() 함수를 통해 산점도 그래프를 그려줍니다. 원하는 그림이 그려 지기는 했으나, ROE와 PBR에 극단치 데이터가 있어 둘 사이에 관계가 잘 보이지 않습니다.

```
ggplot(data_market, aes(x = ROE, y = PBR)) +
  geom_point() +
  coord_cartesian(xlim = c(0, 0.30), ylim = c(0, 3))
```

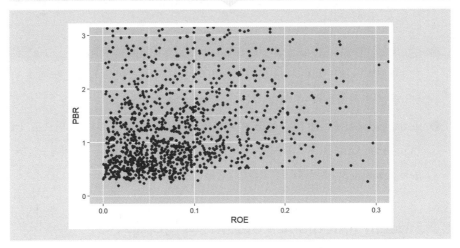

이번에는 극단치 효과를 제거하기 위해 coord_cartesian() 함수 내에 xlim과 ylim, 즉 x축과 y축의 범위를 직접 지정해줍니다. 극단치가 제거되어 데이터를 한눈에 확인할 수 있습니다.

```
ggplot(data_market, aes(x = ROE, y = PBR,      ┄┄┄ ❶
                        color = `시장구분`,
                        shape = `시장구분`)) +
  geom_point() +
  geom_smooth(method = 'lm') +      ┄┄┄ ❷
  coord_cartesian(xlim = c(0, 0.30), ylim = c(0, 3))
```

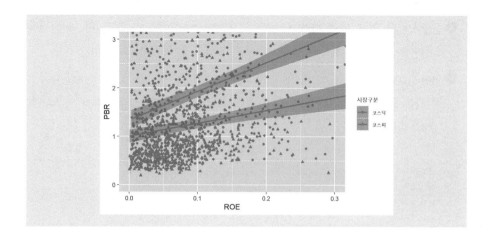

❶ ggplot() 함수 내부 aes 인자에 color와 shape를 지정해주면, 해당 그룹별로 모양과 색이 나타납니다. 코스피와 코스닥 종목들에 해당하는 데이터의 색과 점 모양을 다르게 표시할 수 있습니다.

❷ geom_smooth() 함수를 통해 평활선을 추가할 수도 있으며, 방법으로 lm (linear model)을 지정할 경우 선형회귀선을 그려주게 됩니다. 이 외에도 glm, gam, loess 등의 다양한 회귀선을 그려줄 수 있습니다.

8.3.2 geom_histogram( ): 히스토그램 나타내기

```
ggplot(data_market, aes(x = PBR)) +
  geom_histogram(binwidth = 0.1) +
  coord_cartesian(xlim = c(0, 10))
```

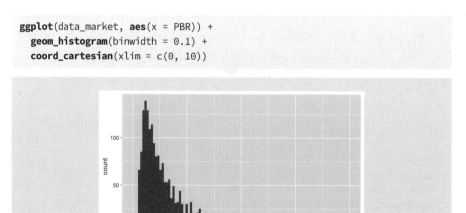

geom_histogram() 함수는 히스토그램을 나타내주며, binwidth 인자를 통해 막대
의 너비를 선택해줄 수 있습니다. 국내 종목들의 PBR 데이터는 왼쪽에 쏠려 있고 오른
쪽으로 꼬리가 긴 분포를 가지고 있습니다.

```
ggplot(data_market, aes(x = PBR)) +
  geom_histogram(aes(y = ..density..),          ----- ➊
                 binwidth = 0.1,
                 color = 'sky blue', fill = 'sky blue') +
  coord_cartesian(xlim = c(0, 10)) +
  geom_density(color = 'red') +      ----- ➋
  geom_vline(aes(xintercept = median(PBR, na.rm = TRUE)),    ----- ➌
             color = 'blue') +
  geom_text(aes(label = median(PBR, na.rm = TRUE),     ----- ➍
                x = median(PBR, na.rm = TRUE), y = 0.05),
            col = 'black', size = 6, hjust = -0.5)
```

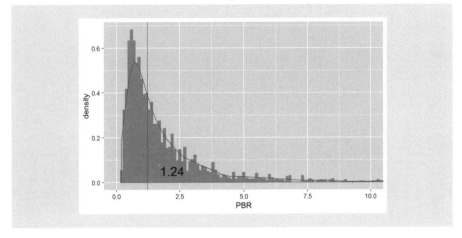

PBR 히스토그램을 좀 더 자세하게 나타내보겠습니다.

➊ geom_histogram() 함수 내에 aes(y = ..density..)를 추가해 밀도함수로
바꿉니다.

➋ geom_density() 함수를 추가해 밀도곡선을 그려줍니다.

➌ geom_vline() 함수는 세로선을 그려주며 xintercept, 즉 x축으로 PBR의 중
앙값을 선택합니다.

❹ geom_text() 함수는 그림 내에 글자를 표현해주며, label 인자에 원하는 글자를 입력해준 후 글자가 표현될 x축, y축, 색상, 사이즈 등을 선택할 수 있습니다.

8.3.3 geom_boxplot(): 박스 플롯 나타내기

```
ggplot(data_market, aes(x = SEC_NM_KOR, y = PBR)) +   ········· ❶
  geom_boxplot() +   ········· ❷
  coord_flip()   ········· ❸
```

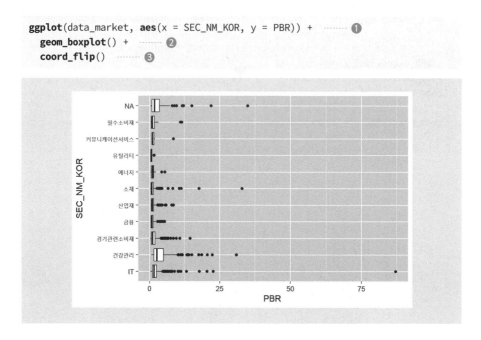

박스 플롯 역시 데이터의 분포와 이상치를 확인하기 좋은 그림이며, geom_boxplot() 함수를 통해 나타낼 수 있습니다.

❶ x축 데이터로는 섹터 정보, y축 데이터로는 PBR을 선택합니다.

❷ geom_boxplot()을 통해 박스 플롯을 그려줍니다.

❸ coord_flip() 함수는 x축과 y축을 뒤집어 표현해주며 x축에 PBR, y축에 섹터 정보가 나타나게 됩니다.

결과를 살펴보면 유틸리티나 금융 섹터는 PBR이 잘 모여 있는 반면, IT나 건강관리 섹터 등은 매우 극단적인 PBR을 가지고 있는 종목이 있습니다.

8.3.4 dplyr과 ggplot을 연결해 사용하기

```
data_market %>%
  filter(!is.na(SEC_NM_KOR)) %>%        ──── ❶
  group_by(SEC_NM_KOR) %>%        ──── ❷
  summarize(ROE_sector = median(ROE, na.rm = TRUE),        ──── ❸
            PBR_sector = median(PBR, na.rm = TRUE)) %>%
  ggplot(aes(x = ROE_sector, y = PBR_sector,        ──── ❹
             color = SEC_NM_KOR, label = SEC_NM_KOR)) +
  geom_point() +
  geom_text(color = 'black', size = 3, vjust = 1.3) +        ──── ❺
  theme(legend.position = 'bottom',        ──── ❻
        legend.title = element_blank())
```

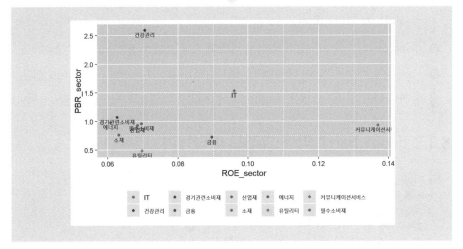

앞에서 배운 데이터 분석과 시각화를 동시에 연결해 사용할 수도 있습니다.

❶ 데이터 분석의 단계로 filter()를 통해 섹터가 NA가 아닌 종목을 선택합니다.

❷ group_by()를 통해 섹터별 그룹을 묶습니다.

❸ summarize()를 통해 ROE와 PBR의 중앙값을 계산해줍니다. 해당 과정을 거치
면 다음의 결과가 계산됩니다.

```
## # A tibble: 10 x 3
##         SEC_NM_KOR    ROE_sector    PBR_sector
##            <chr>        <dbl>         <dbl>
##   1          IT       0.0960          1.53
```

##	2	건강관리	0.0705	2.59
##	3	경기관련소비재	0.0626	1.07
##	4	금융	0.0896	0.72
##	5	산업재	0.0684	0.93
##	6	소재	0.0631	0.76
##	7	에너지	0.0608	0.98
##	8	유틸리티	0.0697	0.48
##	9	커뮤니케이션서비스	0.137	0.93
##	10	필수소비재	0.0696	0.96

해당 결과를 파이프 오퍼레이터(%>%)로 이을 경우 그대로 시각화가 가능하며, ggplot() 함수 내에 데이터를 입력하지 않아도 됩니다.

❹ x축과 y축을 설정한 후 색상과 라벨을 섹터로 지정해주면 각 섹터별로 색상이 다른 산점도가 그려집니다.

❺ geom_text() 함수를 통해 앞에서 라벨로 지정한 섹터 정보들을 출력해줍니다.

❻ theme() 함수를 통해 다양한 테마를 지정합니다. legend.position 인자로 범례를 하단에 배치했으며, legend.title 인자로 범례의 제목을 삭제했습니다.

8.3.5 geom_bar(): 막대 그래프 나타내기

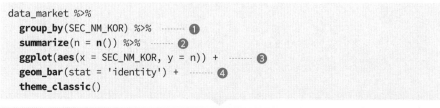

```
data_market %>%
  group_by(SEC_NM_KOR) %>%  ┄┄┄┄ ❶
  summarize(n = n()) %>%  ┄┄┄┄ ❷
  ggplot(aes(x = SEC_NM_KOR, y = n)) +  ┄┄┄┄ ❸
  geom_bar(stat = 'identity') +  ┄┄┄┄ ❹
  theme_classic()
```

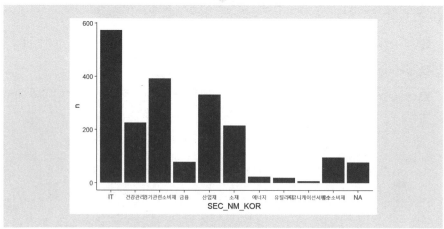

geom_bar()는 막대 그래프를 그려주는 함수입니다.

❶ group_by()를 통해 섹터별 그룹을 묶어줍니다.

❷ summarize() 함수 내부에 n()을 통해 각 그룹별 데이터 개수를 구합니다.

❸ ggplot() 함수에서 x축에는 SEC_NM_KOR, y축에는 n을 지정해줍니다.

❹ geom_bar()를 통해 막대 그래프를 그려줍니다. y축에 해당하는 n 데이터를 그대로 사용하기 위해서는 stat 인자를 identity로 지정해주어야 합니다. theme_*() 함수를 통해 배경 테마를 바꿀 수도 있습니다.

한편 위 그래프는 데이터 개수에 따라 순서대로 막대가 정렬되지 않아 보기에 좋은 형태는 아닙니다. 이를 반영해 더욱 보기 좋은 그래프로 나타내보겠습니다.

```r
data_market %>%
  filter(!is.na(SEC_NM_KOR)) %>%   ········· ❶
  group_by(SEC_NM_KOR) %>%
  summarize(n = n()) %>%
  ggplot(aes(x = reorder(SEC_NM_KOR, n), y = n, label = n)) +   ········· ❷
  geom_bar(stat = 'identity') +   ········· ❸
  geom_text(color = 'black', size = 4, hjust = -0.3) +
  xlab(NULL) +   ········· ❹
  ylab(NULL) +
  coord_flip() +   ········· ❺
  scale_y_continuous(expand = c(0, 0, 0.1, 0)) +   ········· ❻
  theme_classic()   ········· ❼
```

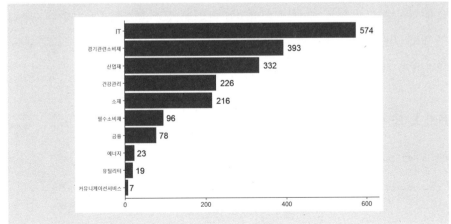

❶ filter() 함수를 통해 NA 종목은 삭제해준 후 섹터별 종목 개수를 구해줍니다.

❷ ggplot()의 x축에 reorder() 함수를 적용해 SEC_NM_KOR 변수를 n 순서대로 정렬해줍니다.

❸ geom_bar()를 통해 막대 그래프를 그려준 후 geom_text()를 통해 라벨에 해당하는 종목 개수를 출력합니다.

❹ xlab()과 ylab()에 NULL을 입력해 라벨을 삭제합니다.

❺ coord_flip() 함수를 통해 x축과 y축을 뒤집어줍니다.

❻ scale_y_continuous() 함수를 통해 그림의 간격을 약간 넓혀줍니다.

❼ theme_classic()으로 테마를 변경해줍니다.

결과를 보면 종목수가 많은 섹터부터 순서대로 정렬되어 보기도 쉬우며, 종목수도 텍스트로 표현되어 한눈에 확인할 수 있습니다.

이처럼 데이터 시각화를 통해 정보의 분포나 특성을 한눈에 확인할 수 있으며, ggplot()을 이용하면 복잡한 형태의 그림도 매우 간단하고 아름답게 표현할 수 있습니다.

8.4 주가 및 수익률 시각화

주가 혹은 수익률을 그리는 것 역시 매우 중요합니다. R의 기본 함수로도 주가나 수익률을 나타낼 수 있지만, 패키지를 사용하면 더욱 보기 좋은 그래프를 그릴 수 있습니다. 또한 최근에 나온 여러 패키지들을 이용하면 매우 손쉽게 인터랙티브 그래프를 구현할 수도 있습니다.

8.4.1 주가 그래프 나타내기

```
library(quantmod)

getSymbols('SPY')
prices = Cl(SPY)
```

getSymbols() 함수를 이용해 미국 S&P 500 지수를 추종하는 ETF인 SPY의 데이터를 다운로드한 후 Cl() 함수를 이용해 종가에 해당하는 데이터만 추출합니다. 이제 해당 가격 및 수익률을 바탕으로 그래프를 그려보겠습니다.

```
plot(prices, main = 'Price')
```

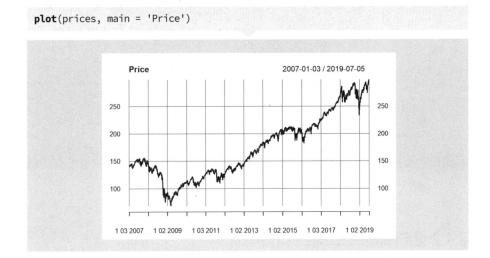

getSymbols() 함수는 데이터를 xts 형식으로 다운로드합니다. R에서는 데이터가 xts 형식일 경우 기본 함수인 plot()으로 그래프를 그려도 x축에 시간을 나타내고 오른쪽 상단에 기간을 표시합니다. 그러나 완벽히 깔끔한 형태의 그래프라고 보기에 어려운 면이 있습니다.

```
library(ggplot2)

SPY %>%
  ggplot(aes(x = Index, y = SPY.Close)) +
  geom_line()
```

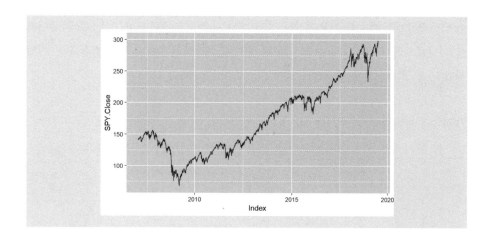

ggplot()을 이용하면 기본 plot()보다 한결 깔끔해지며, 패키지 내의 다양한 함수를 이용해 그래프를 꾸밀 수도 있습니다.

8.4.2 인터랙티브 그래프 나타내기

```r
library(dygraphs)

dygraph(prices) %>%
  dyRangeSelector()
```

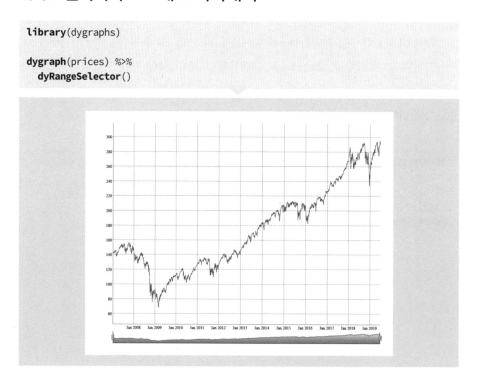

dygraphs 패키지의 dygraph() 함수를 이용하면 사용자의 움직임에 따라 반응하는 그래프를 그릴 수 있습니다. 해당 패키지는 JavaScript를 이용해 인터랙티브한 그래프를 구현합니다. 그래프 위에 마우스 커서를 올리면 날짜 및 가격이 표시되기도 하며, 하단의 셀렉터를 이용해 원하는 기간의 수익률을 선택할 수도 있습니다.

highcharter 패키지의 highchart() 함수 역시 이와 비슷하게 인터랙티브 그래프를 생성해줍니다. 왼쪽 상단의 기간을 클릭하면 해당 기간의 수익률만 확인할 수 있으며, 오른쪽 상단에 기간을 직접 입력할 수도 있습니다.

```
library(plotly)
```

```
p = SPY %>%
  ggplot(aes(x = Index, y = SPY.Close)) +
  geom_line()

ggplotly(p)
```

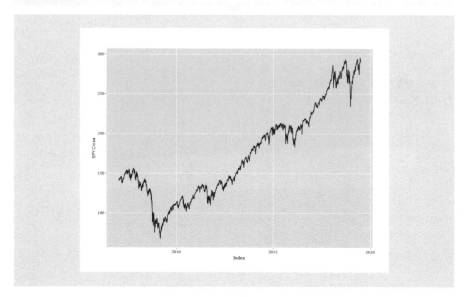

plotly 패키지는 R뿐만 아니라 Python, MATLAB, Julia 등 여러 프로그래밍 언어에 사용될 수 있는 그래픽 패키지로서 최근에 많은 사랑을 받고 있습니다. R에서는 단순히 ggplot()을 이용해 나타낸 그림에 ggplotly() 함수를 추가하는 것만으로 인터랙티브한 그래프를 만들어줍니다.

또한 해당 패키지는 최근 샤이니에서도 많이 사용되고 있습니다. 따라서 샤이니를 이용한 웹페이지 제작을 생각하고 있는 분이라면, 원래의 함수 실행 방법도 알아두는 것이 좋습니다.

```
prices %>%
  fortify.zoo %>%
  plot_ly(x= ~Index, y = ~SPY.Close ) %>%
  add_lines()
```

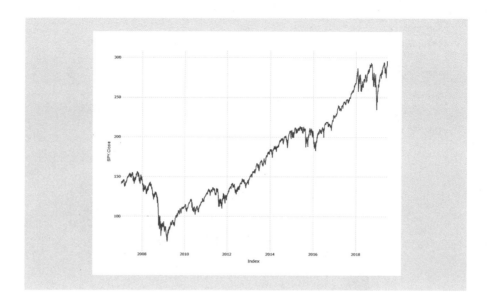

plot_ly() 함수 내부에 x축과 y축을 설정해주며, 변수명 앞에 물결표(~)를 붙여줍니다. 그 후 add_lines() 함수를 추가하면 선 그래프를 표시해줍니다. ggplot() 함수는 플러스 기호(+)를 통해 각 레이어를 연결해주었지만, plot_ly() 함수는 파이프 오퍼레이터(%>%)를 통해 연결할 수 있다는 장점이 있습니다.

8.4.3 연도별 수익률 나타내기

주가 그래프 외에 연도별 수익률을 그리는 것도 중요합니다. ggplot()을 통해 연도별 수익률을 막대 그래프로 나타내는 방법을 살펴보겠습니다.

```
library(PerformanceAnalytics)

ret_yearly = prices %>%
  Return.calculate() %>%
  apply.yearly(., Return.cumulative) %>%   ──────── ❶
  round(4) %>%
  fortify.zoo() %>%   ──────── ❷
  mutate(Index = as.numeric(substring(Index, 1, 4)))   ──────── ❸

ggplot(ret_yearly, aes(x = Index, y = SPY.Close)) +   ──────── ❹
```

```
geom_bar(stat = 'identity') +        ⑤
scale_x_continuous(breaks = ret_yearly$Index,      ⑥
                    expand = c(0.01, 0.01)) +
geom_text(aes(label = paste(round(SPY.Close * 100, 2), "%"),      ⑦
              vjust = ifelse(SPY.Close >= 0, -0.5, 1.5)),
          position = position_dodge(width = 1),
          size = 3) +
xlab(NULL) + ylab(NULL)
```

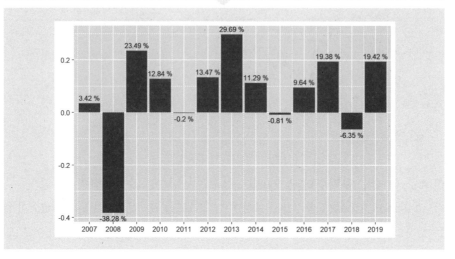

❶ apply.yearly() 함수를 이용해 연도별 수익률을 계산한 뒤 반올림합니다.

❷ fortify.zoo() 함수를 통해 인덱스에 있는 시간 데이터를 Index 열로 이동합니다.

❸ mutate() 함수 내에 substring() 함수를 통해 Index의 1번째부터 4번째 글자, 즉 연도에 해당하는 부분을 뽑아낸 후 숫자 형태로 저장합니다.

❹ ggplot() 함수를 이용해 x축에는 연도가 저장된 Index, y축에는 수익률이 저장된 SPY.Close를 입력합니다.

❺ geom_bar() 함수를 통해 막대 그래프를 그려줍니다.

❻ scale_x_continuous() 함수를 통해 x축에 모든 연도가 출력되도록 합니다.

❼ geom_text()를 통해 막대 그래프에 연도별 수익률이 표시되도록 합니다.

vjust() 내에 ifelse() 함수를 사용해 수익률이 0보다 크면 위쪽에 표시하고, 0보다 작으면 아래쪽에 표시되도록 합니다.

해당 과정을 거치면 막대 그래프와 텍스트를 통해 연도별 수익률을 한눈에 확인할 수 있게 됩니다.

9

퀀트 전략을 이용한 종목 선정 기본

투자에 필요한 주가, 재무제표, 가치지표 데이터가 준비되었다면 퀀트 전략을 활용해 투자하고자 하는 종목을 선정해야 합니다. 퀀트 투자는 크게 포트폴리오 운용 전략과 트레이딩 전략으로 나눌 수 있습니다. 포트폴리오 운용 전략은 과거 주식 시장을 분석해 좋은 주식의 기준을 찾아낸 후 해당 기준에 만족하는 종목을 매수하거나, 이와 반대에 있는 나쁜 주식을 공매도하기도 합니다. 투자의 속도가 느리며, 다수의 종목을 하나의 포트폴리오로 구성해 운용하는 특징이 있습니다. 반면 트레이딩 전략은 단기간에 발생되는 주식의 움직임을 연구한 후 예측해 매수 혹은 매도하는 전략입니다. 투자의 속도가 빠르며 소수의 종목을 대상으로 합니다.

표 9-1 **퀀트 투자 종류의 비교**

기준	포트폴리오 운용 전략	트레이딩 전략
투자철학	규칙에 기반한 투자	규칙에 기반한 투자
투자목적	좋은 주식을 매수	좋은 시점을 매수
학문적 기반	경제학, 통계학 등	통계학, 공학, 정보처리 등
투자의 속도	느림	빠름

이 중 이 책에서는 포트폴리오에 기반한 운용 전략에 대해 다룹니다. 주식의 수익률에 영향을 미치는 요소를 팩터(Factor)라고 합니다. 즉 팩터의 강도가 양인 종목들로 구성한 포트폴리오는 향후 수익률이 높을 것으로 예상되며, 팩터의 강도가 음인 종목들로 구성한 포트폴리오는 반대로 향후 수익률이 낮을 것으로 예상됩니다.

팩터에 대한 연구는 학자들에 의해 오랫동안 진행되어 왔지만, 일반 투자자들이 이러한 논문을 모두 찾아보고 연구하기는 사실상 불가능에 가깝습니다. 그러나 최근에는 스마트 베타라는 이름으로 팩터 투자가 대중화되고 있습니다. 최근 유행하고 있는 스마트 베타 ETF는 팩터를 기준으로 포트폴리오를 구성한 상품으로서, 학계나 실무에서 검증된 팩터 전략을 기반으로 합니다.

해당 상품들의 웹사이트나 투자설명서에는 종목 선정 기준에 대해 자세히 나와 있으므로 스마트 베타 ETF에 나와 있는 투자 전략을 자세히 분석하는 것만으로도 훌륭한 퀀트 투자 전략을 만들 수 있습니다.

- **산출기관:** FnGuide
- **지수개요:** 유가증권시장에 상장된 시가총액 상위 300위 이내 종목 중, 아래 밸류 팩터 및 퀄리티 팩터 총 8종류의 개별 값을 더하여 산출한 값을 기준으로 상위 50종목으로 지수 구성
- **밸류 팩터:** 순자산시가총액, 매출액/시가총액, 현금흐름/시가총액, 배당금/시가총액
- **퀄리티 팩터:** 자기자본영업이익률 변동성, 베타, 레버리지 비율, 매출총이익/자산총액
- **산출방식:** 동일가중방식

- **정기변경:** 연 2회(6월 12일)
- **기준일 및 기준지수:** 2001년 1월 2일 기준 1,000 Point

그림 9-1 스마트 베타 ETF 전략 예시

이 CHAPTER에서는 투자에 많이 활용되는 기본적인 팩터에 대해 알아보고, 우리가 구한 데이터를 바탕으로 각 팩터별 투자 종목을 선택하는 방법을 알아보겠습니다.

9.1 베타 이해하기

투자자들이라면 누구나 한 번은 베타(Beta)라는 용어를 들어봤을 것입니다. 기본적으로 주식시장의 움직임은 개별 주식의 수익률에 가장 크게 영향을 주는 요소일 수밖에 없습니다. 아무리 좋은 주식도 주식시장이 폭락한다면 같이 떨어지며, 아무리 나쁜 주식도 주식시장이 상승한다면 대부분 같이 오르기 마련입니다.

개별 주식이 전체 주식시장의 변동에 반응하는 정도를 나타낸 값이 베타입니다. 베타가 1이라는 뜻은 주식시장과 움직임이 정확히 같다는 뜻으로서 시장 그 자체를 나타냅니다. 베타가 1.5라는 뜻은 주식시장이 수익률이 +1%일 때 개별 주식의 수익률은 +1.5% 움직이며, 반대로 주식시장의 수익률이 -1%일 때 개별 주식의 수익률은 -1.5% 움직인다는 뜻입니다. 반면 베타가 0.5라면 주식시장 수익률의 절반 정도만 움직이게 됩니다.

표 9-2 베타에 따른 개별 주식의 수익률 움직임

베타	주식시장이 +1% 일 경우	주식시장이 -1% 일 경우
0.5	+0.5%	-0.5%
1.0	+1.0%	-1.0%
1.5	+1.5%	-1.5%

이처럼 베타가 큰 주식은 주식시장보다 수익률의 움직임이 크며, 반대로 베타가 낮은 주식은 주식시장보다 수익률의 움직임이 작습니다. 따라서 일반적으로 상승장이 기대될 때는 베타가 큰 주식에, 하락장이 기대될 때는 베타가 낮은 주식에 투자하는 것이 좋습니다.

주식시장에서 베타는 통계학의 회귀분석모형에서 기울기를 나타내는 베타와 정확히 의미가 같습니다. 회귀분석모형은 $y = a + bx$ 형태로 나타나며, 회귀계수인 b는 x의 변화에 따른 y의 변화의 기울기입니다. 이를 주식에 적용한 모형이 자산가격결정모형(CAPM: Capital Asset Pricing Model)이며, 그 식은 다음과 같습니다.

$$\text{회귀분석모형: } y = a + bx$$

$$\text{자산가격결정모형: } R_i = R_f + \beta_i \times [R_m - R_f]$$

먼저 회귀분석모형의 상수항인 a에 해당하는 부분은 무위험 수익률을 나타내는 R_f입니다. 독립변수인 x에 해당하는 부분은 무위험 수익률 대비 주식 시장의 초과 수익률을 나타내는 시장위험 프리미엄인 $R_m - R_f$입니다. 종속변수인 y에 해당하는 부분은 개별 주식의 수익률을 나타내는 R_i이며, 최종적으로 회귀계수인 b에 해당하는 부분은 개별 주식의 베타입니다.

표 9-3 **회귀분석모형과 자산가격결정모형의 비교**

구분	회귀분석모형	자산가격결정모형
상수항	a	R_f (무위험 수익률)
독립변수	x	$R_m - R_f$ (시장위험 프리미엄)
종속변수	y	R_i (개별 주식의 수익률)
회귀계수	b	β_i (개별 주식의 베타)

통계학에서 회귀계수는 $\beta = \frac{cov(x,y)}{\sigma_x^2}$ 형태로 구할 수 있으며, x와 y에 각각 시장수익률과 개별 주식의 수익률을 대입하면 개별 주식의 베타는 $\beta_i = \rho(i, m) \times \frac{\sigma_i}{\sigma_m}$ 형태로 구할 수 있습니다. 그러나 이러한 수식을 모르더라도 R에서는 간단히 베타를 구할수 있습니다.

9.1.1 베타 계산하기

베타를 구하는 방법을 알아보기 위해 주식시장에 대한 대용치로 KOSPI 200 ETF, 개별 주식으로는 전통적 고베타주인 증권주를 이용하겠습니다.

```r
library(quantmod)
library(PerformanceAnalytics)
library(magrittr)

symbols = c('102110.KS', '039490.KS')   ········ ❶
getSymbols(symbols)   ········ ❷
```

```
## [1] "102110.KS" "039490.KS"
```

```r
prices = do.call(cbind,
                 lapply(symbols, function(x)Cl(get(x))))   ········ ❸

ret = Return.calculate(prices)   ········ ❹
ret = ret['2016-01::2018-12']   ········ ❺
```

❶ KOSPI 200 ETF인 TIGER 200(102110.KS), 증권주인 키움증권(039490.KS)의 티커를 입력합니다.

❷ getSymbols() 함수를 이용해 해당 티커의 데이터를 다운로드합니다.

❸ lapply() 함수 내에 Cl()과 get() 함수를 사용해 종가에 해당하는 데이터만추출하며, 리스트 형태의 데이터를 열의 형태로 묶어주기 위해 do.call() 함수와 cbind() 함수를 사용합니다.

❹ Return.calculate() 함수를 통해 수익률을 계산합니다.

❺ xts 형식의 데이터는 대괄호 속에 ['시작일자::종료일자']와 같은 형태로, 원하는 날짜를 편리하게 선택할 수 있으며, 위에서는 2016년 1월부터 2018년 12월까지 데이터를 선택합니다.

```
rm = ret[, 1]    ········ ❶
ri = ret[, 2]

reg = lm(ri ~ rm)    ········ ❷
summary(reg)    ········ ❸
```

```
##
## Call:
## lm(formula = ri ~ rm)
##
## Residuals:
##      Min       1Q   Median       3Q      Max
## -0.06890 -0.01295 -0.00172  0.01082  0.09542
##
## Coefficients:
##              Estimate Std. Error t value Pr(>|t|)
## (Intercept) 0.000373   0.000723    0.52     0.61
## rm          1.761433   0.090739   19.41   <2e-16 ***
## ---
## Signif. codes:  0 '***' 0.001 '**' 0.01 '*' 0.05 '.' 0.1 ' ' 1
##
## Residual standard error: 0.0195 on 727 degrees of freedom
##   (2 observations deleted due to missingness)
## Multiple R-squared:  0.341,  Adjusted R-squared:  0.34
## F-statistic:  377 on 1 and 727 DF,  p-value: <2e-16
```

증권주를 대상으로 베타를 구하기 위한 회귀분석을 실시합니다. 자산가격결정모형의 수식인 $R_i = R_f + \beta_i \times [R_m - R_f]$에서 편의를 위해 무위험 수익률인 R_f를 0으로 가정하면, $R_i = \beta_i \times R_m$ 형태로 나타낼 수 있습니다. 이 중 R_m은 독립변수인 주식시장의 수익률을 의미하고, R_i는 종속변수인 개별 주식의 수익률을 의미합니다.

❶ 독립변수는 첫 번째 열인 KOSPI 200 ETF의 수익률을 선택하며, 종속변수는 두 번째 열인 증권주의 수익률을 선택합니다.

❷ lm() 함수를 통해 손쉽게 선형회귀분석을 실시할 수 있으며, 회귀분석의 결과를 reg 변수에 저장합니다.

❸ summary() 함수는 데이터의 요약 정보를 나타내며, 해당 예시에서는 회귀분석 결과에 대한 정보를 보여줍니다.

회귀분석의 결과 중 가장 중요한 부분은 계수를 나타내는 Coefficients입니다. Intercept는 회귀분석의 상수항에 해당하는 부분으로서, 값이 거의 0에 가깝고 t 값 또한 매우 작아 유의하지 않음이 보입니다. 우리가 원하는 베타에 해당하는 부분은 x의 Estimate로서, 베타값이 1.76으로 증권주의 특성인 고베타주임이 확인되며, t 값 또한 19.41로 매우 유의한 결과입니다. 조정된 결정계수(Adjusted R-squared)는 0.34를 보입니다.

9.1.2 베타 시각화

이제 구해진 베타를 그림으로 표현해보겠습니다.

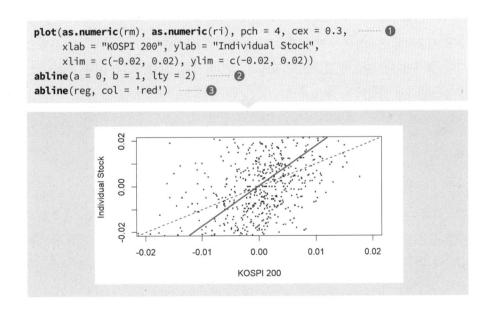

```
plot(as.numeric(rm), as.numeric(ri), pch = 4, cex = 0.3,  ········ ❶
     xlab = "KOSPI 200", ylab = "Individual Stock",
     xlim = c(-0.02, 0.02), ylim = c(-0.02, 0.02))
abline(a = 0, b = 1, lty = 2)  ········ ❷
abline(reg, col = 'red')  ········ ❸
```

❶ plot() 함수를 통해 그림을 그려주며, x축과 y축에 주식시장 수익률과 개별 주식 수익률을 입력합니다. pch는 점들의 모양을, cex는 점들의 크기를 나타내며, xlab과 ylab은 각각 x축과 y축에 들어갈 문구를 나타냅니다. xlim과 ylim은 x축과 y축의 최소 및 최대 범위를 지정해줍니다.

❷ 첫 번째 abline()에서 a는 상수, b는 직선의 기울기, lty는 선의 유형을 나타냅니다. 이를 통해 기울기, 즉 베타가 1일 경우의 선을 점선으로 표현합니다.

❸ 두 번째 abline()에 회귀분석 결과를 입력해주면 자동적으로 회귀식을 그려줍니다.

검은색의 점선이 기울기가 1인 경우이며, 주황색의 직선이 증권주의 회귀분석결과를 나타냅니다. 기울기가 1보다 훨씬 가파름이 확인되며, 즉 베타가 1보다 크다는 사실을 알 수 있습니다.

9.2 저변동성 전략

금융 시장에서 변동성은 수익률이 움직이는 정도로서, 일반적으로 표준편차가 사용됩니다. 표준편차는 자료가 평균을 중심으로 얼마나 퍼져 있는지를 나타내는 수치로서, 수식은 다음과 같습니다.

$$\sigma = \sqrt{\frac{\sum_{i=1}^{n}(x_i - \bar{x})^2}{n-1}}$$

관측값의 개수가 적을 경우에는 수식에 대입해 계산하는 것이 가능하지만, 관측값이 수백 혹은 수천 개로 늘어날 경우 컴퓨터를 이용하지 않고 계산하기는 사실상 불가능합니다. R에서는 복잡한 계산 과정 없이 sd() 함수를 이용해 간단하게 표준편차를 계산할 수 있습니다.

```
example = c(85, 76, 73, 80, 72)
sd(example)
```

```
## [1] 5.357
```

개별 주식의 표준편차를 측정할 때는 주식의 가격이 아닌 수익률로 계산해야 합니다. 수익률의 표준편차가 크면 수익률이 위아래로 많이 움직여 위험한 종목으로 여겨집니다. 반면 표준편차가 작으면 수익률의 움직임이 적어 상대적으로 안전한 종목으로 여겨집니다.

전통적 금융 이론에서는 수익률의 변동성이 클수록 위험이 크고, 이런 위험에 대한 보상으로 기대수익률이 높아야 한다고 보았습니다. 따라서 고변동성 종목의 기대수익률이 크고, 저변동성 종목의 기대수익률이 낮은 고위험 고수익이 당연한 믿음이었습니다. 그러나 현실에서는 오히려 변동성이 낮은 종목들의 수익률이 변동성이 높은 종목들의 수익률보다 높은, 저변동성 효과가 발견되고 있습니다. 이러한 저변동성 효과가 발생하는 원인으로는 여러 가설이 있습니다.

1. 투자자들은 대체로 자신의 능력을 과신하는 경향이 있으며, 복권과 같이 큰 수익을 가져다 주는 고변동성 주식을 선호하는 경향이 있습니다. 이러한 결과로 고변동성 주식은 과대 평가되어 수익률이 낮은 반면, 과소 평가된 저변동성 주식들은 높은 수익률을 보이게 됩니다.

2. 대부분 기관투자가들이 레버리지 투자가 되지 않는 상황에서, 벤치마크 대비 높은 성과를 얻기 위해 고변동성 주식에 투자하는 경향이 있으며, 이 또한 고변동성 주식이 과대 평가되는 결과로 이어집니다.

3. 시장의 상승과 하락이 반복됨에 따라 고변동성 주식이 변동성 손실(Volatility Drag)로 인해 수익률이 하락하게 되는 이유도 있습니다.

주식의 위험은 변동성뿐만 아니라 베타 등 여러 지표로도 측정할 수 있습니다. 저변동성 효과와 비슷하게 고유변동성이 낮은 주식의 수익률이 높은 저고유변동성 효과, 베타가 낮은 주식의 수익률이 오히려 높은 저베타 효과도 발견되고 있으며, 이러한 효과들을 합쳐 저위험 효과라고 부르기도 합니다.

9.2.1 저변동성 포트폴리오 구하기: 일간 기준

먼저 최근 1년 일간 수익률 기준 변동성이 낮은 30종목을 선택하겠습니다.

```r
library(stringr)
library(xts)
library(PerformanceAnalytics)
library(magrittr)
library(ggplot2)
library(dplyr)

KOR_price = read.csv('data/KOR_price.csv', row.names = 1,    ......❶
                     stringsAsFactors = FALSE) %>% as.xts()
KOR_ticker = read.csv('data/KOR_ticker.csv', row.names = 1,
                      stringsAsFactors = FALSE)
KOR_ticker$'종목코드' =
  str_pad(KOR_ticker$'종목코드', 6, 'left', 0)

ret = Return.calculate(KOR_price)    ......❷
std_12m_daily = xts::last(ret, 252) %>% apply(., 2, sd) %>%    ......❸❹
  multiply_by(sqrt(252))
```

❶ 저장해둔 가격 정보와 티커 정보를 불러옵니다. 가격 정보는 as.xts() 함수를 통해 xts 형태로 변경합니다.

❷ Return.calculate() 함수를 통해 수익률을 구합니다.

❸ last() 함수는 마지막 n개 데이터를 선택해주는 함수이며, 1년 영업일 기준인 252개 데이터를 선택합니다. dplyr 패키지의 last() 함수와 이름이 같으므로, xts::last() 형식을 통해 xts 패키지의 함수임을 정의해줍니다.

❹ apply() 함수를 통해 sd, 즉 변동성을 계산해주며, 연율화를 해주기 위해 multiply_by() 함수를 통해 $\sqrt{252}$를 곱해줍니다.

```
std_12m_daily %>%
  data.frame() %>%
  ggplot(aes(x = (`.`))) +
  geom_histogram(binwidth = 0.01) +
  annotate("rect", xmin = -0.02, xmax = 0.02,
           ymin = 0,
           ymax = sum(std_12m_daily == 0, na.rm = TRUE) * 1.1,
           alpha=0.3, fill="red") +
  xlab(NULL)

std_12m_daily[std_12m_daily == 0] = NA
```

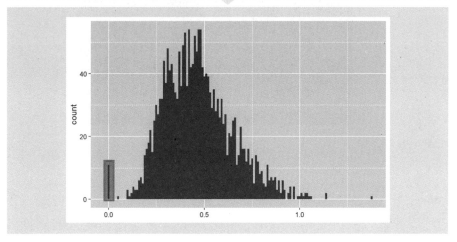

변동성을 히스토그램으로 나타내보면, 0에 위치하는 종목들이 다수 있습니다. 해당
종목들은 최근 1년간 거래정지로 인해 가격이 변하지 않았고, 이로 인해 변동성이 없
는 종목들입니다. 해당 종목들은 NA로 처리해줍니다.

```
std_12m_daily[rank(std_12m_daily) <= 30]
```

```
## X030200 X001720 X015350 X017390 X034950 X015360 X092230 X018120 X092130
## 0.15627 0.14199 0.12591 0.16792 0.14813 0.11614 0.12852 0.10121 0.14265
## X001270 X117580 X006220 X003460 X003650 X007330 X034590 X040420 X023000
## 0.15961 0.11326 0.15551 0.10164 0.17117 0.14762 0.05139 0.12132 0.15994
## X000650 X003080 X107590 X004450 X001750 X006660 X014440 X066670 X115310
## 0.15922 0.13433 0.17215 0.14424 0.13215 0.17100 0.16803 0.15343 0.15709
## X049430 X025530 X066790
## 0.17370 0.17350 0.09720
```

```
std_12m_daily[rank(std_12m_daily) <= 30] %>%
  data.frame() %>%
  ggplot(aes(x = rep(1:30), y = `.`)) +
  geom_col() +
  xlab(NULL)
```

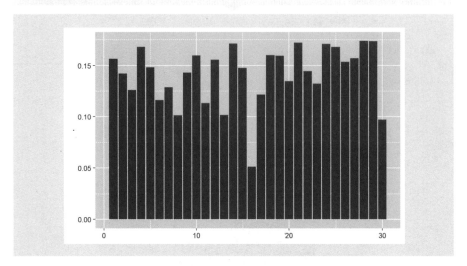

rank() 함수를 통해 순위를 구할 수 있으며, R은 기본적으로 오름차순 즉 가장 낮은
값의 순위가 1이 됩니다. 따라서 변동성이 낮을수록 높은 순위가 되며, 30위 이하의
순위를 선택하면 변동성이 낮은 30종목이 선택됩니다. 또한 ggplot() 함수를 이용해
해당 종목들의 변동성을 확인해볼 수도 있습니다.

이번에는 해당 종목들의 티커 및 종목명을 확인하겠습니다.

```
invest_lowvol = rank(std_12m_daily) <= 30
KOR_ticker[invest_lowvol, ] %>%
  select(`종목코드`, `종목명`) %>%
  mutate(`변동성` = round(std_12m_daily[invest_lowvol], 4))
```

```
##     종목코드        종목명 변동성
## 1   030200          KT 0.1563
## 2   001720      신영증권 0.1420
## 3   015350      부산가스 0.1259
## 4   017390      서울가스 0.1679
## 5   034950   한국기업평가 0.1481
```

```
## 6   015360        예스코홀딩스 0.1161
## 7   092230          KPX홀딩스 0.1285
## 8   018120           진로발효 0.1012
## 9   092130         이크레더블 0.1427
## 10  001270           부국증권 0.1596
## 11  117580         대성에너지 0.1133
## 12  006220           제주은행 0.1555
## 13  003460           유화증권 0.1016
## 14  003650           미창석유 0.1712
## 15  007330         푸른저축은행 0.1476
## 16  034590         인천도시가스 0.0514
## 17  040420       정상제이엘에스 0.1213
## 18  023000           삼원강재 0.1599
## 19  000650           천일고속 0.1592
## 20  003080           성보화학 0.1343
## 21  107590         미원홀딩스 0.1721
## 22  004450           삼화왕관 0.1442
## 23  001750           한양증권 0.1321
## 24  006660           삼성공조 0.1710
## 25  014440           영보화학 0.1680
## 26  066670         디스플레이텍 0.1534
## 27  115310           인포바인 0.1571
## 28  049430            코메론 0.1737
## 29  025530          SJM홀딩스 0.1735
## 30  066790         씨씨에스 0.0972
```

티커와 종목명, 연율화 변동성을 확인할 수 있습니다.

9.2.2 저변동성 포트폴리오 구하기: 주간 기준

이번에는 일간 변동성이 아닌 주간 변동성을 기준으로 저변동성 종목을 선택하겠습니다.

```
std_12m_weekly = xts::last(ret, 252) %>%
  apply.weekly(Return.cumulative) %>%
  apply(., 2, sd) %>% multiply_by(sqrt(52))

std_12m_weekly[std_12m_weekly == 0] = NA
```

먼저 최근 252일 수익률을 선택한 후 apply.weekly() 함수 내 Return.cumulative
를 입력해 주간 수익률을 계산하며, 연율화를 위해 연간 주수에 해당하는 $\sqrt{52}$를 곱해줍니다. 이 외에도 apply.monthly(), apply.yearly() 함수 등으로 일간 수익률을 월간, 연간 수익률 등으로 변환할 수 있습니다. 그 후 과정은 위와 동일합니다.

```
std_12m_weekly[rank(std_12m_weekly) <= 30]
```

```
## X316140 X030200 X001720 X019680 X002960 X015350 X017390 X034950 X015360
## 0.15526 0.14535 0.11912 0.14722 0.13555 0.12668 0.15443 0.13875 0.09979
## X092230 X018120 X092130 X312610 X001270 X117580 X038390 X003460 X003650
## 0.11673 0.07575 0.14683 0.05745 0.16038 0.12097 0.16150 0.08612 0.14894
## X007330 X034590 X019440 X040420 X004450 X001750 X004080 X066670 X115310
## 0.15059 0.03623 0.16329 0.11287 0.11352 0.12518 0.16374 0.14154 0.12913
## X049430 X002070 X066790
## 0.13032 0.14917 0.13632
```

```
invest_lowvol_weekly = rank(std_12m_weekly) <= 30
KOR_ticker[invest_lowvol_weekly, ] %>%
  select(`종목코드`, `종목명`) %>%
  mutate(`변동성` =
          round(std_12m_weekly[invest_lowvol_weekly], 4))
```

```
##    종목코드       종목명 변동성
## 1    316140   우리금융지주 0.1553
## 2    030200           KT 0.1454
## 3    001720       신영증권 0.1191
## 4    019680         대교 0.1472
## 5    002960     한국쉘석유 0.1356
## 6    015350       부산가스 0.1267
## 7    017390       서울가스 0.1544
## 8    034950   한국기업평가 0.1387
## 9    015360     예스코홀딩스 0.0998
## 10   092230     KPX홀딩스 0.1167
## 11   018120       진로발효 0.0757
## 12   092130     이크레더블 0.1468
## 13   312610 에이에프더블류 0.0575
## 14   001270       부국증권 0.1604
## 15   117580       대성에너지 0.1210
## 16   038390     레드캡투어 0.1615
## 17   003460       유화증권 0.0861
## 18   003650       미창석유 0.1489
## 19   007330   푸른저축은행 0.1506
## 20   034590   인천도시가스 0.0362
## 21   019440       세아특수강 0.1633
```

```
##  22  040420  정상제이엘에스  0.1129
##  23  004450      삼화왕관  0.1135
##  24  001750      한양증권  0.1252
##  25  004080          신흥  0.1637
##  26  066670    디스플레이텍  0.1415
##  27  115310      인포바인  0.1291
##  28  049430        코메론  0.1303
##  29  002070      남영비비안  0.1492
##  30  066790      씨씨에스  0.1363
```

주간 수익률의 변동성이 낮은 30종목을 선택해 종목코드, 종목명, 연율화 변동성을
확인합니다.

```
intersect(KOR_ticker[invest_lowvol, '종목명'],
          KOR_ticker[invest_lowvol_weekly, '종목명'])
```

```
##  [1]         "KT"     "신영증권"      "부산가스"       "서울가스"
##  [5]"한국기업평가" "예스코홀딩스"    "KPX홀딩스"      "진로발효"
##  [9]  "이크레더블"    "부국증권"      "대성에너지"      "유화증권"
## [13]    "미창석유" "푸른저축은행" "인천도시가스" "정상제이엘에스"
## [17]    "삼화왕관"    "한양증권" "디스플레이텍"      "인포바인"
## [21]      "코메론"    "씨씨에스"
```

intersect() 함수를 통해 일간 변동성 기준과 주간 변동성 기준 모두에 포함되는
종목을 찾을 수 있습니다.

9.3 모멘텀 전략

투자에서 모멘텀이란 주가 혹은 이익의 추세로서, 상승 추세의 주식은 지속적으로 상
승하며 하락 추세의 주식은 지속적으로 하락하는 현상을 말합니다. 모멘텀 현상이 발
생하는 가장 큰 원인은 투자자들의 스스로에 대한 과잉 신뢰 때문입니다. 사람들은 자
신의 판단을 지지하는 정보에 대해서는 과잉 반응하고, 자신의 판단을 부정하는 정보
에 대해서는 과소 반응하는 경향이 있습니다. 이러한 투자자들의 비합리성으로 인해
모멘텀 현상이 생겨나게 됩니다.

모멘텀의 종류는 크게 기업의 이익에 대한 추세를 나타내는 이익 모멘텀과, 주가의 모멘텀에 대한 가격 모멘텀이 있습니다. 또한 가격 모멘텀도 1주일 혹은 1개월 이하를 의미하는 단기 모멘텀, 3개월에서 12개월을 의미하는 중기 모멘텀, 3년에서 5년을 의미하는 장기 모멘텀이 있으며, 이 중에서도 3개월에서 12개월 가격 모멘텀을 흔히 모멘텀이라고 합니다.

9.3.1 모멘텀 포트폴리오 구하기: 12개월 모멘텀

먼저 최근 1년 동안의 수익률이 높은 30종목을 선택하겠습니다.

```r
library(stringr)
library(xts)
library(PerformanceAnalytics)
library(magrittr)
library(dplyr)

KOR_price = read.csv('data/KOR_price.csv', row.names = 1,
                     stringsAsFactors = FALSE) %>% as.xts()
KOR_ticker = read.csv('data/KOR_ticker.csv', row.names = 1,
                      stringsAsFactors = FALSE)
KOR_ticker$'종목코드' =
  str_pad(KOR_ticker$'종목코드', 6, 'left', 0)

ret = Return.calculate(KOR_price) %>% xts::last(252)  ········ ①
ret_12m = ret %>% sapply(., function(x) {  ········ ②
  prod(1+x) - 1
  })
```

① 가격 정보와 티커 정보를 불러온 후 Return.calculate() 함수를 통해 수익률을 계산합니다. 그 후 최근 252일 수익률을 선택합니다.

② sapply() 함수 내부에 prod() 함수를 이용해 각 종목의 누적수익률을 계산해 줍니다.

```r
ret_12m[rank(-ret_12m) <= 30]
```

```
## X032500 X214150 X078070 X048410 X230360 X239610 X061970 X078130 X097520
##   2.362   2.110   6.434   2.228   1.835   2.031   1.836   2.004   1.439
```

```
## X047310 X138080 X008350 X179900 X214870 X143160 X176440 X263920 X009460
##   1.524   4.521   1.836   1.651   2.827   2.130   2.853   2.336   1.822
## X263540 X190510 X037070 X215090 X001140 X023770 X024060 X100030 X051160
##   1.461   1.504   1.458   1.420   2.816   3.609   1.449   2.141   3.089
## X139670 X090740 X051630
##   2.930   1.437   1.775
```

rank() 함수를 통해 순위를 구합니다. 모멘텀의 경우 높을수록 좋은 내림차순으로
순위를 계산해야 하므로 수익률 앞에 마이너스(-)를 붙여줍니다. 12개월 누적수익률이
높은 종목들이 선택됨이 확인됩니다.

```
invest_mom = rank(-ret_12m) <= 30
KOR_ticker[invest_mom, ] %>%
  select(`종목코드`, `종목명`) %>%
  mutate(`수익률` = round(ret_12m[invest_mom], 4))
```

```
##      종목코드        종목명     수익률
## 1    032500        케이엠더블유    2.362
## 2    214150          클래시스      2.110
## 3    078070      유비쿼스홀딩스    6.434
## 4    048410        현대바이오      2.228
## 5    230360        에코마케팅      1.835
## 6    239610    에이치엘사이언스   2.031
## 7    061970        엘비세미콘      1.836
## 8    078130        국일제지        2.004
## 9    097520          엠씨넥스      1.439
## 10   047310        파워로직스      1.524
## 11   138080        오이솔루션      4.521
## 12   008350        남선알미늄      1.836
## 13   179900          유티아이      1.651
## 14   214870          뉴지랩        2.827
## 15   143160          아이디스      2.130
## 16   176440        에이치엔티      2.853
## 17   263920      블러썸엠앤씨      2.336
## 18   009460        한창제지        1.822
## 19   263540            샘코        1.461
## 20   190510          나무가        1.504
## 21   037070          파세코        1.458
## 22   215090    리퓨어유니맥스     1.420
## 23   001140            국보        2.816
## 24   023770        플레이위드      3.609
## 25   024060        홍구석유        1.449
```

##	26	100030	모바일리더	2.141
##	27	051160	지어소프트	3.089
##	28	139670	키네마스터	2.930
##	29	090740	연이정보통신	1.437
##	30	051630	진양화학	1.775

티커와 종목명, 누적수익률을 확인할 수 있습니다.

9.3.2 모멘텀 포트폴리오 구하기: 위험조정 수익률

단순히 과거 수익률로만 모멘텀 종목을 선택하면 각종 테마나 이벤트에 따른 급등으로 인해 변동성이 지나치게 높은 종목이 있을 수도 있습니다. 누적수익률을 변동성으로 나누어 위험을 고려해줄 경우, 이러한 종목은 제외되며 상대적으로 안정적인 모멘텀 종목을 선택할 수 있습니다.

```r
ret = Return.calculate(KOR_price) %>% xts::last(252)   ········ ❶
ret_12m = ret %>% sapply(., function(x) {   ········ ❷
  prod(1+x) - 1
  })
std_12m = ret %>% apply(., 2, sd) %>% multiply_by(sqrt(252))   ········ ❸
sharpe_12m = ret_12m / std_12m   ········ ❹
```

❶ 최근 1년에 해당하는 수익률을 선택합니다.

❷ sapply()와 prod() 함수를 이용해 분자에 해당하는 누적수익률을 계산합니다.

❸ apply()와 multiply_by() 함수를 이용해 분모에 해당하는 연율화 변동성을 계산합니다.

❹ 수익률을 변동성으로 나누어 위험조정 수익률을 계산해줍니다.

이를 통해 수익률이 높으면서 변동성이 낮은 종목을 선정할 수 있습니다.

```r
invest_mom_sharpe = rank(-sharpe_12m) <= 30
KOR_ticker[invest_mom_sharpe, ] %>%
  select(`종목코드`, `종목명`) %>%
  mutate(`수익률` = round(ret_12m[invest_mom_sharpe], 2),
```

```
        `변동성` = round(std_12m[invest_mom_sharpe], 2),
        `위험조정 수익률` =
            round(sharpe_12m[invest_mom_sharpe], 2)) %>%
    as_tibble() %>%
    print(n = Inf)
```

```
## # A tibble: 30 x 5
##    종목코드        종목명  수익률 변동성 `위험조정 수익률`
##    <chr>           <chr>    <dbl>  <dbl>           <dbl>
##  1 081660        휠라코리아    1.2   0.48            2.47
##  2 032500        케이엠더블유   2.36    0.6            3.94
##  3 091700          파트론     1.07   0.42            2.52
##  4 214150         클래시스     2.11   0.63            3.35
##  5 078070      유비쿼스홀딩스   6.43   0.68            9.53
##  6 048410        현대바이오    2.23   1.03            2.16
##  7 029960          코엔텍     1.12   0.49            2.31
##  8 230360        에코마케팅    1.83   0.64            2.85
##  9 239610 에이치엘사이언스     2.03   0.61            3.33
## 10 061970        엘비세미콘    1.84   0.87            2.11
## 11 078130         국일제지       2   0.91             2.2
## 12 097520         엠씨넥스     1.44   0.56            2.56
## 13 047310        파워로직스    1.52   0.61            2.49
## 14 138080        오이솔루션    4.52   0.63            7.19
## 15 008350        남선알미늄    1.84   0.77             2.4
## 16 123860          아나패스    1.06   0.47            2.25
## 17 214870           뉴지랩    2.83   0.66            4.29
## 18 143160          아이디스    2.13   0.85             2.5
## 19 176440        에이치엔티    2.85   0.84            3.38
## 20 263920        블러썸엠앤씨   2.34   0.84            2.79
## 21 009460         한창제지     1.82   0.78            2.33
## 22 190510           나무가      1.5   0.46            3.24
## 23 001140            국보     2.82   1.05            2.68
## 24 023770        플레이위드    3.61    0.8            4.51
## 25 100030        모바일리더    2.14   0.66            3.26
## 26 051160        지어소프트    3.09   0.85            3.63
## 27 139670        키네마스터    2.93   0.83            3.51
## 28 104460        동양피엔에프   1.09   0.43            2.52
## 29 051630         진양화학     1.77   0.83            2.13
## 30 050760        에스폴리텍    1.32  0.580            2.28
```

티커와 종목명, 누적수익률, 변동성, 위험조정 수익률을 확인할 수 있습니다.

```
intersect(KOR_ticker[invest_mom, '종목명'],
          KOR_ticker[invest_mom_sharpe, '종목명'])
```

```
##  [1]   "케이엠더블유"    "클래시스"      "유비쿼스홀딩스"
##  [4]   "현대바이오"      "에코마케팅"    "에이치엘사이언스"
##  [7]   "엘비세미콘"      "국일제지"      "엠씨넥스"
## [10]   "파워로직스"      "오이솔루션"    "남선알미늄"
## [13]   "뉴지랩"          "아이디스"      "에이치엔티"
## [16]   "블러썸엠앤씨"    "한창제지"      "나무가"
## [19]   "국보"            "플레이위드"    "모바일리더"
## [22]   "지어소프트"      "키네마스터"    "진양화학"
```

intersect() 함수를 통해 단순 수익률 및 위험조정 수익률 기준 모두에 포함되는 종목을 찾을 수 있습니다. 다음은 위험조정 수익률 상위 30종목의 가격 그래프입니다.

```
library(xts)
library(tidyr)
library(ggplot2)

KOR_price[, invest_mom_sharpe] %>%
  fortify.zoo() %>%
  gather(ticker, price, -Index) %>%
  ggplot(aes(x = Index, y = price)) +
  geom_line() +
  facet_wrap(. ~ ticker, scales = 'free') +
  xlab(NULL) +
  ylab(NULL) +
  theme(axis.text.x=element_blank(),
        axis.text.y=element_blank())
```

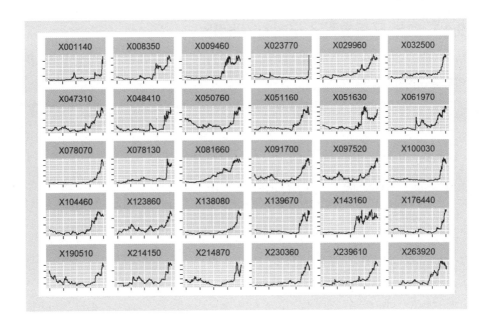

9.4 밸류 전략

가치주 효과란 내재 가치 대비 낮은 가격의 주식(저PER, 저PBR 등)이, 내재 가치 대비 비싼 주식보다 수익률이 높은 현상을 뜻합니다. 가치 효과가 발생하는 원인에 대한 이론은 다음과 같습니다.

1. 위험한 기업은 시장에서 상대적으로 낮은 가격에 거래되며, 이러한 위험을 감당하는 대가로 수익이 발생합니다.
2. 투자자들의 성장주에 대한 과잉 반응으로 인해 가치주는 시장에서 소외되며, 제자리를 찾아가는 과정에서 수익이 발생합니다.

기업의 가치를 나타내는 지표는 굉장히 많지만, 일반적으로 PER, PBR, PCR, PSR이 많이 사용됩니다.

9.4.1 밸류 포트폴리오 구하기: 저PBR

먼저 기업의 가치 여부를 판단할 때 가장 많이 사용되는 지표인 PBR을 이용한 포트폴리오를 구성하겠습니다.

```r
library(stringr)
library(ggplot2)
library(dplyr)

KOR_value = read.csv('data/KOR_value.csv', row.names = 1,
                     stringsAsFactors = FALSE)
KOR_ticker = read.csv('data/KOR_ticker.csv', row.names = 1,
                      stringsAsFactors = FALSE)
KOR_ticker$'종목코드' =
  str_pad(KOR_ticker$'종목코드', 6, 'left', 0)

invest_pbr = rank(KOR_value$PBR) <= 30
KOR_ticker[invest_pbr, ] %>%
  select(`종목코드`, `종목명`) %>%
  mutate(`PBR` = round(KOR_value[invest_pbr, 'PBR'], 4))
```

```
##     종목코드       종목명      PBR
## 1   088350       한화생명    0.2318
## 2   000880       한화        0.1212
## 3   034020       두산중공업   0.2028
## 4   006120       SK디스커버리  0.2315
## 5   058650       세아홀딩스    0.1228
## 6   032190       다우데이타    0.1375
## 7   005720       넥센         0.1834
## 8   003300       한일홀딩스    0.1856
## 9   001940       KISCO홀딩스  0.2044
## 10  002030       아세아       0.1773
## 11  036530       S&T홀딩스    0.1665
## 12  092230       KPX홀딩스    0.2199
## 13  003030       세아제강지주   0.1788
## 14  000140하이트진로홀딩스    0.2080
## 15  033160       엠케이전자    0.2107
## 16  035080  인터파크홀딩스    0.1895
## 17  009200       무림페이퍼    0.1951
## 18  007860       서연         0.1151
## 19  002300       한국제지      0.1950
## 20  005010       휴스틸        0.2328
## 21  040610       SG&G        0.1291
```

##	22	025530	SJM홀딩스	0.2030
##	23	031980	피에스케이홀딩스	0.1797
##	24	006200	한국전자홀딩스	0.1420
##	25	000950	전방	0.2298
##	26	037400	우리조명	0.1818
##	27	017680	데코앤이	0.0885
##	28	194510	파티게임즈	0.2083
##	29	192410	감마누	0.2165
##	30	149940	모다	0.0539

가치지표들을 저장한 데이터와 티커 데이터를 불러오며, rank()를 통해 PBR이 낮은 30종목을 선택합니다. 그 후 종목코드와 종목명, PBR을 확인합니다. 홀딩스 등 지주사가 그 특성상 저 PBR 포트폴리오에 많이 구성되어 있습니다.

9.4.2 각 지표 결합하기

저PBR 하나의 지표만으로도 우수한 성과를 거둘 수 있음은 오랜 기간 증명되고 있습니다. 그러나 저평가 주식이 계속해서 저평가에 머무르는 가치 함정에 빠지지 않으려면 여러 지표를 동시에 볼 필요도 있습니다.

```r
library(corrplot)

rank_value = KOR_value %>%
  mutate_all(list(~min_rank(.)))

cor(rank_value, use = 'complete.obs') %>%
  round(., 2) %>%
  corrplot(method = 'color', type = 'upper',
           addCoef.col = 'black', number.cex = 1,
           tl.cex = 0.6, tl.srt=45, tl.col = 'black',
           col = colorRampPalette(
             c('blue', 'white', 'red'))(200),
           mar=c(0,0,0.5,0))
```

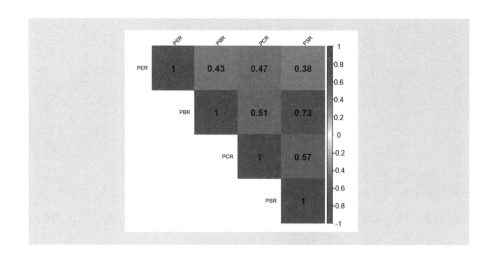

먼저 mutate_all() 함수를 이용해 모든 열에 함수를 적용해주며, min_rank()를 통해 순위를 구합니다.

각 열에 해당하는 가치지표별 랭킹을 구한 후 상관관계를 확인하며, NA 종목은 삭제해주기 위해 use = 'complete.obs'를 입력합니다.

corrplot 패키지의 corrplot() 함수를 이용해 상관관계를 그려보면, 같은 가치지표임에도 불구하고 서로 간의 상관관계가 꽤 낮은 지표도 있습니다. 따라서 지표를 통합적으로 고려하면 분산효과를 기대할 수도 있습니다.

```
rank_sum = rank_value %>%
  rowSums()

invest_value = rank(rank_sum) <= 30

KOR_ticker[invest_value, ] %>%
  select(`종목코드`, `종목명`) %>%
  cbind(round(KOR_value[invest_value, ], 2))
```

```
##        종목코드        종목명    PER   PBR   PCR   PSR
## 19     034730           SK    7.23  0.32  2.07  0.16
## 87     001040           CJ   10.57  0.23  1.89  0.10
## 106    000880           한화   4.38  0.12  0.75  0.04
## 159    042670   두산인프라코어   5.15  0.33  1.52  0.16
```

##	288	006840	AK홀딩스	5.42	0.39	1.83	0.16
##	394	017940	E1	5.08	0.30	2.15	0.09
##	417	058650	세아홀딩스	11.26	0.12	2.62	0.07
##	444	005720	넥센	5.55	0.18	2.55	0.25
##	471	015750	성우하이텍	13.37	0.25	1.20	0.09
##	485	003300	한일홀딩스	0.63	0.19	2.53	0.27
##	552	084690	대상홀딩스	11.40	0.24	1.88	0.08
##	588	002030	아세아	4.90	0.18	1.03	0.15
##	589	036530	S&T홀딩스	9.13	0.17	1.94	0.18
##	596	013580	계룡건설	2.73	0.55	2.34	0.11
##	616	003030	세아제강지주	0.76	0.18	1.90	0.14
##	745	033160	엠케이전자	7.07	0.21	3.52	0.25
##	748	005990	매일홀딩스	7.08	0.35	2.48	0.12
##	887	267290	경동도시가스	4.38	0.47	1.24	0.09
##	963	009200	무림페이퍼	3.75	0.20	1.52	0.12
##	984	016710	대성홀딩스	6.58	0.24	2.28	0.14
##	1004	005710	대원산업	4.44	0.45	1.89	0.18
##	1085	036000	예림당	7.48	0.31	3.39	0.15
##	1204	003480	한진중공업홀딩스	11.02	0.27	1.73	0.10
##	1262	005010	휴스틸	5.49	0.23	0.83	0.16
##	1332	002200	수출포장	4.91	0.37	2.02	0.30
##	1402	037350	성도이엔지	5.07	0.40	1.57	0.15
##	1484	004140	동방	4.45	0.52	2.39	0.13
##	1717	002710	TCC스틸	5.52	0.48	2.51	0.13
##	1759	031980	피에스케이홀딩스	0.91	0.18	1.18	0.15
##	1890	012620	원일특강	6.09	0.38	4.34	0.16

rowSums() 함수를 이용해 종목별 랭킹들의 합을 구해줍니다. 그 후 네 개 지표 랭킹의 합 기준 랭킹이 낮은 30종목을 선택합니다. 즉 하나의 지표보다 네 개 지표가 골고루 낮은 종목을 선택합니다. 해당 종목들의 티커, 종목명과 가치지표를 확인할 수 있습니다.

```
intersect(KOR_ticker[invest_pbr, '종목명'],
        KOR_ticker[invest_value, '종목명'])
```

##	[1]	"한화"	"세아홀딩스"	"넥센"
##	[4]	"한일홀딩스"	"아세아"	"S&T홀딩스"
##	[7]	"세아제강지주"	"엠케이전자"	"무림페이퍼"
##	[10]	"휴스틸"	"피에스케이홀딩스"	

단순 저PBR 기준 선택된 종목과 비교해봤을 때 겹치는 종목이 상당히 줄어들었습니다.

9.5 퀄리티 전략

기업의 우량성, 즉 퀄리티는 투자자들이 매우 중요하게 생각하는 요소입니다. 그러나 어떠한 지표가 기업의 퀄리티를 나타내는지 한 마디로 정의하기에는 너무나 주관적이고 광범위해 쉽지 않습니다. 학계 혹은 업계에서 사용되는 우량성 관련 지표는 다음과 같이 요약할 수 있습니다.

- Profitability(수익성)
- Earnings Stability(수익의 안정성)
- Capital Structure(기업 구조)
- Growth(수익의 성장성)
- Accounting Quality(회계적 우량성)
- Payout/Dilution(배당)
- Investment(투자)

퀄리티 전략에는 재무제표 데이터가 주로 사용됩니다.

9.5.1 F-Score 지표

F-Score 지표는 조셉 피오트로스키 교수가 발표한 지표입니다. 그는 논문에서, 저PBR을 이용한 밸류 전략은 높은 성과를 기록하지만 재무 상태가 불량한 기업이 많으며, 저PBR 종목 중 재무적으로 우량한 기업을 선정해 투자한다면 성과를 훨씬 개선할 수 있다고 보았습니다.

F-Score에서는 재무적 우량 정도를 수익성(Profitability), 재무 성과(Financial Performance), 운영 효율성(Operating Efficiency)으로 구분해 총 9개의 지표를 선정합니다. 표 9-4는 이를 요약한 테이블입니다.

표 9-4 **F-Score 요약**

지표	항목	점수
Profitability	ROA	ROA가 양수면 1점
	CFO	CFO가 양수면 1점
	ΔROA	ROA가 증가하면 1점
	ACCRUAL	CFO > ROA면 1점
Financial Performance	ΔLEVER	레버리지가 감소하면 1점
	ΔLIQUID	유동성이 증가하면 1점
	EQ_OFFER	발행주식수가 감소하면 1점
Operating Efficiency	ΔMARGIN	매출총이익률이 증가하면 1점
	ΔTURN	회전율이 증가하면 1점

각 지표가 우수할 경우 1점, 그렇지 않을 경우 0점을 매겨, 총 0점부터 9점까지의 포트폴리오를 구성합니다.

```r
library(stringr)
library(ggplot2)
library(dplyr)

KOR_fs = readRDS('data/KOR_fs.Rds')
KOR_ticker = read.csv('data/KOR_ticker.csv', row.names = 1,
                      stringsAsFactors = FALSE)
KOR_ticker$'종목코드' =
  str_pad(KOR_ticker$'종목코드', 6, 'left', 0)
```

먼저 재무제표와 티커 파일을 불러옵니다. 재무제표 데이터는 Rds 형태로 저장되어 있으며, readRDS() 함수를 이용해 리스트 형태 그대로 불러올 수 있습니다.

```r
# 수익성
ROA = KOR_fs$'지배주주순이익' / KOR_fs$'자산'
CFO = KOR_fs$'영업활동으로인한현금흐름' / KOR_fs$'자산'
ACCRUAL = CFO - ROA

# 재무 성과
LEV = KOR_fs$'장기차입금' / KOR_fs$'자산'
```

```
LIQ = KOR_fs$'유동자산' / KOR_fs$'유동부채'
OFFER = KOR_fs$'유상증자'

# 운영 효율성
MARGIN = KOR_fs$'매출총이익' / KOR_fs$'매출액'
TURN = KOR_fs$'매출액' / KOR_fs$'자산'
```

지표에 해당하는 내용을 계산해줍니다.

1. ROA는 지배주주순이익을 자산으로 나누어 계산합니다.

2. CFO는 영업활동현금흐름을 자산으로 나누어 계산합니다.

3. ACCURUAL은 CFO와 ROA의 차이를 이용해 계산합니다.

4. LEV(Leverage)는 장기차입금을 자산으로 나누어 계산합니다.

5. LIQ(Liquidity)는 유동자산을 유동부채로 나누어 계산합니다.

6. 우리가 받은 데이터에서는 발행주식수 데이터를 구할 수 없으므로, OFFER에 대한 대용치로 유상증자 여부를 사용합니다.

7. MARGIN은 매출총이익을 매출액으로 나누어 계산합니다.

8. TURN(Turnover)은 매출액을 자산으로 나누어 계산합니다.

다음으로 각 지표들이 조건을 충족하는지 여부를 판단해, 지표별로 1점 혹은 0점을 부여합니다.

```
if ( lubridate::month(Sys.Date()) %in% c(1,2,3,4) ) {
  num_col = str_which(colnames(KOR_fs[[1]]), as.character(lubridate::year(Sy
s.Date()) - 2))
} else {
  num_col = str_which(colnames(KOR_fs[[1]]), as.character(lubridate::year(Sy
s.Date()) - 1))
}

F_1 = as.integer(ROA[, num_col] > 0)
F_2 = as.integer(CFO[, num_col] > 0)
F_3 = as.integer(ROA[, num_col] - ROA[, (num_col-1)] > 0)
F_4 = as.integer(ACCURUAL[, num_col] > 0)
F_5 = as.integer(LEV[, num_col] - LEV[, (num_col-1)] <= 0)
F_6 = as.integer(LIQ[, num_col] - LIQ[, (num_col-1)] > 0)
```

```
F_7 = as.integer(is.na(OFFER[,num_col]) |
                     OFFER[,num_col] <= 0)
F_8 = as.integer(MARGIN[, num_col] -
                     MARGIN[, (num_col-1)] > 0)
F_9 = as.integer(TURN[,num_col] - TURN[,(num_col-1)] > 0)
```

num_col 변수에 원하는 열의 위치를 구해줍니다. 1월~4월에 데이터를 받을 경우 전년도 재무제표가 일부만 들어오는 경향이 있으므로 전전년도 데이터를 사용해야 합니다. 따라서 Sys.Date() 함수를 통해 현재 날짜를 추출한 후, lubridate 패키지의 month() 함수를 이용해 해당 월을 계산합니다. str_which() 함수를 이용해, 만일 현재 날짜가 1~4월인 경우 열 이름이 2년 전 년도를 포함하는 부분을(예: 만일 오늘이 2021년 1월이라면 열 이름 중 2019가 포함된 곳), 그렇지 않을 경우(5~12월) 열 이름이 1년 전 년도를 포함하는 부분을(예: 만일 오늘이 2021년 5월이라면 열 이름 중 2020가 포함된 곳) 선택합니다.

as.integer() 함수는 TRUE일 경우 1을 반환하고 FALSE일 경우 0을 반환하는 함수로서, F-Score 지표의 점수를 매기는 데 매우 유용합니다. 점수 기준은 다음과 같습니다.

1. ROA가 양수면 1점, 그렇지 않으면 0점

2. 영업활동현금흐름이 양수면 1점, 그렇지 않으면 0점

3. 최근 ROA가 전년 대비 증가했으면 1점, 그렇지 않으면 0점

4. ACCURUAL(CFO - ROA)이 양수면 1점, 그렇지 않으면 0점

5. 레버리지가 전년 대비 감소했으면 1점, 그렇지 않으면 0점

6. 유동성이 전년 대비 증가했으면 1점, 그렇지 않으면 0점

7. 유상증자 항목이 없거나 0보다 작으면 1점, 그렇지 않으면 0점

8. 매출총이익률이 전년 대비 증가했으면 1점, 그렇지 않으면 0점

9. 회전율이 전년 대비 증가했으면 1점, 그렇지 않으면 0점

```
F_Table = cbind(F_1, F_2, F_3, F_4, F_5, F_6, F_7, F_8, F_9) ········ ❶
F_Score = F_Table %>%
  apply(., 1, sum, na.rm = TRUE) %>% ········ ❷
  setNames(KOR_ticker$`종목명`) ········ ❸
```

❶ cbind() 함수를 통해 열의 형태로 묶어줍니다.

❷ apply() 함수를 통해 종목별 지표의 합을 더해 F-Score를 계산해줍니다.

❸ setNames() 함수를 통해 종목명을 입력합니다.

```
(F_dist = prop.table(table(F_Score)) %>% round(3))
```

```
## F_Score
##     0     1     2     3     4     5     6     7     8     9
## 0.004 0.052 0.092 0.170 0.202 0.189 0.147 0.089 0.044 0.011
```

```
F_dist %>%
  data.frame() %>%
  ggplot(aes(x = F_Score, y = Freq,
             label = paste0(Freq * 100, '%'))) +
  geom_bar(stat = 'identity') +
  geom_text(color = 'black', size = 3, vjust = -0.4) +
  scale_y_continuous(expand = c(0, 0, 0, 0.05),
                     labels = scales::percent) +
  ylab(NULL) +
  theme_classic()
```

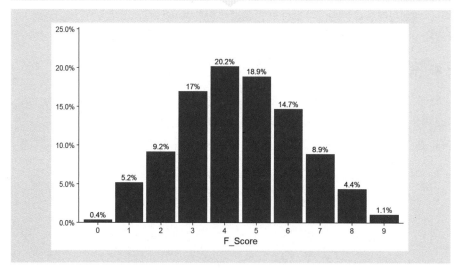

table() 함수를 통해 각 스코어별 개수를 구한 후 prop.table()을 통해 비중으로 변환합니다. 이를 통해 점수별 비중을 살펴보면 3~6점에 상당히 많은 종목이 분포하고 있음이 확인됩니다.

```r
invest_F_Score = F_Score %in% c(9)
KOR_ticker[invest_F_Score, ] %>%
  select(`종목코드`, `종목명`) %>%
  mutate(`F-Score` = F_Score[invest_F_Score])
```

```
##    종목코드       종목명    F-Score
## 1  051900     LG생활건강        9
## 2  081660      휠라코리아       9
## 3  271560        오리온         9
## 4  031430 신세계인터내셔날      9
## 5  285130       SK케미칼        9
## 6  011280       태림포장        9
## 7  036540      SFA반도체        9
## 8  044340        위닉스         9
## 9  004690        삼천리         9
## 10 002310      아세아제지       9
## 11 232140     와이아이케이      9
## 12 023600       삼보판지        9
## 13 203650    드림시큐리티       9
## 14 089010      켐트로닉스       9
## 15 007980      태평양물산       9
## 16 009200      무림페이퍼       9
## 17 006580       대양제지        9
## 18 008250       이건산업        9
## 19 174880       장원테크        9
## 20 002200       수출포장        9
## 21 005670        푸드웰         9
## 22 091340      S&K폴리텍        9
## 23 080580      오킨스전자       9
```

F-Score가 9점인 종목의 티커와 종목명을 확인해봅니다. 재무적으로 우량하다고 판단되는 F-Score 9점인 종목은 총 23개가 있습니다.

9.5.2 각 지표 결합하기

이번에는 퀄리티를 측정하는 요소 중 가장 널리 사용되는 수익성 지표를 결합한 포트폴리오를 만들어보겠습니다. 여기서 사용되는 지표는 자기자본이익률(ROE), 매출총이익(Gross Profit), 영업활동현금흐름(Cash Flow From Operating)입니다.

```r
library(stringr)
library(ggplot2)
library(dplyr)
library(tidyr)

KOR_fs = readRDS('data/KOR_fs.Rds')
KOR_ticker = read.csv('data/KOR_ticker.csv', row.names = 1,
                      stringsAsFactors = FALSE)
KOR_ticker$'종목코드' =
  str_pad(KOR_ticker$'종목코드', 6, 'left', 0)

if ( lubridate::month(Sys.Date()) %in% c(1,2,3,4) ) {
  num_col = str_which(colnames(KOR_fs[[1]]), as.character(lubridate::year(Sy
s.Date()) - 2))
} else {
  num_col = str_which(colnames(KOR_fs[[1]]), as.character(lubridate::year(Sy
s.Date()) - 1))
}

quality_roe = (KOR_fs$'지배주주순이익' / KOR_fs$'자본')[num_col]
quality_gpa = (KOR_fs$'매출총이익' / KOR_fs$'자산')[num_col]
quality_cfo =
  (KOR_fs$'영업활동으로인한현금흐름' / KOR_fs$'자산')[num_col]

quality_profit =
  cbind(quality_roe, quality_gpa, quality_cfo) %>%
  setNames(., c('ROE', 'GPA', 'CFO'))
```

먼저 재무제표와 티커 파일을 불러온 후 세 가지 지표에 해당하는 값을 구한 뒤 최근년도 데이터만 선택합니다. 그런 다음 cbind() 함수를 이용해 지표들을 하나로 묶어줍니다. 역시나 1~4월의 경우 전년도가 아닌 전전년도 회계 데이터를 사용합니다.

```r
rank_quality = quality_profit %>%
  mutate_all(list(~min_rank(desc(.))))
```

```
cor(rank_quality, use = 'complete.obs') %>%
  round(., 2) %>%
  corrplot(method = 'color', type = 'upper',
           addCoef.col = 'black', number.cex = 1,
           tl.cex = 0.6, tl.srt = 45, tl.col = 'black',
           col =
             colorRampPalette(c('blue', 'white', 'red'))(200),
           mar=c(0,0,0.5,0))
```

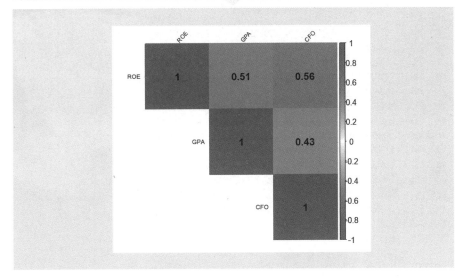

mutate_all() 함수와 min_rank() 함수를 통해 지표별 랭킹을 구하며, 퀄리티 지표는 높을수록 좋은 내림차순으로 계산해야 하므로 desc()를 추가합니다.

수익성 지표 역시 서로 간의 상관관계가 낮아, 지표를 통합적으로 고려 시 분산효과를 기대할 수 있습니다.

```
rank_sum = rank_quality %>%
  rowSums()

invest_quality = rank(rank_sum) <= 30

KOR_ticker[invest_quality, ] %>%
  select(`종목코드`, `종목명`) %>%
  cbind(round(quality_profit[invest_quality, ], 4))
```

##		종목코드	종목명	ROE	GPA	CFO
##	2	000660	SK하이닉스	0.3317	0.3969	0.3492
##	11	051900	LG생활건강	0.1900	0.7679	0.1549
##	46	021240	웅진코웨이	0.3220	0.7689	0.2266
##	72	282330	BGF리테일	0.2956	0.6877	0.2332
##	93	086900	메디톡스	0.2722	0.3828	0.1395
##	114	012510	더존비즈온	0.2311	0.4560	0.2228
##	175	192080	더블유게임즈	0.1694	0.4846	0.1568
##	193	030190	NICE평가정보	0.1930	1.4316	0.1843
##	232	214150	클래시스	0.2922	0.4584	0.2114
##	245	067160	아프리카TV	0.2325	0.8038	0.2463
##	272	090460	비에이치	0.4343	0.3265	0.3429
##	283	069080	웹젠	0.1602	0.5517	0.2072
##	308	001820	삼화콘덴서	0.4851	0.4627	0.2768
##	369	042700	한미반도체	0.2287	0.3935	0.1854
##	387	192440	슈피겐코리아	0.1634	0.6277	0.1280
##	392	092730	네오팜	0.2597	0.6626	0.2222
##	398	215200	메가스터디교육	0.1894	0.5539	0.2500
##	461	119860	다나와	0.1822	0.9806	0.1531
##	497	034950	한국기업평가	0.1579	0.6442	0.1737
##	586	086390	유니테스트	0.3714	0.5698	0.3391
##	61	220630	해마로푸드서비스	0.2345	0.6656	0.1499
##	643	092130	이크레더블	0.2599	0.6572	0.2367
##	744	232140	와이아이케이	0.2460	0.2868	0.2306
##	797	036810	에프에스티	0.1770	0.3460	0.2114
##	913	225190	삼양옵틱스	0.3463	0.5934	0.3209
##	975	130580	나이스디앤비	0.2058	0.9171	0.2011
##	1087	241790	오션브릿지	0.2445	0.2841	0.3604
##	1295	285490	노바텍	0.2219	0.3133	0.1898
##	1369	308100	까스텔바쟉	0.1783	0.7352	0.1349
##	1603	063760	이엘피	0.2226	0.3052	0.2234

rowSums() 함수를 이용해 종목별 랭킹들의 합을 구합니다. 그 후 세 개 지표 랭킹의 합 기준 랭킹이 낮은 30종목을 선택합니다. 즉 세 가지 수익 지표가 골고루 높은 종목을 선택합니다. 해당 종목들의 티커, 종목명, ROE, GPA, CFO을 출력해 확인합니다.

10

퀀트 전략을 이용한 종목 선정 심화

지난 CHAPTER에서는 팩터를 이용한 투자 전략의 기본이 되는 저변동성, 모멘텀, 밸류, 퀄리티 전략에 대해 알아보았습니다. 물론 이러한 단일 팩터를 이용한 투자도 장기적으로 우수한 성과를 보이지만, 여러 팩터를 결합하거나 정밀하게 전략을 만든다면 더욱 우수한 성과를 거둘 수 있습니다.

이번 CHAPTER에서는 섹터별 효과를 없앤 후 포트폴리오를 구성하는 방법, 이상치 데이터 제거 및 팩터 결합 방법, 그리고 멀티팩터 구성 방법을 알아보겠습니다.

10.1 섹터 중립 포트폴리오

팩터 전략의 단점 중 하나는 선택된 종목들이 특정 섹터로 쏠리는 경우가 있다는 점입니다. 특히 과거 수익률을 토대로 종목을 선정하는 모멘텀 전략은 특정 섹터의 호황기에 동일한 섹터의 모든 종목이 함께 움직이는 경향이 있어 이러한 쏠림이 심할 수 있습니다.

먼저 지난 CHAPTER에서 배운 12개월 모멘텀을 이용한 포트폴리오 구성 방법을 다시 살펴보겠습니다.

```r
library(stringr)
library(xts)
library(PerformanceAnalytics)
library(dplyr)
library(ggplot2)

KOR_price = read.csv('data/KOR_price.csv', row.names = 1,
                     stringsAsFactors = FALSE) %>% as.xts()
KOR_ticker = read.csv('data/KOR_ticker.csv', row.names = 1,
                      stringsAsFactors = FALSE)
KOR_ticker$'종목코드' =
  str_pad(KOR_ticker$'종목코드', 6, 'left', 0)

ret = Return.calculate(KOR_price) %>% xts::last(252)
ret_12m = ret %>% sapply(., function(x) {
  prod(1+x) - 1
  })

invest_mom = rank(-ret_12m) <= 30
```

기존의 코드와 동일하게, 주식 가격 및 티커 데이터를 불러온 후 최근 12개월 수익률을 구해 상위 30종목을 선택합니다.

```r
KOR_sector = read.csv('data/KOR_sector.csv', row.names = 1,
                      stringsAsFactors = FALSE)
KOR_sector$'CMP_CD' =
  str_pad(KOR_sector$'CMP_CD', 6, 'left', 0)
data_market = left_join(KOR_ticker, KOR_sector,
                        by = c('종목코드' = 'CMP_CD',
                               '종목명' = 'CMP_KOR'))
```

해당 종목들의 섹터 정보를 추가로 살펴보기 위해, 섹터 데이터를 불러온 후 left_join() 함수를 이용해 티커와 결합해 data_market에 저장합니다.

```
data_market[invest_mom, ] %>%
  select(`SEC_NM_KOR`) %>%
  group_by(`SEC_NM_KOR`) %>%
  summarize(n = n()) %>%
  ggplot(aes(x = reorder(`SEC_NM_KOR`, `n`),
             y = `n`, label = n)) +
  geom_col() +
  geom_text(color = 'black', size = 4, hjust = -0.3) +
  xlab(NULL) +
  ylab(NULL) +
  coord_flip() +
  scale_y_continuous(expand = c(0, 0, 0.1, 0)) +
  theme_classic()
```

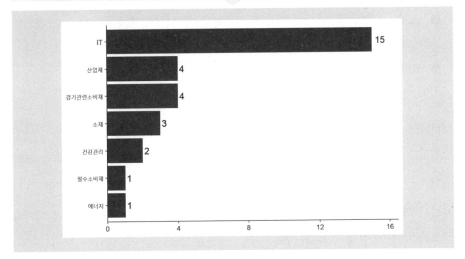

group_by() 함수를 이용해 12개월 기준 모멘텀 포트폴리오 종목들의 섹터별 종목수를 계산해준 후 ggplot() 함수를 이용해 이를 그림으로 나타냅니다. 그림에서 알 수 있듯이 특정 섹터에 대부분의 종목이 몰려 있습니다.

따라서 여러 종목으로 포트폴리오를 구성했지만, 이를 분해해보면 특정 섹터에 쏠림이 심하다는 것을 알 수 있습니다. 이러한 섹터 쏠림 현상을 제거한 섹터 중립 포트폴리오를 구성해보겠습니다.

```
sector_neutral = data_market %>%
  select(`종목코드`, `SEC_NM_KOR`) %>%   ········· ❶
```

```
    mutate(`ret` = ret_12m) %>%  ⋯⋯ ❷
    group_by(`SEC_NM_KOR`) %>%  ⋯⋯ ❸
    mutate(scale_per_sector = scale(`ret`),  ⋯⋯ ❹
        scale_per_sector = ifelse(is.na(`SEC_NM_KOR`),
                                  NA, scale_per_sector))  ⋯⋯ ❺
```

❶ data_market에서 종목코드와 섹터 정보를 선택합니다.

❷ mutate() 함수를 통해 미리 계산한 12개월 수익률 정보를 새로운 열에 합쳐줍니다.

❸ group_by() 함수를 통해 섹터별 그룹을 만들어줍니다.

❹ scale() 함수를 이용해 그룹별 정규화를 해줍니다. 정규화는 $\frac{x-\mu}{\sigma}$로 계산됩니다.

❺ 섹터 정보가 없을 경우 NA로 변경합니다.

위의 정규화 과정을 살펴보면, 전체 종목에서 12개월 수익률을 비교하는 것이 아닌 각 섹터별로 수익률의 강도를 비교하게 됩니다. 따라서 특정 종목의 과거 수익률이 전체 종목과 비교해서 높았더라도 해당 섹터 내에서의 순위가 낮다면, 정규화된 값은 낮아집니다.

따라서 섹터별 정규화 과정을 거친 값으로 비교 분석을 한다면, 섹터 효과가 제거된 포트폴리오를 구성할 수 있습니다.

```
invest_mom_neutral =
  rank(-sector_neutral$scale_per_sector) <= 30

data_market[invest_mom_neutral, ] %>%
  select(`SEC_NM_KOR`) %>%
  group_by(`SEC_NM_KOR`) %>%
  summarize(n = n()) %>%
  ggplot(aes(x = reorder(`SEC_NM_KOR`, `n`),
             y = `n`, label = n)) +
  geom_col() +
  geom_text(color = 'black', size = 4, hjust = -0.3) +
  xlab(NULL) +
  ylab(NULL) +
```

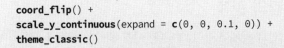

```
coord_flip() +
scale_y_continuous(expand = c(0, 0, 0.1, 0)) +
theme_classic()
```

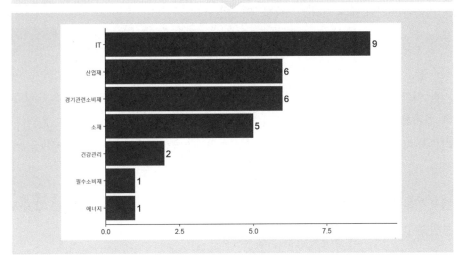

정규화된 값의 랭킹이 높은 상위 30종목을 선택하며, 내림차순을 위해 마이너스(-)를 붙여줍니다. 해당 포트폴리오의 섹터별 구성종목을 확인해보면, 단순하게 포트폴리오를 구성한 것에 대비하여 여러 섹터에 종목이 분산되어 있습니다.

이처럼 group_by() 함수를 통해 손쉽게 그룹별 중립화를 할 수 있으며, 글로벌 투자를 하는 경우에는 지역, 국가, 섹터별로도 중립화된 포트폴리오를 구성하기도 합니다.

10.2 마법공식

하나의 팩터만을 보고 투자하는 것보다, 둘 혹은 그 이상의 팩터를 결합해 투자해야 훨씬 좋은 포트폴리오를 구성할 수 있으며, 이러한 방법을 멀티팩터라고 합니다. 그중에서도 밸류와 퀄리티의 조합은 전통적으로 많이 사용된 방법이며, 대표적인 예가 조엘 그린블라트의 마법공식입니다. 이번 CHAPTER에서는 퀄리티와 밸류 간의 관계, 마법공식의 정의와 구성 방법을 알아보겠습니다.

10.2.1 퀄리티와 밸류 간의 관계

투자의 정석 중 하나는 좋은 기업을 싸게 사는 것입니다. 이를 팩터의 관점에서 이해하면 퀄리티 팩터와 밸류 팩터로 이해할 수도 있습니다.

여러 논문에 따르면 흔히 밸류 팩터와 퀄리티 팩터는 반대의 관계에 있습니다. 먼저 가치주들은 위험이 크기 때문에 시장에서 소외를 받아 저평가가 이루어지는 것이며, 이러한 위험에 대한 대가로 밸류 팩터의 수익률이 높게 됩니다. 반대로 사람들은 우량주에 기꺼이 프리미엄을 지불하려 하기 때문에 퀄리티 팩터의 수익률이 높기도 합니다. 이는 마치 동전의 양면과 같지만, 장기적으로 가치주와 우량주 모두 우수한 성과를 기록합니다.

먼저 퀄리티의 지표인 매출총이익과 밸류 지표인 PBR을 통해 둘 사이의 관계를 확인해 보겠습니다.

```r
library(stringr)
library(dplyr)

KOR_value = read.csv('data/KOR_value.csv', row.names = 1,
                     stringsAsFactors = FALSE)
KOR_fs = readRDS('data/KOR_fs.Rds')
KOR_ticker = read.csv('data/KOR_ticker.csv', row.names = 1,
                      stringsAsFactors = FALSE)

data_pbr = KOR_value['PBR']

if ( lubridate::month(Sys.Date()) %in% c(1,2,3,4) ) {
  num_col = str_which(colnames(KOR_fs[[1]]), as.character(lubridate::year(Sy
s.Date()) - 2))
} else {
  num_col = str_which(colnames(KOR_fs[[1]]), as.character(lubridate::year(Sy
s.Date()) - 1))
}

data_gpa =
  (KOR_fs$'매출총이익' / KOR_fs$'자산')[num_col] %>%
  setNames('GPA')

cbind(data_pbr, -data_gpa) %>%
  cor(method = 'spearman', use = 'complete.obs') %>% round(4)
```

```
##          PBR      GPA
## PBR   1.0000  -0.2078
## GPA  -0.2078   1.0000
```

데이터를 불러온 후 PBR과 GPA(매출총이익/자산)를 구합니다. 그 후 랭킹의 상관관계인 스피어만 상관관계를 구해보면, 서로 간에 반대 관계가 있음이 확인됩니다. PBR은 오름차순, GPA는 내림차순이므로 GPA 앞에 마이너스(–)를 붙여주었습니다.

```
cbind(data_pbr, data_gpa) %>%
  mutate(quantile_pbr = ntile(data_pbr, 5)) %>%   ········ ❶
  filter(!is.na(quantile_pbr)) %>%   ········ ❷
  group_by(quantile_pbr) %>%   ········ ❸
  summarise(mean_gpa = mean(GPA, na.rm = TRUE)) %>%   ········ ❹
  ggplot(aes(x = quantile_pbr, y = mean_gpa)) +   ········ ❺
  geom_col() +
  xlab('PBR') + ylab('GPA')
```

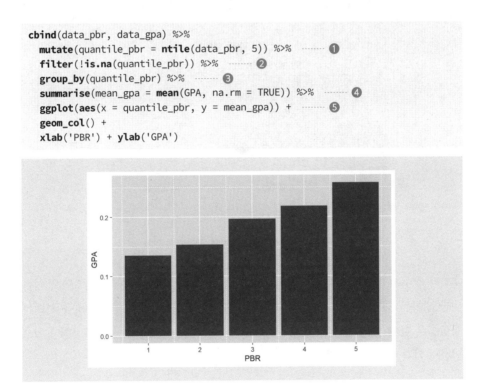

이번에는 PBR의 분위수별 GPA 평균값을 구하겠습니다.

❶ ntile() 함수를 이용해 PBR을 5분위수로 나누어줍니다.

❷ PBR이 없는 종목은 제외합니다.

❸ group_by() 함수를 통해 PBR의 분위수별 그룹을 묶어줍니다.

❹ 각 PBR 그룹별 GPA의 평균값을 구해줍니다.

❺ ggplot() 함수를 이용해 시각화를 해줍니다.

그림에서 알 수 있듯이 PBR이 낮을수록 GPA도 낮으며, 즉 가치주일수록 우량성은 떨어집니다. 반면에 PBR이 높을수록 GPA도 높으며, 이는 주식의 가격이 비쌀수록 우량성도 높다는 뜻입니다.

이를 이용해 밸류 팩터와 퀄리티 팩터 간의 관계를 나타내면 다음과 같습니다.

그림 10-1 밸류 팩터와 퀄리티 팩터 간의 관계

주가가 쌀수록 기업의 우량성은 떨어지며(①번), 반대로 기업의 우량성이 좋으면 주식은 비싼 경향(③번)이 있습니다. 물론 우량성도 떨어지고 비싸기만한 주식(②번)을 사려는 사람들은 아마 없을 겁니다. 결과적으로 우리가 원하는 최고의 주식은 우량성이 있으면서도 가격은 싼 주식(④번)입니다.

10.2.2 마법공식 이해하기

마법공식이란 고담 캐피탈의 설립자이자 전설적인 투자자 조엘 그린블라트에 의해 알려진 투자 방법입니다. 그는 본인의 책《주식 시장을 이기는 작은 책》에서 투자를 하는데 있어 중요한 두 가지 지표가 있으며, 이를 혼합하면 뛰어난 성과를 기록할 수 있다고 했습니다.

첫 번째 지표는 이율(Earnings Yield)로서 기업의 수익을 기업의 가치로 나는 값입니다. 이는 PER의 역수와 비슷하며, 밸류 지표 중 하나입니다. 두 번째 지표는 투하자본 수익률(Return on Capital)로서 기업의 수익을 투자한 자본으로 나눈 값입니다. 이는 ROE와도 비슷하며, 퀄리티 지표 중 하나입니다. 마법공식은 이 두 가지 지표의 랭킹을 각각 구한 후 랭킹의 합 기준 상위 30개 종목을 1년간 보유한 후 매도하는 전략입니다.

해당 전략은 국내 투자자들에게도 많이 사랑받는 전략이지만 두 지표를 계산하기 위한 데이터를 수집하기 어려워 많은 투자자들이 이율 대신 PER를 사용하고, 투하자본 수익률 대신 ROE를 사용합니다. 그러나 우리가 수집한 데이터를 통해 충분히 원래의 마법공식을 구현할 수 있습니다.

표 10-1 마법공식의 구성 요소

팩터	밸류	퀄리티
지표	이율(Earnings Yield)	투하자본 수익률(Return on Capital)
계산	$\dfrac{\text{이자 및 법인세 차감전이익}}{\text{기업가치}}$	$\dfrac{\text{이자 및 법인세 차감전이익}}{\text{투하자본}}$

10.2.3 마법공식 구성하기

재무제표 항목을 통해 이율과 투하자본 수익률을 계산하고, 이를 통해 마법공식 포트폴리오를 구성하겠습니다. 먼저 밸류 지표에 해당하는 이익수익률을 계산해보겠습니다. 이익수익률은 이자 및 법인세 차감전이익(EBIT)을 기업가치(시가총액 + 순차입금)로 나눈 값입니다. 이를 분해하면 다음과 같습니다.

$$
\text{이익수익률} = \frac{\text{이자 및 법인세 차감전 이익}}{\text{기업 가치}}
$$

$$
= \frac{\text{이자 및 법인세 차감전 이익}}{\text{시가총액} + \text{순차입금}}
$$

$$
= \frac{\text{당기순이익} + \text{법인세} + \text{이자비용}}{\text{시가총액} + \text{총부채} - (\text{현금} - max(0, \text{유동부채} - \text{유동자산} + \text{현금}))}
$$

```
library(stringr)
library(dplyr)

KOR_value = read.csv('data/KOR_value.csv', row.names = 1,
                     stringsAsFactors = FALSE)
KOR_fs = readRDS('data/KOR_fs.Rds')
KOR_ticker = read.csv('data/KOR_ticker.csv', row.names = 1,
                     stringsAsFactors = FALSE)
KOR_ticker$'종목코드' =
  str_pad(KOR_ticker$'종목코드', 6, 'left', 0)

if ( lubridate::month(Sys.Date()) %in% c(1,2,3,4) ) {
  num_col = str_which(colnames(KOR_fs[[1]]), as.character(lubridate::year(Sy
s.Date()) - 2))
} else {
  num_col = str_which(colnames(KOR_fs[[1]]), as.character(lubridate::year(Sy
s.Date()) - 1))
}

# 분자
magic_ebit = (KOR_fs$'지배주주순이익' + KOR_fs$'법인세비용' +
               KOR_fs$'이자비용')[num_col]

# 분모
magic_cap = KOR_value$PER * KOR_fs$'지배주주순이익'[num_col]
magic_debt = KOR_fs$'부채'[num_col]
magic_excess_cash_1 = KOR_fs$'유동부채' - KOR_fs$'유동자산' +
  KOR_fs$'현금및현금성자산'
magic_excess_cash_1[magic_excess_cash_1 < 0] = 0
magic_excess_cash_2 =
  (KOR_fs$'현금및현금성자산' - magic_excess_cash_1)[num_col]

magic_ev = magic_cap + magic_debt - magic_excess_cash_2

# 이익수익률
magic_ey = magic_ebit / magic_ev
```

먼저 가치지표, 재무제표, 티커 데이터를 불러온 후 재무제표 열 개수를 구합니다. 그
후 분자와 분모 항목에 해당하는 부분을 하나씩 계산합니다. 먼저 분자 부분인 이자
및 법인세 차감전이익은 지배주주 순이익에 법인세비용과 이자비용을 더해줍니다. 그
후 최근년도 데이터를 선택합니다.

분모 부분은 시가총액, 총 부채, 여유자금 총 세 가지로 구성되어 있습니다.

1. 우리가 가지고 있는 밸류 데이터와 재무제표 데이터를 통해 시가총액을 역산할 수 있습니다. PER 값에 Earnings를 곱해주면 시가총액이 계산됩니다. 이를 통해 계산된 시가총액을 HTS나 금융 웹사이트의 값과 비교하면 거의 비슷함이 확인됩니다.

$$PER \times Earnings = \frac{Price}{Earnings/Shares} \times Earnings$$
$$= \frac{Price \times Shares}{Earnings} \times Earnings$$
$$= Price \times Earnings = Market\,Cap$$

2. 총 부채는 부채 항목을 사용합니다.
3. 여유자금은 두 단계에 걸쳐 계산합니다. 먼저 유동부채 - 유동자산 + 현금 값을 구해준 후 0보다 작은 값은 모두 0으로 바꿔줍니다. 이 값을 현금 및 현금성자산 항목에서 차감해 최종적인 여유자금을 구합니다.

분자와 분모 부분을 나누어주면 이익수익률을 계산할 수 있습니다.

다음으로 퀄리티 지표에 해당하는 투하자본 수익률을 계산하겠습니다. 해당 값은 이자 및 법인세 차감전이익(EBIT)를 투하자본(IC)으로 나누어 계산되며, 이를 분해하면 다음과 같습니다.

$$투하자본\,수익률 = \frac{이자\,및\,법인세\,차감전\,이익}{투하자본}$$
$$= \frac{당기순이익 + 법인세 + 이자비용}{(유동부채 - 유동자산) + (비유동자산 - 감가상각비)}$$

```
magic_ic = ((KOR_fs$'유동자산' - KOR_fs$'유동부채') +
           (KOR_fs$'비유동자산' - KOR_fs$'감가상각비'))[num_col]
magic_roc = magic_ebit / magic_ic
```

투하자본 수익률은 비교적 쉽게 계산할 수 있습니다. 분모에 해당하는 투하자본의 경우 재무제표 항목을 그대로 사용하면 되며, 분자인 이자 및 법인세 차감전이익은 위에서 이미 구해둔 값을 사용하면 됩니다.

이제 두 지표를 활용해 마법공식 포트폴리오를 구성하겠습니다.

```
invest_magic = rank(rank(-magic_ey) + rank(-magic_roc)) <= 30

KOR_ticker[invest_magic, ] %>%
  select(`종목코드`, `종목명`) %>%
  mutate(`이익수익률` = round(magic_ey[invest_magic, ], 4),
         `투하자본수익률` = round(magic_roc[invest_magic, ], 4))
```

##		종목코드	종목명	이익수익률	투하자본수익률
##	1	005930	삼성전자	0.1839	0.2504
##	2	000660	SK하이닉스	0.3336	0.4793
##	3	004800	효성	0.5661	1.8508
##	4	010780	아이에스동서	0.1864	0.2914
##	5	012630	HDC	0.5149	0.3623
##	6	008060	대덕전자	0.2894	0.2936
##	7	001820	삼화콘덴서	0.1408	0.6383
##	8	095610	테스	0.1640	0.2526
##	9	003300	한일홀딩스	0.3921	0.2164
##	10	086390	유니테스트	0.3139	0.4580
##	11	003030	세아제강지주	0.2992	0.2303
##	12	121800	비덴트	0.3605	0.3265
##	13	045100	한양이엔지	0.2794	0.3235
##	14	004960	한신공영	0.1830	0.3066
##	15	036190	금화피에스시	0.2369	0.2316
##	16	029460	케이씨	0.9347	0.5832
##	17	040910	아이씨디	0.1751	0.2611
##	18	036200	유니셈	0.1594	0.2694
##	19	126700	하이비젼시스템	0.2019	0.2266
##	20	035620	바른손이앤에이	0.7228	0.9668
##	21	006580	대양제지	0.1945	0.2779
##	22	083930	아바코	0.1673	0.2599
##	23	290740	액트로	0.1969	0.3194
##	24	001570	금양	0.1454	0.3548
##	25	042040	케이피엠테크	0.3173	0.2939
##	26	036010	아비코전자	0.5252	0.2416
##	27	127710	아시아경제	0.3459	0.2409
##	28	010280	쌍용정보통신	0.3154	0.3963

##	29	094970	제이엠티	0.2379	0.2700
##	30	194510	파티게임즈	0.2171	0.5069

이익수익률과 투하자본 수익률의 랭킹을 각각 구해주며, 내림차순으로 값을 구하기 위해 마이너스(-)를 붙여줍니다. 그 후 두 값의 합의 랭킹 기준 상위 30종목을 선택한 후 종목코드, 종목명과 각 지표를 확인합니다.

10.3 이상치 데이터 제거 및 팩터의 결합

모든 데이터 분석에서 중요한 문제 중 하나가 이상치(극단치, Outlier) 데이터를 어떻게 처리할 것인가입니다. 과거 12개월 수익률이 10배인 주식이 과연 모멘텀 관점에서 좋기만 한 주식인지, ROE가 100% 넘는 주식이 과연 퀄리티 관점에서 좋기만 한 주식인지 고민이 되기 마련입니다.

따라서 이러한 이상치를 제외하고 분석할지, 포함해서 분석할지를 판단해야 합니다. 만일 이상치를 포함한다면 그대로 사용할 것인지, 보정해 사용할 것인지도 판단해야 합니다.

우리가 가지고 있는 데이터에서 이상치 데이터를 탐색해보겠습니다.

```
library(magrittr)
library(ggplot2)

KOR_value = read.csv('data/KOR_value.csv', row.names = 1,
                     stringsAsFactors = FALSE)

max(KOR_value$PBR, na.rm = TRUE)
```

```
## [1] 106.7
```

```
KOR_value %>%
  ggplot(aes(x = PBR)) +
  geom_histogram(binwidth = 0.1)
```

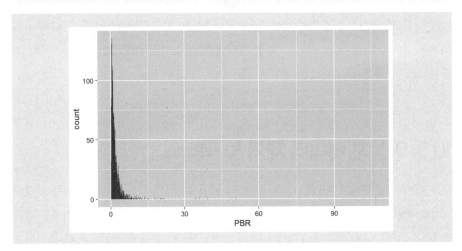

국내 종목들의 PBR 히스토그램을 그려보면 오른쪽으로 꼬리가 매우 긴 분포를 보이고 있습니다. 이는 PBR이 무려 106.71인 이상치 데이터가 있기 때문입니다. 이처럼 모든 팩터 지표에는 극단치 데이터가 있기 마련이며, 이를 처리하는 방법을 알아보겠습니다.

10.3.1 트림(Trim): 이상치 데이터 삭제

트림은 이상치 데이터를 삭제하는 방법입니다. 위의 예제에서 이상치에 해당하는 상하 위 1% 데이터를 삭제하겠습니다.

```
library(dplyr)

value_trim = KOR_value %>%
  select(PBR) %>%
  mutate(PBR = ifelse(percent_rank(PBR) > 0.99, NA, PBR),
         PBR = ifelse(percent_rank(PBR) < 0.01, NA, PBR))

value_trim %>%
  ggplot(aes(x = PBR)) +
  geom_histogram(binwidth = 0.1)
```

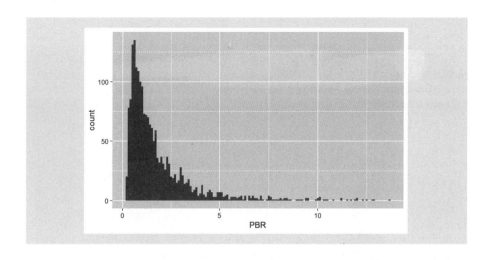

percent_rank() 함수를 통해 백분위를 구한 후 상하위 1%에 해당하는 데이터들은 NA로 변경했습니다. 결과적으로 지나치게 PBR이 낮은 종목과 높은 종목은 제거되어 x축의 스케일이 많이 줄어든 모습입니다.

평균이나 분산같이 통곗값을 구하는 과정에서는 이상치 데이터를 제거하는 것이 바람직할 수 있습니다. 그러나 팩터를 이용해 포트폴리오를 구하는 과정에서 해당 방법은 잘 사용되지 않습니다. 데이터의 손실이 발생하게 되며, 제거된 종목 중 정말로 좋은 종목이 있을 수도 있기 때문입니다.

10.3.2 윈저라이징(Winsorizing): 이상치 데이터 대체

포트폴리오 구성에서는 일반적으로 이상치 데이터를 다른 데이터로 대체하는 윈저라이징 방법이 사용됩니다. 예를 들어 상위 99%를 초과하는 데이터는 99% 값으로 대체하며, 하위 1% 미만의 데이터는 1% 데이터로 대체합니다. 즉, 좌우로 울타리를 쳐놓고 해당 범위를 넘어가는 값을 강제로 울타리에 맞춰줍니다.

```
value_winsor = KOR_value %>%
  select(PBR) %>%
  mutate(PBR = ifelse(percent_rank(PBR) > 0.99,
                      quantile(., 0.99, na.rm = TRUE), PBR),
```

```
        PBR = ifelse(percent_rank(PBR) < 0.01,
                     quantile(., 0.01, na.rm = TRUE), PBR))

value_winsor %>%
  ggplot(aes(x = PBR)) +
  geom_histogram(binwidth = 0.1)
```

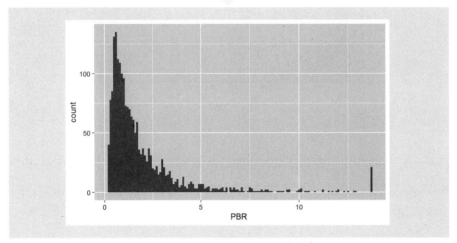

역시나 percent_rank() 함수를 통해 백분위를 구한 후 해당 범위를 초과할 경우 각
각 상하위 1% 데이터로 변형해줍니다. 그림을 살펴보면 x축 양 끝부분의 막대가 길어
진 것을 확인할 수 있습니다.

10.3.3 팩터의 결합 방법

밸류 지표의 결합, 퀄리티 지표의 결합, 마법공식 포트폴리오를 구성할 때 단순히 랭
킹을 더하는 방법을 사용했습니다. 물론 투자 종목수가 얼마 되지 않거나, 개인 투자
자의 입장에서는 이러한 방법이 가장 단순하면서도 효과적일수 있습니다. 그러나 전문
투자자의 입장이거나 팩터를 분석하는 업무를 할 경우, 이처럼 단순히 랭킹을 더하는
방법은 여러 가지 문제를 안고 있습니다.

```
library(tidyr)

KOR_value %>%
```

```
mutate_all(list(~min_rank(.))) %>%
gather() %>%
ggplot(aes(x = value)) +
geom_histogram() +
facet_wrap(. ~ key)
```

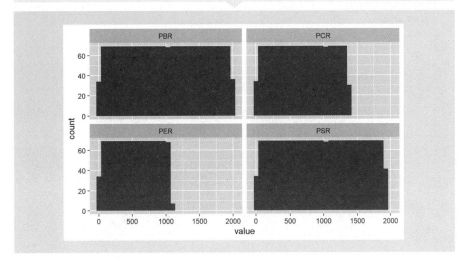

앞의 그림은 각 밸류 지표의 랭킹을 구한 후 히스토그램으로 나타낸 것입니다. 랭킹을 구하는 것의 가장 큰 장점은 극단치로 인한 효과가 사라진다는 점과 균등한 분포를 가진다는 점입니다.

그러나 각 지표의 x축을 보면 최댓값이 서로 다릅니다. 이는 지표별 결측치로 인해 유효 데이터의 개수가 달라 나타나는 현상이며, 서로 다른 범위의 분포를 단순히 합치는 것은 좋은 방법이 아닙니다. 예를 들어 A, B, C, D 팩터에 각각 비중을 40%, 30%, 20%, 10% 부여해 포트폴리오를 구성한다고 가정해봅시다. 각 랭킹은 분포의 범위가 다르므로, 랭킹과 비중의 가중평균을 통해 포트폴리오를 구성하면 왜곡된 결과를 발생시킵니다.

이러한 문제를 해결하는 가장 좋은 방법은 랭킹을 구한 후 이를 Z-Score로 정규화하는 것입니다.

```
KOR_value %>%
  mutate_all(list(~min_rank(.))) %>%
  mutate_all(list(~scale(.))) %>%
  gather() %>%
  ggplot(aes(x = value)) +
  geom_histogram() +
  facet_wrap(. ~ key)
```

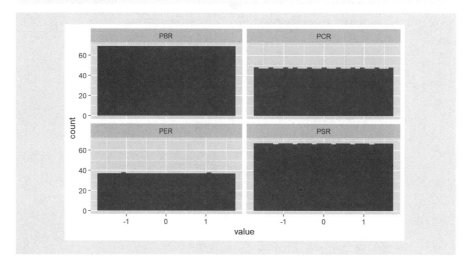

min_rank() 함수를 통해 랭킹을 구한 후 scale() 함수를 통해 정규화를 해주었습니다. 기본적으로 랭킹의 분포가 가진 극단치 효과가 사라지는 점과 균등 분포의 장점을 유지하고 있으며, 분포의 범위 역시 거의 동일하게 바뀌었습니다.

이처럼 여러 팩터를 결합해 포트폴리오를 구성하고자 하는 경우, 먼저 각 팩터(지표)별 랭킹을 정규화한 뒤 더해야 왜곡 효과가 제거되어 안정적입니다.

10.4 멀티팩터 포트폴리오

앞에서 배웠던 팩터 이론들과 결합 방법들을 응용해 멀티팩터 포트폴리오를 구성해보겠습니다. 각 팩터에 사용되는 지표는 다음과 같습니다.

- **퀄리티:** 자기자본이익률, 매출총이익, 영업활동현금흐름

- **밸류:** PER, PBR, PSR, PCR

- **모멘텀:** 3개월 수익률, 6개월 수익률, 12개월 수익률

```r
library(xts)
library(stringr)

KOR_fs = readRDS('data/KOR_fs.Rds')
KOR_value = read.csv('data/KOR_value.csv', row.names = 1,
                     stringsAsFactors = FALSE)
KOR_price = read.csv('data/KOR_price.csv', row.names = 1,
                     stringsAsFactors = FALSE) %>% as.xts()

KOR_ticker = read.csv('data/KOR_ticker.csv', row.names = 1,
                      stringsAsFactors = FALSE)
KOR_ticker$'종목코드' =
  str_pad(KOR_ticker$'종목코드', 6, 'left', 0)
```

먼저 재무제표, 가치지표, 주가 데이터를 불러옵니다.

```r
if ( lubridate::month(Sys.Date()) %in% c(1,2,3,4) ) {
  num_col = str_which(colnames(KOR_fs[[1]]), as.character(lubridate::year(Sys.Date()) - 2))
} else {
  num_col = str_which(colnames(KOR_fs[[1]]), as.character(lubridate::year(Sys.Date()) - 1))
}

quality_roe = (KOR_fs$'지배주주순이익' / KOR_fs$'자본')[num_col]
quality_gpa = (KOR_fs$'매출총이익' / KOR_fs$'자산')[num_col]
quality_cfo =
  (KOR_fs$'영업활동으로인한현금흐름' / KOR_fs$'자산')[num_col]

quality_profit =
  cbind(quality_roe, quality_gpa, quality_cfo) %>%
  setNames(., c('ROE', 'GPA', 'CFO'))

factor_quality = quality_profit %>%
  mutate_all(list(~min_rank(desc(.)))) %>%
  mutate_all(list(~scale(.))) %>%
  rowSums()
```

```
factor_quality %>%
  data.frame() %>%
  ggplot(aes(x = `.`)) +
  geom_histogram()
```

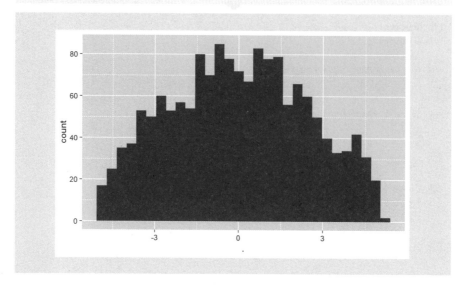

첫 번째로 퀄리티 지표를 계산해줍니다. 코드는 앞에서 살펴본 것과 거의 비슷하며, 자기자본이익률, 매출총이익, 영업활동현금흐름을 계산해줍니다. 그 후 mutate_all() 함수를 통해 랭킹을 구한 후 다시 표준화하며, 내림차순으로 정리하기 위해 랭킹 부분에 desc()를 붙여줍니다.

rowSums() 함수를 통해 계산된 Z-Score를 종목별로 합쳐줍니다. Z-Score의 히스토그램을 살펴보면 이상치가 없이 중앙에 데이터가 많이 분포되어 있습니다.

```
factor_value = KOR_value %>%
  mutate_all(list(~min_rank(.))) %>%
  mutate_all(list(~scale(.))) %>%
  rowSums()

factor_value %>%
  data.frame() %>%
```

```
ggplot(aes(x = `.`)) +
geom_histogram()
```

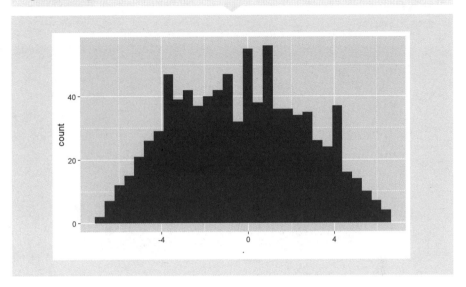

두 번째로 밸류 지표를 계산해줍니다. 밸류 지표는 이미 테이블 형태로 들어와 있으며, 랭킹과 표준화를 거쳐 합을 구해줍니다. 역시나 이상치가 없이 중앙에 데이터가 많이 분포되어 있습니다.

```
library(PerformanceAnalytics)
library(dplyr)

ret_3m = Return.calculate(KOR_price) %>% xts::last(60) %>%
  sapply(., function(x) {prod(1+x) - 1})
ret_6m = Return.calculate(KOR_price) %>% xts::last(120) %>%
  sapply(., function(x) {prod(1+x) - 1})
ret_12m = Return.calculate(KOR_price) %>% xts::last(252) %>%
  sapply(., function(x) {prod(1+x) - 1})
ret_bind = cbind(ret_3m, ret_6m, ret_12m) %>% data.frame()

factor_mom = ret_bind %>%
  mutate_all(list(~min_rank(desc(.)))) %>%
  mutate_all(list(~scale(.))) %>%
  rowSums()
```

```
factor_mom %>%
  data.frame() %>%
  ggplot(aes(x = `.`)) +
  geom_histogram()
```

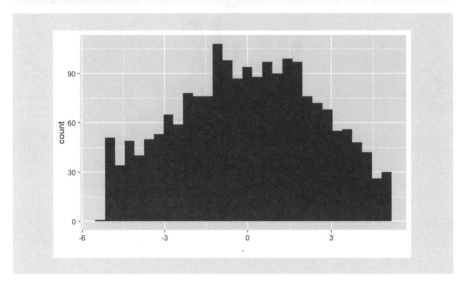

마지막으로 모멘텀 지표를 계산해줍니다. 최근 60일, 120일, 252일 주가를 통해 3개월, 6개월, 12개월 수익률을 구해준 후 cbind() 함수를 통해 열로 묶어줍니다. 그 후 내림차순 기준 랭킹과 표준화를 거쳐 합을 구합니다.

```
library(corrplot)

cbind(factor_quality, factor_value, factor_mom) %>%
  data.frame() %>%
  setNames(c('Quality', 'Value', 'Momentum')) %>%
  cor(use = 'complete.obs') %>%
  round(., 2) %>%
  corrplot(method = 'color', type = 'upper',
           addCoef.col = 'black', number.cex = 1,
           tl.cex = 0.6, tl.srt = 45, tl.col = 'black',
           col =
             colorRampPalette(c('blue', 'white', 'red'))(200),
           mar=c(0,0,0.5,0))
```

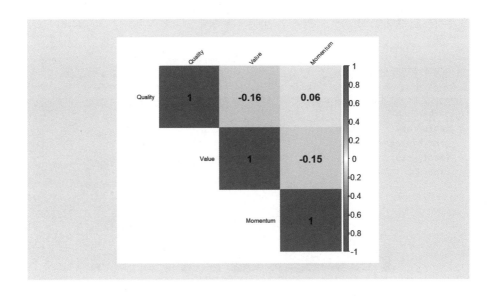

퀄리티, 밸류, 모멘텀 팩터 간의 랭크의 서로 간 상관관계가 매우 낮으며, 여러 팩터를 동시에 고려함으로서 분산효과를 기대할 수 있습니다.

```r
factor_qvm =
  cbind(factor_quality, factor_value, factor_mom) %>%
  data.frame() %>%
  mutate_all(list(~scale(.))) %>%
  mutate(factor_quality = factor_quality * 0.33,
         factor_value = factor_value * 0.33,
         factor_mom = factor_mom * 0.33) %>%
  rowSums()

invest_qvm = rank(factor_qvm) <= 30
```

계산된 팩터들을 토대로 최종 포트폴리오를 구성해보겠습니다. 각 팩터의 분포가 역시나 다르기 때문에 다시 한번 scale() 함수를 통해 정규화해주며, 각 팩터에 동일한 비중인 0.33을 곱한 후 이를 더합니다.

물론 팩터별 비중을 [0.2, 0.4, 0.4]와 같이 다르게 줄 수도 있으며, 이는 어떠한 팩터를 더욱 중요하게 생각하는지 혹은 더욱 좋게 보는지에 따라 조정이 가능합니다.

최종적으로 해당 값의 랭킹 기준 상위 30종목을 선택합니다.

```
library(tidyr)

quality_profit[invest_qvm, ] %>%
  gather() %>%
  ggplot(aes(x = value)) +
  geom_histogram() +
  facet_wrap(. ~ key, scale = 'free', ncol = 1) +
  xlab(NULL)
```

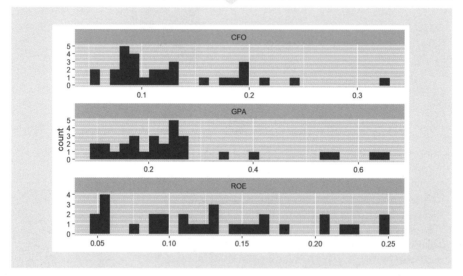

먼저 선택된 종목의 퀄리티 지표별 분포를 살펴보겠습니다. 대부분 종목의 수익성이 높음이 확인됩니다.

```
KOR_value[invest_qvm, ] %>%
  gather() %>%
  ggplot(aes(x = value)) +
  geom_histogram() +
  facet_wrap(. ~ key, scale = 'free', ncol = 1) +
  xlab(NULL)
```

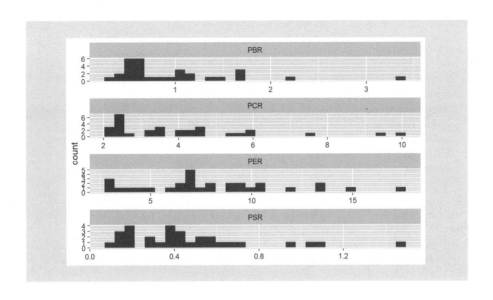

이번에는 선택된 종목의 가치지표별 분포입니다. 대부분 종목의 값이 낮아 밸류 종목임이 확인됩니다.

```
ret_bind[invest_qvm, ] %>%
  gather() %>%
  ggplot(aes(x = value)) +
  geom_histogram() +
  facet_wrap(. ~ key, scale = 'free', ncol = 1) +
  xlab(NULL)
```

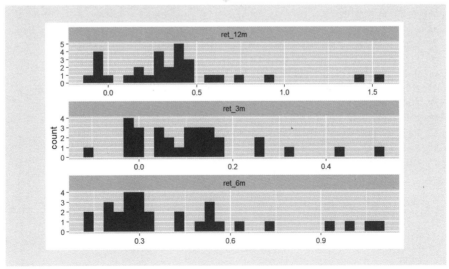

마지막으로 각 종목들의 기간별 수익률 분포입니다. 역시나 대부분의 종목들이 높은
수익률을 보입니다.

```
KOR_ticker[invest_qvm, ] %>%
  select('종목코드', '종목명') %>%
  cbind(round(quality_roe[invest_qvm, ], 2)) %>%
  cbind(round(KOR_value$PBR[invest_qvm], 2)) %>%
  cbind(round(ret_12m[invest_qvm], 2)) %>%
  setNames(c('종목코드', '종목명', 'ROE', 'PBR', '12M'))
```

##		종목코드	종목명	ROE	PBR	12M
##	65	000210	대림산업	0.11	0.65	0.41
##	167	010780	아이에스동서	0.22	1.05	0.34
##	220	034310	NICE	0.06	0.79	0.26
##	350	097520	엠씨넥스	0.23	3.39	1.44
##	385	047310	파워로직스	0.13	2.24	1.52
##	484	016590	신대양제지	0.16	0.63	0.17
##	494	102710	이엔에프테크놀로지	0.13	1.35	0.48
##	507	067990	도이치모터스	0.17	1.49	0.90
##	532	049070	인탑스	0.05	0.58	0.74
##	596	013580	계룡건설	0.20	0.55	0.12
##	605	036800	나이스정보통신	0.15	1.19	-0.06
##	629	005960	동부건설	0.20	0.65	0.15
##	706	002170	삼양통상	0.09	0.66	0.55
##	748	005990	매일홀딩스	0.05	0.35	-0.13
##	782	023600	삼보판지	0.16	0.46	0.24
##	797	036810	에프에스티	0.18	1.66	0.38
##	822	065130	탑엔지니어링	0.06	0.56	0.63
##	848	101330	모베이스	0.09	0.67	0.37
##	874	038390	레드캡투어	0.09	1.00	-0.03
##	923	069510	에스텍	0.14	1.00	0.27
##	980	039340	한국경제TV	0.13	1.15	0.41
##	1022	101160	월덱스	0.25	1.63	0.30
##	1038	007540	샘표	0.06	0.52	0.39
##	1080	006580	대양제지	0.25	0.91	0.44
##	1239	016740	두올	0.09	0.59	-0.07
##	1484	004140	동방	0.12	0.52	-0.05
##	1541	019180	티에이치엔	0.12	1.69	0.34
##	1551	037330	인지디스플레	0.06	0.44	0.31
##	1642	091340	S&K폴리텍	0.11	0.81	0.44
##	1697	081580	성우전자	0.08	0.50	-0.03

포트폴리오 내 종목들을 대상으로 팩터별 대표적인 지표인 ROE, PBR, 12개월 수익률을 나타냈습니다. 전반적으로 ROE는 높고 PBR은 낮으며, 12개월 수익률이 높은 모습을 보입니다. 물론 특정 팩터의 강도가 약하더라도 나머지 팩터의 강도가 충분히 강하다면, 포트폴리오에 편입되는 모습을 보이기도 합니다.

```
cbind(quality_profit, KOR_value, ret_bind)[invest_qvm, ] %>%
  apply(., 2, mean) %>% round(3) %>% t()
```

```
##          ROE   GPA  CFO   PER   PBR   PCR   PSR ret_3m ret_6m ret_12m
## [1,] 0.131 0.261 0.13 8.072 0.989 4.102 0.478  0.117  0.442   0.374
```

마지막으로 포트폴리오 내 종목들의 지표별 평균을 계산한 값입니다.

11

포트폴리오 구성

종목별로 비중을 어떻게 배분하느냐에 따라 성과가 달라지므로, 종목의 선택 못지 않게 중요한 것이 포트폴리오를 구성하는 방법입니다. 최적 포트폴리오의 구성은 수식을 기반으로 최적화된 해를 찾습니다. 물론 엑셀의 해 찾기와 같은 기능을 사용해 간단한 형태의 최적화 구현이 가능하지만, 방대한 데이터를 다룰 경우에는 속도가 지나치게 느려지거나 계산할 수 없게 되기도 합니다.

동일한 최적화 방법을 지속적으로 사용한다면 프로그래밍을 통해 함수를 만들고, 입력 변수만 변경하는 것이 훨씬 효율적인 방법입니다. 또한 포트폴리오 최적화에 관한 좋은 패키지들이 이미 많이 나와 있으므로, 대략적인 내용만 이해하고 실제 구현은 패키지를 이용하는 것도 좋은 방법입니다.

이 CHAPTER에서는 일반적으로 많이 사용되는 최소분산 포트폴리오, 최대분산효과 포트폴리오, 위험균형 포트폴리오를 구현해보도록 합니다. 또한 실무에서 많이 사용되는 인덱스 포트폴리오를 구성하는 방법에 대해서도 살펴보겠습니다. 먼저 포트폴리오 구성을 위해 글로벌 자산을 대표하는 ETF 데이터를 다운로드하겠습니다.

```r
library(quantmod)
library(PerformanceAnalytics)
library(magrittr)

symbols = c('SPY', # 미국 주식
            'IEV', # 유럽 주식
            'EWJ', # 일본 주식
            'EEM', # 이머징 주식
            'TLT', # 미국 장기채
            'IEF', # 미국 중기채
            'IYR', # 미국 리츠
            'RWX', # 글로벌 리츠
            'GLD', # 금
            'DBC'  # 상품
            )
getSymbols(symbols, src = 'yahoo')
```

```
##  [1] "SPY" "IEV" "EWJ" "EEM" "TLT" "IEF" "IYR" "RWX" "GLD" "DBC"
```

```r
prices = do.call(cbind,
                 lapply(symbols, function(x) Ad(get(x)))) %>%
  setNames(symbols)

rets = Return.calculate(prices) %>% na.omit()
```

getSymbols() 함수를 통해 일반적으로 자산배분에서 많이 사용되는 주식과 채권, 대체자산에 해당하는 ETF 가격 데이터를 받은 후 lapply()와 Ad(), get() 함수의 조합을 통해 수정주가만을 선택하고 열의 형태로 묶어줍니다. 그 후 Return.calculate() 함수를 통해 수익률을 계산합니다.

```r
library(tidyr)
library(dplyr)
library(corrplot)
```

```
cor(rets) %>%
  corrplot(method = 'color', type = 'upper',
           addCoef.col = 'black', number.cex = 0.7,
           tl.cex = 0.6, tl.srt=45, tl.col = 'black',
           col =
             colorRampPalette(c('blue', 'white', 'red'))(200),
           mar = c(0,0,0.5,0))
```

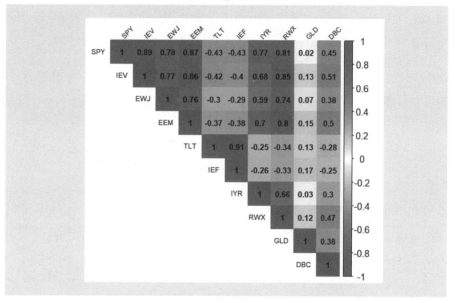

각 ETF의 수익률 간 상관관계를 살펴보면 같은 자산군 내에서는 강한 상관관계를 보이며, 주식과 채권 간에는 매우 낮은 상관관계를 보입니다. 또한 주식과 리츠 간에도 꽤 높은 상관관계를 보입니다.

포트폴리오 최적화에는 분산-공분산 행렬이 대부분 사용되며, 이는 cov() 함수를 통해 손쉽게 계산할 수 있습니다.

```
covmat = cov(rets)
```

11.1 최소분산 포트폴리오

최소분산 포트폴리오(Minimum Variance Portfolio)는 변동성이 최소인 포트폴리오입니다. 포트폴리오의 변동성은 일반적으로 $\sum_{i=1}^{n} \sum_{j=1}^{n} w_i w_j \sigma_{ij}$의 형태로 표현되지만, 최적화 작업을 위해서는 행렬의 형태인 $w'\Omega w$ 로 표현하는 것이 더욱 편리합니다. 이 중 w는 각 자산들의 비중을 행렬의 형태로 나타낸 것이며, Ω는 분산-공분산 행렬을 나타낸 것입니다. 분산-공분산 행렬은 사전에 고정되어 있는 값이므로, 각 자산들의 비중인 w를 변화시킴으로써 포트폴리오의 변동성이 최소인 지점을 찾을 수 있습니다.

최소분산 포트폴리오의 목적함수는 아래의 수식으로 표현할 수 있습니다. 이 중 $1/2$은 단지 미분했을 때 계산을 용이하게 하기 위한 장치일 뿐 결과에는 영향을 미치지 않습니다.

$$\text{최소분산 포트폴리오의 목적함수: } min \, {}^1/_2 \, w'\Omega w$$

다만 단순히 위의 목적함수를 찾는 해를 구하면 결괏값이 음수가 나오기도 하는데 이것은 공매도를 의미합니다. 일반적으로 공매도가 불가능하다는 점과, 투자비중의 합이 100%가 되어야 한다는 점을 고려하면 아래와 같은 제약조건을 추가해야 합니다.

$$\text{최소분산 포트폴리오의 제약조건: } \sum_{i=1}^{n} w_i = 1, w_i \geq 0$$

물론 이 외에도 각 섹터의 투자비중 합에 대한 제약조건이나 회전율에 대한 제약조건 등도 추가할 수 있습니다.

11.1.1 slsqp() 함수를 이용한 최적화

R에서 가장 손쉽게 최적화 작업을 수행하는 방법은 nloptr 패키지의 slsqp() 함수를 이용하는 것입니다. slsqp() 함수는 순차적 이차 계획(Sequential Quadratic Programming)을 이용해 해를 찾으며, 목적함수와 제약조건은 다음과 같습니다.

표 11-1 **slsqp() 함수의 목적함수와 제약조건**

목적함수	제약조건
$min \, f(x)$	$b(x) \geq 0, c(x) = 0$

목적함수에서 $f(x)$는 최소화하고자 하는 값, 즉 포트폴리오의 변동성입니다. 제약조건은 크게 개별 자산의 투자비중이 0 이상인 것과, 투자비중의 합이 1이 되도록 하는 것입니다. 첫 번째 제약조건은 자연스럽게 개별 자산의 투자비중이 0 이상인 것을 의미합니다. 두 번째 제약조건은 약간의 변형을 통해 투자비중의 합이 1이 되는 제약조건을 만들 수 있습니다. $c(x)$를 투자비중의 합 – 1로 변형할 경우 –1을 우변으로 넘기면 결국 투자비중의 합 = 1의 형태로 나타낼 수 있습니다. slsqp() 함수의 구성은 다음과 같습니다.

```
slsqp(x0, fn, gr = NULL, lower = NULL, upper = NULL,  ┄┄ ❶❷
      hin = NULL, hinjac = NULL, heq = NULL, heqjac = NULL,  ┄┄ ❸❹
      nl.info = FALSE, control = list(), ...)
```

이 중 우리가 구체적으로 입력해야 할 값은 x0, fn, hin, heq 항목입니다.

❶ x0은 초기값이며, 일반적으로 모든 x에 대해 동일한 값을 입력합니다.

❷ fn은 최소화하고자 하는 목적함수로, 포트폴리오 변동성에 해당합니다.

❸ hin은 부등위 제약조건(inequality constraints)을 의미하며, 프로그래밍 내에서는 hin >= 0로 인식하며, 각 자산의 비중이 0보다 크다는 제약조건과 연결됩니다.

❹ heq는 등위 제약조건(equality constraints)을 의미하며, 프로그래밍 내에서는 heq == 0을 의미합니다. 투자비중의 합 – 1의 형태를 입력한다면 투자비중의 합이 1이라는 제약조건과 연결됩니다.

표 11-2는 최소분산 포트폴리오를 구할 때 필요한 주요 변수에 대한 내용입니다.

표 11-2 **slsqp() 함수의 인자와 포트폴리오 내 변수**

변수명	내용	포트폴리오 내 변수
x0	초기값	없음
fn	목적함수	포트폴리오 변동성
hin	부등위 제약조건	각 자산의 비중이 0 보다 큰 제약조건
heq	등위 제약조건	투자비중의 합이 1인 제약조건

slsqp() 함수를 이용해 최소분산 포트폴리오를 만족하는 자산의 투자비중을 구하는 과정은 다음과 같습니다. 먼저 fn, hin, heq에 해당하는 함수들을 각각 만든 후 이를 slsqp() 함수와 결합해 최적화된 결괏값을 얻을 수 있습니다. 구체적인 과정은 아래와 같습니다.

```
objective = function(w) {
  obj = t(w) %*% covmat %*% w
  return(obj)
}
```

먼저 목적함수에 해당하는 부분입니다. covmat은 사전에 계산된 분산-공분산 행렬이며, w는 각 자산의 투자비중입니다. obj는 포트폴리오의 변동성인 $w'\Omega w$를 계산한 것입니다. 즉, 해당 함수는 계산된 w를 바탕으로 포트폴리오의 변동성을 반환하고, 우리의 목적은 해당 값이 최소가 되도록 하는 것입니다.

```
hin.objective = function(w) {
  return(w)
}
```

$w_i \geq 0$ 제약조건에 해당하는 부등위 제약조건입니다. 패키지 내에서는 hin >= 0의 형태로 인식하므로, 계산된 비중인 w를 단순히 입력하기만 하면 됩니다.

```
heq.objective = function(w) {
  sum_w = sum(w)
```

```
    return( sum_w - 1 )
}
```

$\sum_{i=1}^{n} w_i = 1$ 제약조건에 해당하는 등위 제약조건입니다. 먼저 계산된 비중인 w들의 합계를 구한 후 해당 값에서 1을 빼주는 값을 반환합니다. 프로그래밍 내에서는 heq == 0의 형태로 인식하므로 결국 (sum_w - 1) == 0, 즉 sum_w == 1의 제약조건과 동일하게 됩니다.

```
library(nloptr)

result = slsqp( x0 = rep(0.1, 10),
                fn = objective,
                hin = hin.objective,
                heq = heq.objective)

print(result$par)
```

```
## [1]  1.528e-01  2.777e-17 -2.349e-17 -5.037e-18 -1.683e-16  7.843e-01
## [7]  1.041e-17 -1.480e-17 -3.463e-18  6.287e-02
```

```
print(result$value)
```

```
## [1] 0.000009694
```

위에서 만들어진 함수들을 바탕으로 최적화 작업을 실행합니다. 초기값인 x0에는 먼저 동일한 비중들을 입력합니다. 예제에서는 종목이 10개 이므로, x0 값에는 rep(0.1, 10) 인 0.1, 0.1, 0.1, 0.1, 0.1, 0.1, 0.1, 0.1, 0.1, 0.1을 입력합니다. 최소화하고자 하는 목적함수 fn에는 위에서 구성한 objective 함수를 입력합니다. 부등위 제약조건과 등위 제약조건에도 각각 위에서 구성한 hin.objective와 heq.objective 함수를 입력합니다.

즉, 해당 함수는 초기값을 시작점으로 해 주어진 제약조건을 만족하는 해를 찾기 위해 w 값들을 조정하는 작업을 반복한 후 목적함수가 최소가 되는 지점의 w를 반환합니다.

result 값 중 $par는 최적화된 지점의 해를 의미하며, 최소분산 포트폴리오를 구성하는 자산들의 투자비중을 의미합니다. $value는 $par에서 산출된 값을 목적함수 fn에 입력했을 때 나오는 결괏값으로서, 포트폴리오의 분산을 의미합니다.

```r
w_1 = result$par %>% round(., 4) %>%
  setNames(colnames(rets))

print(w_1)
```

```
##    SPY    IEV    EWJ    EEM    TLT    IEF    IYR    RWX    GLD    DBC
## 0.1528 0.0000 0.0000 0.0000 0.0000 0.7843 0.0000 0.0000 0.0000 0.0629
```

자산들의 투자비중은 result$par를 통해 추출한 후 round() 함수를 이용해 반올림합니다. 마지막으로 이름에 종목명을 입력합니다. 계산된 비중으로 포트폴리오를 구성하면 포트폴리오의 비중이 최소가 됩니다.

11.1.2 solve.QP() 함수를 이용한 최적화

다음으로는 quadprog 패키지 내의 solve.QP() 함수를 이용해 포트폴리오 최적화를 하는 방법이 있습니다. 해당 함수는 쌍대기법(Dual Method)을 이용해 제약조건 내에서 목적함수가 최소화되는 해를 구합니다. 해당 함수의 목적함수와 제약조건은 표 11-3과 같습니다.

표 11-3 solve.QP 함수 목적함수와 제약조건

목적함수	제약조건
$min(-d^T b + {}^1/_2 b^T D b)$	$A^T b \geq b_0$

최소분산 포트폴리오의 목적함수가 $min\,{}^1/_2\,w'\Omega w$로 표시된다는 점을 생각하면, 해당 함수는 매우 이해하기 쉽게 구성되어 있습니다. b를 각 개별 자산의 투자비중인 w, D를 분산-공분산 행렬인 Ω라 생각하면, 목적함수 중 $min\,{}^1/_2\,wDw$는 최소분산 포

트폴리오의 목적함수와 정확히 동일합니다. d를 0으로 생각하면 $-d^T b$ 또한 0이 되어 목적함수에 아무런 영향도 미치지 않습니다.

제약조건 역시 A^T 항목을 적절하게 수정한다면, 개별 자산의 투자비중이 0 이상인 것과, 투자비중의 합이 1이 되도록 만들 수 있습니다. 이에 대해서는 뒤에서 구체적으로 다루도록 합니다. solve.QP() 함수의 사용법은 아래와 같습니다.

```
solve.QP(Dmat, dvec, Amat, bvec, meq = 0, factorized = FALSE)
```

1. Dmat은 목적함수 중 D에 해당하는 행렬 부분으로서 분산-공분산 행렬과 일치합니다.

2. dvec은 목적함수 중 d에 해당하는 벡터 부분이며, 포트폴리오 최적화에서는 역할이 없습니다.

3. Amat은 제약조건 중 A^T에 해당하는 부분으로서, 제약조건 중 좌변에 위치하는 항목입니다. 제약조건에서 보듯이 제약조건 행렬을 구한 후 이것의 전치(Transpose) 행렬을 입력해야 하는 데 주의합니다.

4. bvec은 제약조건 중 b_0에 해당하는 부분으로서, 제약조건 중 우변에 위치하는 항목입니다.

5. meq는 bvec의 몇 번째까지를 등위 제약조건으로 설정할지에 대한 부분입니다.

표 11-4는 위의 내용을 요약한 것이며, 각 변수를 입력한 후 함수를 실행하면 위의 목적함수와 제약조건을 만족하는 b 값을 찾습니다.

표 11-4 **solve.QP 함수의 인자와 포트폴리오 내 변수**

변수명	내용	포트폴리오 내 변수
Dmat	목적함수 중 D	분산-공분산 행렬
dvec	목적함수 중 d	해당사항 없음
Amat	제약조건(좌변)	$\sum_{i=1}^{n} w_i, w_i$
bvec	제약조건(우변)	비중의 합이 1, 각 비중이 0보다 큼
meq	등위 제약조건 개수	1개(비중의 합이 1)

solve.QP() 함수를 이용해 최소분산 포트폴리오 비중을 구할 때는 Amat 항목을 제대로 입력하는 것이 가장 중요하며, 나머지 항목은 매우 손쉽게 입력이 가능합니다. 설명된 내용에 해당하는 행렬을 손으로 직접 써가며 계산해본다면 훨씬 이해하기가 쉬울 것입니다. 구체적인 과정은 아래와 같습니다.

```
Dmat = covmat
dvec = rep(0, 10)
Amat = t(rbind(rep(1, 10), diag(10), -diag(10)))
bvec = c(1, rep(0, 10), -rep(1, 10))
meq = 1
```

Dmat에는 분산-공분산 행렬을 입력하며, dvec은 최소분산 포트폴리오를 구하는 데는 필요한 값이 아니므로 0벡터를 입력합니다. 등위 제약조건과 부등위 제약조건 ($A^T b \geq b_0$)을 행렬의 형태로 표현하면 다음과 같습니다.

$$
\begin{bmatrix} 1 & \cdots & 1 \\ 1 & \cdots & 0 \\ \vdots & \ddots & \vdots \\ 0 & \cdots & 1 \\ -1 & \cdots & 0 \\ \vdots & \ddots & \vdots \\ 0 & \cdots & -1 \end{bmatrix} \begin{bmatrix} w_1 \\ w_2 \\ \vdots \\ w_{10} \end{bmatrix} = \begin{bmatrix} w_1 + w_2 + \cdots + w_{10} \\ w_1 \\ \vdots \\ w_{10} \\ -w_1 \\ \vdots \\ -w_{10} \end{bmatrix} \geq \begin{bmatrix} 1 \\ 0 \\ \vdots \\ 0 \\ -1 \\ \vdots \\ -1 \end{bmatrix}
$$

이 중 맨 왼쪽 행렬의 전치행렬이 제약조건의 좌변인 Amat에 해당합니다.

$$
Amat = \begin{bmatrix} 1 & \cdots & 1 \\ 1 & \cdots & 0 \\ \vdots & \ddots & \vdots \\ 0 & \cdots & 1 \\ -1 & \cdots & 0 \\ \vdots & \ddots & \vdots \\ 0 & \cdots & -1 \end{bmatrix}^T
$$

맨 오른쪽 행렬이 제약조건의 우변인 bvec에 해당합니다.

$$bvec = \begin{bmatrix} 1 \\ 0 \\ \vdots \\ 0 \\ -1 \\ \vdots \\ -1 \end{bmatrix}$$

위의 제약조건은 크게 투자비중의 합이 1인 제약조건, 최소 투자비중이 0 이상인 제약조건, 최대 투자비중이 1 이하인 제약조건, 총 세 개 부분으로 나눌 수 있습니다.

$$(1) \sum_{i=1}^{n} w_i = 1 \Rightarrow \begin{bmatrix} w_1 + w_2 + \ldots w_{10} \end{bmatrix} = \begin{bmatrix} 1 \end{bmatrix}$$

$$(2) \ w_i \geq 0 \Rightarrow \begin{bmatrix} w_1 \\ w_2 \\ \vdots \\ w_{10} \end{bmatrix} \geq \begin{bmatrix} 0 \\ 0 \\ \vdots \\ 0 \end{bmatrix}$$

$$(3) - w_i \geq -1 \Rightarrow \begin{bmatrix} -w_1 \\ -w_2 \\ \vdots \\ -w_{10} \end{bmatrix} \geq \begin{bmatrix} -1 \\ -1 \\ \vdots \\ -1 \end{bmatrix}$$

solve.QP() 함수의 제약조건은 항상 좌변이 큰 형태이므로, 최대 투자비중에 대한 제약조건은 다음 행렬의 양변에 마이너스(-)를 곱해 부등호를 맞춰주었습니다.

$$\begin{bmatrix} w_1 \\ w_2 \\ \vdots \\ w_{10} \end{bmatrix} \leq \begin{bmatrix} 1 \\ 1 \\ \vdots \\ 1 \end{bmatrix}$$

첫 번째 제약조건은 부등호가 아닌 등호, 즉 투자비중의 합이 1인 조건을 의미하므로 meq = 1을 통해 첫 번째 제약조건은 등식 제약조건임을 선언할 수 있습니다.

제약조건의 좌변에 해당하는 Amat을 만드는 과정은 다음과 같습니다. 먼저 rep(1, 10)을 통해 최상단에 위치한 1로 이루어진 행렬을 만들어줍니다.

$$\begin{bmatrix} 1 & 1 & \ldots & 1 \end{bmatrix}$$

하단의 1과 -1로 이루어진 대각행렬은 diag() 함수를 통해 쉽게 만들 수 있습니다.

$$diag(10) = \begin{bmatrix} 1 & \ldots & 0 \\ \vdots & \ddots & \vdots \\ 0 & \ldots & 1 \end{bmatrix}$$

$$-diag(10) = \begin{bmatrix} -1 & \ldots & 0 \\ \vdots & \ddots & \vdots \\ 0 & \ldots & -1 \end{bmatrix}$$

rbind() 함수를 통해 세 개의 행렬을 행으로 묶어주면 제약조건의 맨 왼쪽 행렬과 동일한 형태가 됩니다. 이를 t() 함수를 통해 전치행렬을 만들어 준 뒤 Amat에 입력합니다.

제약조건에 해당하는 bvec은 1, 0, -1로 이루어진 벡터를 통해 손쉽게 만들 수 있습니다.

```
library(quadprog)
result = solve.QP(Dmat, dvec, Amat, bvec, meq)

print(result$solution)
```

```
##  [1]  1.528e-01   1.738e-18   2.061e-20  -4.724e-18  -2.858e-17   7.843e-01
##  [7] -5.015e-18  -6.073e-19   0.000e+00   6.287e-02
```

```
print(result$value)
```

```
## [1] 0.000004847
```

위에 입력된 내역들을 solve.QP() 함수에 넣어 최적화 값을 찾아줍니다. 결과 중 $solution은 최적화된 지점의 해, 즉 최소분산 포트폴리오를 구성하는 자산들의 투자비중을 의미합니다. $value는 $solution에서 산출된 값을 목적함수에 입력했을 때 나오는 결괏값으로서, 포트폴리오의 분산을 의미합니다.

```
w_2 = result$solution %>% round(., 4) %>%
  setNames(colnames(rets))

print(w_2)
```

```
##   SPY    IEV    EWJ    EEM    TLT    IEF    IYR    RWX    GLD    DBC
## 0.1528 0.0000 0.0000 0.0000 0.0000 0.7843 0.0000 0.0000 0.0000 0.0629
```

자산들의 투자비중은 result$solution을 통해 추출한 후 round() 함수를 이용해 반올림합니다. 마지막으로 이름에 종목명을 입력합니다. 계산된 비중으로 포트폴리오를 구성하면 포트폴리오의 비중이 최소화됩니다.

11.1.3 optimalPortfolio() 함수를 이용한 최적화

RiskPortfolios 패키지의 optimalPortfolio() 함수를 이용해 매우 간단하게 최적화 포트폴리오를 구현할 수도 있습니다. 해당 함수의 사용법은 다음과 같습니다.

```
optimalPortfolio(Sigma, mu = NULL, semiDev = NULL,
                 control = list())
```

Sigma는 분산-공분산 행렬입니다. mu와 semiDev는 각각 기대수익률과 세미 편차 (Semi Deviation)로서, 입력하지 않아도 됩니다. control은 포트폴리오 종류 및 제약조건에 해당하는 부분이며, 자세한 내용은 표 11-5와 같습니다.

표 11-5 optimalPortfolio() 포트폴리오 내 control 인자

종류	입력값	내용
type	minvol	최소분산 포트폴리오
	invvol	역변동성 포트폴리오
	erc	위험 균형 포트폴리오
	maxdiv	최대분산효과 포트폴리오
	riskeff	위험-효율적 포트폴리오
constraint	lo	최소 투자비중이 0보다 클 것
	user	최소(LB) 및 최대 투자비중(UB) 설정

control 항목에서 원하는 포트폴리오 타입과 제약조건을 입력해주면, 매우 손쉽게
최적화 포트폴리오를 구현할 수 있습니다.

```
library(RiskPortfolios)

w_3 = optimalPortfolio(covmat,
                       control = list(type = 'minvol',
                                      constraint = 'lo')) %>%
  round(., 4) %>%
  setNames(colnames(rets))

print(w_3)
```

```
##    SPY    IEV    EWJ    EEM    TLT    IEF    IYR    RWX    GLD    DBC
## 0.1528 0.0000 0.0000 0.0000 0.0000 0.7843 0.0000 0.0000 0.0000 0.0629
```

optimalPortfolio() 함수 내부에 분산-공분산 행렬을 입력합니다. type 부분에
최소분산 포트폴리오에 해당하는 minvol을 입력하며, constraint에는 각 자산의
비중이 0보다 큰 제약조건인 lo(Long Only)를 입력합니다. 비중의 합이 1인 제약조건은
자동적으로 적용이 됩니다.

이처럼 패키지를 이용하면 훨씬 간단하게 원하는 값을 얻을 수 있습니다. GitHub를 통
해 해당 함수의 코드를 살펴보면 solve.QP() 함수를 이용해 작성한 방법과 거의 동

일합니다. 따라서 위의 과정들을 대략적으로 이해한 후 패키지를 사용해 포트폴리오 최적화를 구현하는 것이 현명한 방법이 될 수도 있습니다.

11.1.4 결괏값들의 비교

아래 표는 slsqp(), solve.QP(), optimalPortfolio()를 이용해 구한 값들의 비교입니다.

표 11-6 **최적화 결과 비교**

	SPY	IEV	EWJ	EEM	TLT	IEF	IYR	RWX	GLD	DBC
Slsqp()	0.1528	0	0	0	0	0.7843	0	0	0	0.0629
solve.QP()	0.1528	0	0	0	0	0.7843	0	0	0	0.0629
optimalPortfolio()	0.1528	0	0	0	0	0.7843	0	0	0	0.0629

세 가지 방법 모두 결과가 동일합니다. 그러나 여기서 나온 결과를 이용해 그대로 투자하기에는 문제가 있습니다. 일부 자산은 투자비중이 0%, 즉 전혀 투자하지 않는 반면, 특정 자산에 대부분의 비중인 78.43%를 투자하는 편중된 결과가 나옵니다.

```
library(ggplot2)

data.frame(w_1) %>%
  ggplot(aes(x = factor(rownames(.), levels = rownames(.)),
                         y = w_1)) +
  geom_col() +
  xlab(NULL) + ylab(NULL)
```

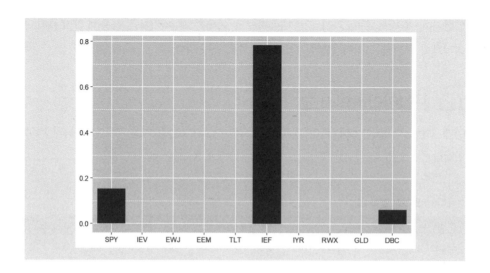

이처럼 변동성이 가장 낮은 종목에 대부분의 비중이 투자되는 구석해(Corner Solution)
문제를 해결하기 위해 각 자산의 최소 및 최대 투자비중 제약조건을 추가해 줄 필요가
있습니다.

11.1.5 최소 및 최대 투자비중 제약조건

구석해 문제를 방지하고, 모든 자산에 골고루 투자하기 위해 개별 투자비중을 최소
5%, 최대 20%로 하는 제약조건을 추가하겠습니다. 먼저 slsqp() 함수에서 제약조건
을 추가하는 방법은 다음과 같습니다.

```
result = slsqp( x0 = rep(0.1, 10),
                fn = objective,
                hin = hin.objective,
                heq = heq.objective,
                lower = rep(0.05, 10),
                upper = rep(0.20, 10))

w_4 = result$par %>% round(., 4) %>%
  setNames(colnames(rets))

print(w_4)
```

```
##  SPY  IEV  EWJ  EEM  TLT  IEF  IYR  RWX  GLD  DBC
## 0.05 0.05 0.05 0.05 0.20 0.20 0.05 0.05 0.20 0.10
```

함수의 마지막에 lower와 upper 제약조건을 추가로 입력하면 해당 값 사이에서 최적화를 만족하는 해를 찾게 되며, 해당 예에서는 5%와 20% 사이에서 해를 찾게 됩니다. 추가로 입력한 제약조건에 맞게, 최소 투자비중은 5%이며, 최대 투자비중은 20%임을 확인할 수 있습니다.

다음은 solve.QP() 함수 내에서 제약조건을 추가하는 방법입니다. 해당 함수 역시 다른 입력값은 모두 동일하며, 제약조건의 우변에 해당하는 bvec 항목만 수정하면 됩니다. 최소, 최대 투자비중 제약조건을 기존 [0, 1]에서 [0.05, 0.20] 로 변경하면, bvec에 해당하는 행렬은 다음과 같이 변경됩니다.

$$
기존:
\begin{bmatrix}
w_1 + w_2 + \cdots + w_{10} \\
w_1 \\
\vdots \\
w_{10} \\
-w_1 \\
\vdots \\
-w_{10}
\end{bmatrix}
\geq
\begin{bmatrix}
1 \\
0 \\
\vdots \\
0 \\
-1 \\
\vdots \\
-1
\end{bmatrix}
$$

$$
변경:
\begin{bmatrix}
w_1 + w_2 + \cdots + w_{10} \\
w_1 \\
\vdots \\
w_{10} \\
-w_1 \\
\vdots \\
-w_{10}
\end{bmatrix}
\geq
\begin{bmatrix}
1 \\
0.05 \\
\vdots \\
0.05 \\
-0.20 \\
\vdots \\
-0.20
\end{bmatrix}
$$

```
Dmat = covmat
dvec = rep(0, 10)
Amat = t(rbind(rep(1, 10), diag(10), -diag(10)))
bvec = c(1, rep(0.05, 10), -rep(0.20, 10))
meq = 1
```

```
result = solve.QP(Dmat, dvec, Amat, bvec, meq)

w_5 = result$solution %>% round(., 4) %>%
  setNames(colnames(rets))

print(w_5)
```

```
## SPY  IEV  EWJ  EEM  TLT  IEF  IYR  RWX  GLD  DBC
## 0.05 0.05 0.05 0.05 0.20 0.20 0.05 0.05 0.20 0.10
```

bvec 항목을 제외한 모든 코드는 기존과 동일하며, 조건함수의 우변인 bvec만 각각 최소 투자비중과 최대 투자비중이 [0, 1]에서 [0.05, 0.20]으로 변경되었습니다. 해당 방법 역시 추가적인 투자비중 제약이 잘 적용되었음이 확인됩니다.

마지막으로 optimalPortfolio() 함수 내에서 최소 및 최대 투자비중을 추가하는 방법입니다. 입력변수의 control 항목 중 constraint 부분을 간단하게 수정해 원하는 조건을 입력할 수 있습니다.

```
w_6 = optimalPortfolio(covmat,
                       control = list(type = 'minvol',
                                      constraint = 'user',
                                      LB = rep(0.05, 10),
                                      UB = rep(0.20, 10))) %>%
  round(., 4) %>%
  setNames(colnames(rets))

print(w_6)
```

```
## SPY  IEV  EWJ  EEM  TLT  IEF  IYR  RWX  GLD  DBC
## 0.05 0.05 0.05 0.05 0.20 0.20 0.05 0.05 0.20 0.10
```

constraint 부분에 롱온리 제약조건에 해당하는 lo 대신 직접 제약값들을 입력할 수 있는 user를 입력하며, LB에는 최소 투자비중 벡터를, UB에는 최대 투자비중 벡터를 입력합니다. 따라서 원하는 제약조건 내에서 결괏값이 계산됩니다.

표 11-7 최소 및 최대 투자비중 제약조건 후 결과 비교

	SPY	IEV	EWJ	EEM	TLT	IEF	IYR	RWX	GLD	DBC
slsqp()	0.05	0.05	0.05	0.05	0.2	0.2	0.05	0.05	0.2	0.1
solve.QP()	0.05	0.05	0.05	0.05	0.2	0.2	0.05	0.05	0.2	0.1
optimalPortfolio()	0.05	0.05	0.05	0.05	0.2	0.2	0.05	0.05	0.2	0.1

최소 및 최대 제약조건을 추가한 경우도 세 가지 방법 모두 동일한 결과가 나오게 되며, 비중도 각각 5%와 20%로 제한되어 구석해 문제 또한 해결되었음이 확인됩니다.

```
data.frame(w_4) %>%
  ggplot(aes(x = factor(rownames(.), levels = rownames(.)),
                y = w_4)) +
  geom_col() +
  geom_hline(aes(yintercept = 0.05), color = 'red') +
  geom_hline(aes(yintercept = 0.20), color = 'red') +
  xlab(NULL) + ylab(NULL)
```

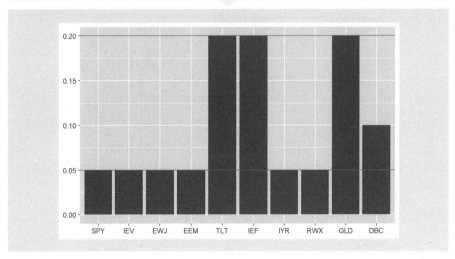

11.1.6 각 자산별 제약조건의 추가

투자 규모가 크지 않다면 위에서 추가한 제약조건만으로도 충분히 훌륭한 포트폴리오가 구성됩니다. 그러나 투자 규모가 커지면 추가적인 제약조건들을 고려해야 할 경우가 생깁니다. 벤치마크 비중과의 괴리로 인한 추적오차(Tracking Error)를 고려해야 할 수도 있고, 투자 대상별 거래량을 고려한 제약조건을 추가해야 할 때도 있습니다.

기존 제약조건에는 자산별로 동일한 최소 및 최대 투자비중 제약조건을 다루었지만, 자산별로 상이한 제약조건이 필요할 때도 있습니다. slsqp()와 optimalPortfolio() 함수에서는 복잡한 제약조건을 다루기가 힘들지만, solve.QP() 함수는 bvec 부분을 간단하게 수정해 어렵지 않게 구현이 가능합니다.

먼저 표 11-8은 새롭게 설정하고자 하는 각 자산별 최소 및 최대 제약조건입니다.

표 11-8 **각 자산별 최소 및 최대 제약조건**

제약	1	2	3	4	5	6	7	8	9	10
최소	0.10	0.10	0.05	0.05	0.10	0.10	0.05	0.05	0.03	0.03
최대	0.25	0.25	0.20	0.20	0.20	0.20	0.10	0.10	0.08	0.08

이를 행렬의 형태로 나타내면 다음과 같습니다.

$$
\begin{bmatrix} 1 & \cdots & 1 \\ 1 & \cdots & 0 \\ \vdots & \ddots & \vdots \\ 0 & \cdots & 1 \\ -1 & \cdots & 0 \\ \vdots & \ddots & \vdots \\ 0 & \cdots & -1 \end{bmatrix}
\begin{bmatrix} w_1 \\ w_2 \\ \vdots \\ w_{10} \end{bmatrix}
=
\begin{bmatrix} w_1 + w_2 + \cdots + w_{10} \\ w_1 \\ w_2 \\ w_3 \\ w_4 \\ w_5 \\ w_6 \\ w_7 \\ w_8 \\ w_9 \\ w_{10} \\ -w_1 \\ -w_2 \\ -w_3 \\ -w_4 \\ -w_5 \\ -w_6 \\ -w_7 \\ -w_8 \\ -w_9 \\ -w_{10} \end{bmatrix}
\geq
\begin{bmatrix} 1 \\ 0.10 \\ 0.10 \\ 0.05 \\ 0.05 \\ 0.10 \\ 0.10 \\ 0.05 \\ 0.05 \\ 0.03 \\ 0.03 \\ -0.25 \\ -0.25 \\ -0.20 \\ -0.20 \\ -0.20 \\ -0.20 \\ -0.10 \\ -0.10 \\ -0.08 \\ -0.08 \end{bmatrix}
$$

위의 행렬 중 오른쪽 부분을 bvec에 그대로 입력합니다.

```
Dmat = covmat
dvec = rep(0, 10)
Amat = t(rbind(rep(1, 10), diag(10), -diag(10)))
bvec = c(1, c(0.10, 0.10, 0.05, 0.05, 0.10,
              0.10, 0.05, 0.05, 0.03, 0.03),
         -c(0.25, 0.25, 0.20, 0.20, 0.20,
            0.20, 0.10, 0.10, 0.08, 0.08))
meq = 1

result = solve.QP(Dmat, dvec, Amat, bvec, meq)

result$solution %>%
  round(., 4) %>%
  setNames(colnames(rets))
```

```
##  SPY  IEV  EWJ  EEM  TLT  IEF  IYR  RWX  GLD  DBC
## 0.14 0.10 0.05 0.05 0.20 0.20 0.05 0.05 0.08 0.08
```

결괏값을 확인해보면 각 자산별 제약조건 내에 위치함을 확인할 수 있습니다.

11.2 최대분산효과 포트폴리오

앞서 설명했듯이 포트폴리오의 변동성은 $\sum_{i=1}^{n} \sum_{j=1}^{n} w_i w_j \sigma_{ij}$ 형태로 나타나며, 이는 다음과 같이 표현할 수도 있습니다.

$$\sigma_p^2 = \sum_{i=1}^{n} \sum_{j=1}^{n} w_i w_j \sigma_{ij} = \sum_{i=1}^{n} w_i^2 \sigma_i^2 + \sum_{i=1}^{n} \sum_{i \neq j}^{n} w_i w_j \rho_{ij} \sigma_i \sigma_j$$

이 중 $\sum_{i=1}^{n} \sum_{i \neq j}^{n} w_i w_j \rho_{ij} \sigma_i \sigma_j$ 부분에는 자산 간 상관관계(ρ_{ij})가 포함되어 있습니다. 상관관계는 –1과 1 사이에 위치하며 상관관계가 1, 즉 두 자산이 완벽하게 동일한 경우에는 포트폴리오의 변동성은 개별 자산 변동성의 가중합과 같습니다. 그러나 상관관계가 낮아질수록 포트폴리오의 변동성 또한 점차 낮아집니다. 이러한 효과를 투자에서는 분산효과라고 합니다.

이러한 분산효과의 정도를 측정하는 지표가 분산 비율(DR: Diversification Ratio)입니다. 분산 비율의 분자는 개별 변동성의 가중합이며, 분모는 포트폴리오의 변동성입니다. 이를 수식으로 나타내면 다음과 같습니다.

$$분산\ 비율 = \frac{\sum w_i \sigma_i}{\sigma_p} = \frac{w'\sigma}{\sqrt{w'\Omega w}}$$

모든 자산 간의 상관관계가 1일 경우, 위의 예시에서 살펴본 것과 같이 포트폴리오의 변동성은 개별 자산 변동성의 가중합과 같아지게 됩니다. 즉, $\sum w_i \sigma_i = \sigma_p$가 되어, 분산 비율은 1이 됩니다. 그러나 대부분의 경우에서 자산 간의 상관관계는 1보다 낮으며, 이로 인해 포트폴리오의 분산은 단순 가중합보다 작아지게 되고($\sigma_p < \sum w_i \sigma_i$), 분산 비율은 1보다 커지게 됩니다.

자산 간 상관관계가 낮은 종목을 위주로 포트폴리오를 구성할수록 분산효과로 인해 포트폴리오의 변동성은 낮아지고, 분산 비율은 점점 커집니다. 최대분산효과 포트폴리오(Most Diversified Portfolio)는 분산효과가 최대가 되는, 즉 분산 비율이 최대가 되는 포트폴리오를 구성하는 방법입니다. 이에 대한 목적함수와 제약조건은 다음과 같습니다.

$$목적함수: max\ DR = max\frac{\sum w_i \sigma_i}{\sigma_p}$$

$$제약조건: \sum_{i=1}^{n} w_i = 1, w_i \geq 0$$

최대분산효과 포트폴리오의 목적함수는 분산비율을 최대화하는 데 있는 반면, 대부분의 최적화 프로그래밍은 목적함수를 최소화하는 형태로 이루어집니다. 따라서 목적함수인 $maxDR$을 최소화하는 형태로 바꿀 필요가 있는데 크게 세 가지 방법이 있습니다.

1. Choueifaty Synthetic Asset Back-Transformation을 이용하는 방법[19]

2. Duality를 이용하는 방법[20]

3. Min (-)DR 방법

먼저 Choueifaty Synthetic Asset Back-Transformation 방법은 목적함수 $min\, w'_s cw_s$ 와 제약조건 $\sum_{i=1}^{n} w_i = 1,\ w_i \geq 0$ 을 만족하는 자산별 비중을 구합니다. 그 후 구해진 비중을 각각의 표준편차로 나누어주며, 비중의 합이 1이 되도록 표준화해줍니다. 여기서 주의할 점은 목적함수의 c가 우리가 지금까지 사용하던 분산-공분산 행렬이 아닌, 상관관계 행렬이라는 점입니다.

Duality 방법의 목적함수는 최소분산 포트폴리오와 동일한 $min\, ^1/_2 w' \sigma w$이며, 제약조건만 $\sum_{i=1}^{n} w_i \sigma_i = 1,\ w_i \geq 0$, 즉 개별 자산의 비중이 0보다 크고 개별 표준편차의 가중합이 1인 조건으로 바뀝니다. 그 후 비중의 합이 1이 되도록 표준화를 해줍니다.

기존 두 방법이 수학적 증명에 의해 $maxDR$을 최소화하는 형태로 풀어준 반면, 간단하게 목적함수를 $min(-DR)$의 형태로 바꾸어 풀 수도 있습니다. 표 11-9는 세 가지 방법을 요약한 내용입니다.

표 11-9 최대분산효과 포트폴리오의 방법 비교

방법	목적함수	제약조건	표준화
Transformation	$min\, w'_s cw_s$	$\sum_{i=1}^{n} w_i = 1$ $w_i \geq 0$	비중을 각각의 표준편차로 나눈 후 비중의 합으로 표준화
Duality	$min\, ^1/_2 w' \sigma w$	$\sum_{i=1}^{n} w_i \sigma_i = 1$ $w_i \geq 0$	비중의 합으로 표준화
Min -DR	min(-DR)	$\sum_{i=1}^{n} w_i = 1$ $w_i \geq 0$	불필요

19 Choueifaty, Y., & Coignard, Y. (2008). Toward maximum diversification. Journal of Portfolio Management, 35(1), 40.

20 Choueifaty, Y., Froidure, T., & Reynier, J. (2011). Properties of the most diversified portfolio. Journal of Investment Strategies 2 (2): 49–70.

11.2.1 solve.QP() 함수를 이용한 최적화

먼저 solve.QP() 함수를 이용해 Duality 방법을 통해 최대분산효과 포트폴리오를 만족하는 해를 찾도록 하겠습니다.

Duality 방법에서 목적함수는 $min\ ^1/_2w'\sigma w$로 최소분산 포트폴리오와 동일하며, 제약조건은 $\sum_{i=1}^{n} w_i\sigma_i = 1$, $w_i \geq 0$입니다. 제약조건인 Amat과 bvec을 입력할 때 이 부분을 고려해야 합니다.

```
Dmat = covmat
dvec = rep(0, 10)
Amat = t(rbind(sqrt(diag(covmat)), diag(10)))
bvec = c(1, rep(0, 10))
meq = 1
```

제약조건에 해당하는 Amat과 bvec은 최소분산 포트폴리오와 다소 다릅니다. 표 11-10에는 둘 사이에 코드가 어떻게 다른지 나타나 있습니다.

표 11-10   Amat과 bvec 차이 비교

인자	최소분산 포트폴리오	최대분산효과 포트폴리오
Amat	t(rbind(rep(1, 10), diag(10), -diag(10)))	t(rbind(sqrt(diag(covmat)), diag(10)))
bvec	c(1, rep(0, 10), -rep(1, 10))	c(1, rep(0, 10))

이해를 위해 Duality 방법의 제약조건을 행렬의 형태로 표현하면 다음과 같습니다.

$$\begin{bmatrix} \sigma_1 & \cdots & \sigma_{10} \\ 1 & \cdots & 0 \\ \vdots & \ddots & \vdots \\ 0 & \cdots & 1 \end{bmatrix} \begin{bmatrix} w_1 \\ w_2 \\ \vdots \\ w_{10} \end{bmatrix} = \begin{bmatrix} \sigma_1 w_1 + \sigma_2 w_2 + \cdots + \sigma_{10} w_{10} \\ w_1 \\ \vdots \\ w_{10} \end{bmatrix} \geq \begin{bmatrix} 1 \\ 0 \\ \vdots \\ 0 \end{bmatrix}$$

1행의 $\sigma_1 w_1 + \sigma_2 w_2 + \cdots + \sigma_{10} w_{10}$은 $\sum_{i=1}^{n} w_i\sigma_i = 1$과 같으며, 해당 식은 등위

제약조건으로서 $\sum_{i=1}^{n} w_i\sigma_i = \sigma_1 w_1 + \sigma_2 w_2 + \cdots + \sigma_{10} w_{10} = 1$을 의미합니다. 2행부터 마지막 행까지는 모두 $w_i \geq 0$ 조건으로서, 개별 자산의 투자비중이 0보다 큰 조건을 의미합니다.

행렬의 맨 왼쪽에 해당하는 Amat은 각 자산의 표준편차로 이루어진 벡터 행렬과, 1로 이루어진 대각행렬로 구성되어 있습니다. 먼저 diag(covmat)을 통해 분산-공분산 부분에서 대각 부분 즉 분산 부분만을 추출할 수 있습니다. 개별 자산의 분산인 $\sigma_{i,i}$ 는 $\sigma_i\sigma_i\rho_{1,1}$ 형태로 쓸 수 있으며, $\rho_{1,1} = 1$을 적용하면 σ_i^2 와 같습니다. 따라서 대각 부분 값에 제곱근을 계산하는 sqrt() 함수를 적용하면 각각의 표준편차만 남게 됩니다. 이를 diag(10)을 통해 만든 대각행렬과 행으로 묶어준 후 전치행렬을 입력합니다.

bvec는 행렬의 맨 오른쪽과 같이 등위 제약조건에 해당하는 1과 부등위 제약조건에 해당하는 0들로 구성되어 있습니다. 차후에 표준화 과정을 거쳐야 하므로 Duality 방법에서는 개별 자산의 투자비중이 1보다 작은 조건을 입력하지 않아도 됩니다.

```
result = solve.QP(Dmat, dvec, Amat, bvec, meq)

w = result$solution %>%
  round(., 4) %>%
  setNames(colnames(rets))

print(w)
```

```
##    SPY    IEV    EWJ    EEM    TLT    IEF    IYR    RWX    GLD    DBC
## 17.404  2.308  3.787  0.000 27.782 36.317  3.016  0.000  8.405 11.688
```

입력된 목적함수와 제약조건들을 바탕으로 solve.QP() 함수를 통해 최적화를 수행한 후 최대분산효과를 만족하는 해를 구해보면, 비중의 합이 1을 초과하게 됩니다. $w_i = \dfrac{w_i}{\sum_{i=1}^{n} w_i}$ 를 통해 비중의 합이 1이 되도록 표준화를 해줍니다.

```
w = (w / sum(w)) %>%
  round(., 4)
```

```
print(w)
```

```
##    SPY    IEV    EWJ    EEM    TLT    IEF    IYR    RWX    GLD    DBC
## 0.1572 0.0208 0.0342 0.0000 0.2510 0.3280 0.0272 0.0000 0.0759 0.1056
```

표준화 과정을 통해 비중의 합이 1이 되었습니다.

```
data.frame(w) %>%
  ggplot(aes(x = factor(rownames(.), levels = rownames(.)),
             y = w)) +
  geom_col() +
  geom_col() +
  xlab(NULL) + ylab(NULL)
```

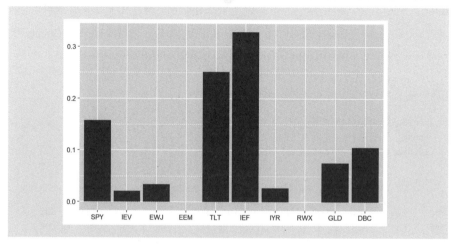

11.2.2 optimalPortfolio() 함수를 이용한 최적화

최소분산 포트폴리오와 동일하게 optimalPortfolio() 함수를 이용해 매우 간단하게 최대분산효과 포트폴리오를 구현할 수 있습니다.

```
w = optimalPortfolio(covmat,
                     control = list(type = 'maxdiv',
```

```
                                              constraint = 'lo')) %>%
    round(., 4)

print(w)
```

```
## [1] 0.1572 0.0208 0.0342 0.0000 0.2510 0.3280 0.0272 0.0000 0.0759 0.1056
```

control 항목의 type에 maximum diversification을 의미하는 'maxdiv'를 입력해주
며, 제약조건에는 투자비중이 0보다 큰 lo(Long Only) 조건을 입력합니다. 패키지를 활
용해 매우 간단하게 최대분산효과 포트폴리오를 구현할 수 있으며, 그 결과 또한 앞에
서 계산한 것과 동일합니다. 해당 함수의 코드를 확인해보면, 최대분산효과 포트폴리
오 계산 시 Min –DR 방법을 사용합니다.

11.2.3 최소 및 최대 투자비중 제약조건

최대분산효과 포트폴리오 역시 구석해 문제가 발생하며, 모든 자산에 골고루 투자하기
위해 개별 투자비중을 최소 5%, 최대 20%로 하는 제약조건을 추가하겠습니다.

Duality 방법에서는 목적함수인 $min\,{}^1\!/_2 w'\sigma w$ 과 제약조건인 $\sum_{i=1}^{n} w_i \sigma_i = 1$, $w_i \geq 0$
에 맞게 해를 구한 후 비중의 합이 1이 되도록 표준화하는 과정을 거쳤습니다. 따라
서 비중의 최소 및 최대 제약조건은 단순히 $lb \leq w_i \leq ub$가 아닌 표준화 과정인
$w_i = \frac{w_i}{\sum_{i=1}^{n} w_i}$까지 고려해 적용해야 합니다. 표 11-11은 이를 수식으로 나타낸 것입
니다.

표 11-11 최소 및 최대비중 제약조건

최소비중 제약조건	최대비중 제약조건
$\dfrac{w_i}{\sum_{i=1}^{n} w_i} \geq lb$	$\dfrac{w_i}{\sum_{i=1}^{n} w_i} \leq ub$
$\Rightarrow -lb + \dfrac{w_i}{\sum_{i=1}^{n} w_i} \geq 0$	$\Rightarrow ub - \dfrac{w_i}{\sum_{i=1}^{n} w_i} \geq 0$
$\Rightarrow -lb + \dfrac{w_i}{e^T w} \geq 0$	$\Rightarrow ub - \dfrac{w_i}{e^T w} \geq 0$

표 계속 --▶

$\Rightarrow -lb \times e^T w + w \geq 0$	$\Rightarrow ub \times e^T w - w \geq 0$
$\Rightarrow (-lb \times e^T + I)w \geq 0$	$\Rightarrow (ub \times e^T - I)w \geq 0$

최소비중 제약조건인 $-lb \times e^T + I$의 예를 행렬로 풀어보겠습니다. $-lb \times e^T$를 행렬로 표현하면 다음과 같으며, $-lb$로 이루어진 $n \times n$ 행렬입니다.

$$
\begin{bmatrix} -lb \\ \vdots \\ -lb \end{bmatrix} \begin{bmatrix} 1 \\ \vdots \\ 1 \end{bmatrix}^T = \begin{bmatrix} -lb \\ \vdots \\ -lb \end{bmatrix} \begin{bmatrix} 1 & \cdots & 1 \end{bmatrix} = \begin{bmatrix} -lb & \cdots & -lb \\ \vdots & \ddots & \vdots \\ -lb & \cdots & -lb \end{bmatrix}
$$

I는 대각선 부분이 1, 나머지가 0인 항등행렬을 의미합니다. 따라서 $(-lb \times e^T + I)$를 계산하면 다음과 같습니다.

$$
\begin{bmatrix} -lb+1 & \cdots & -lb \\ \vdots & \ddots & \vdots \\ -lb & \cdots & -lb+1 \end{bmatrix}
$$

최소분산 포트폴리오와는 다르게 Duality 방법으로 최대분산효과 포트폴리오를 구현하면 최소 및 최대 제약조건이 우변이 아닌 좌변에 들어가게 되며, 해당 제약조건을 고려해 행렬로 표현하면 다음과 같습니다.

$$
\begin{bmatrix} \sigma_1 & \cdots & \sigma_{10} \\ -lb+1 & \cdots & -lb \\ \vdots & \ddots & \vdots \\ -lb & \cdots & -lb+1 \\ ub-1 & \cdots & ub \\ \vdots & \ddots & \vdots \\ ub & \cdots & ub-1 \end{bmatrix} \begin{bmatrix} w_1 \\ w_2 \\ \vdots \\ w_{10} \end{bmatrix} = \begin{bmatrix} \sigma_1 w_1 + \sigma_2 w_2 + \cdots + \sigma_{10} w_{10} \\ -lb(w_1 + w_2 + \cdots + w_{10}) + w_1 \\ \vdots \\ -lb(w_1 + w_2 + \cdots + w_{10}) + w_{10} \\ wb(w_1 + w_2 + \cdots + w_{10}) - w_1 \\ \vdots \\ ub(w_1 + w_2 + \cdots + w_{10}) - w_{10} \end{bmatrix} \geq \begin{bmatrix} 1 \\ 0 \\ \vdots \\ 0 \\ 0 \\ \vdots \\ 0 \end{bmatrix}
$$

첫 번째 행 $\sigma_1 w_1 + \sigma_2 w_2 + \cdots + \sigma_{10} w_{10}$은 등위 제약조건인 $\sum_{i=1}^{n} w_i \sigma_i = 1$에 해당하며, 두 번째 행부터는 부등위 제약조건에 해당합니다. 두 번째 행을 정리하면 $\frac{w_1}{w_1 + w_2 + \cdots + w_{10}} \geq lb$, 즉 비중의 표준화가 고려된 최소비중 제약조건입니다. 마지막 행 역시 정리하면 $\frac{w_1}{w_1 + w_2 + \cdots + w_{10}} \leq ub$가 되어 비중의 표준화가 고려된 최대비중 제약조건을 의미합니다. 위 행렬을 고려해 Amat과 bvec을 수정한 코드는 다음과 같습니다.

```r
Dmat = covmat
dvec = rep(0, 10)
Alb = -rep(0.05, 10) %*% matrix(1, 1, 10) + diag(10)
Aub = rep(0.20, 10) %*% matrix(1, 1, 10) - diag(10)

Amat = t(rbind(sqrt(diag(covmat)), Alb, Aub))
bvec = c(1, rep(0, 10), rep(0, 10))
meq = 1

result = solve.QP(Dmat, dvec, Amat, bvec, meq)

w = result$solution
w = (w / sum(w)) %>%
  round(., 4) %>%
  setNames(colnames(rets))

print(w)
```

```
##    SPY    IEV    EWJ    EEM    TLT    IEF    IYR    RWX    GLD    DBC
## 0.0500 0.0500 0.0500 0.0500 0.2000 0.2000 0.0500 0.0500 0.1922 0.1078
```

Alb의 -rep(0.05, 10)는 $-lb$ 부분, matrix(1, 1, 10)은 e^T 부분, diag(10)은 I 부분을 의미하며, 이는 최소비중 제약조건의 좌변($-lb \times e^T + I$)과 같습니다. 동일하게 Aub는 최대비중 제약조건의 좌변($ub \times e^T - I$)과 같으며, 결과를 확인하면 최소 및 최대비중 제약조건인 [5%, 20%]가 제대로 반영되었습니다.

```r
data.frame(w) %>%
  ggplot(aes(x = factor(rownames(.), levels = rownames(.)),
             y = w)) +
  geom_col() +
```

```
geom_hline(aes(yintercept = 0.05), color = 'red') +
geom_hline(aes(yintercept = 0.20), color = 'red') +
xlab(NULL) + ylab(NULL)
```

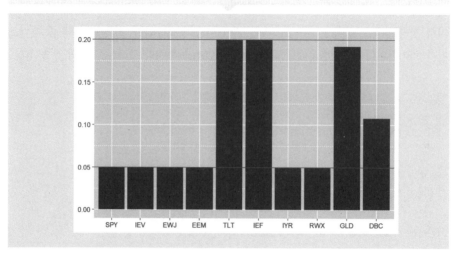

11.2.4 각 자산별 제약조건의 추가

최소분산 포트폴리오와 동일하게 자산별로 다른 제약조건을 추가해 포트폴리오를 구성하겠습니다. 표 11-12는 각 자산별 최소 및 최대 투자비중 값이며, 변경된 제약조건을 행렬의 형태로 나타내었습니다. 주의해야 할 점은 최소비중과 최대비중의 제약조건추가 시 $\frac{w_1}{w_1+w_2+\cdots+w_{10}} \geq lb$ 형태로 고려해야 한다는 점입니다.

표 11-12 각 자산별 최소 및 최대 제약조건

제약	1	2	3	4	5	6	7	8	9	10
최소	0.10	0.10	0.05	0.05	0.10	0.10	0.05	0.05	0.03	0.03
최대	0.25	0.25	0.20	0.20	0.20	0.20	0.10	0.10	0.08	0.08

$$\begin{bmatrix} \sigma_1 & \sigma_2 & \cdots & \sigma_{10} \\ -lb_1+1 & -lb_1 & \cdots & -lb_1 \\ -lb_2 & -lb_2+1 & \cdots & -lb_2 \\ \vdots & \ddots & \cdots & \vdots \\ -lb_{10} & -lb_{10} & \cdots & -lb_{10}+1 \\ ub_1-1 & ub_1 & \cdots & ub_1 \\ ub_2 & ub_2-1 & \cdots & ub_2 \\ \vdots & \ddots & \cdots & \vdots \\ ub_{10} & ub_{10} & \cdots & ub_{10}-1 \end{bmatrix} \begin{bmatrix} w_1 \\ w_2 \\ \vdots \\ w_{10} \end{bmatrix} = \begin{bmatrix} \sigma_1 w_1 + \sigma_2 w_2 + \cdots + \sigma_{10} w_{10} \\ -lb_1(w_1+w_2+\cdots+w_{10})+w_1 \\ -lb_2(w_1+w_2+\cdots+w_{10})+w_2 \\ \vdots \\ -lb_{10}(w_1+w_2+\cdots+w_{10})+w_{10} \\ wb_1(w_1+w_2+\cdots+w_{10})-w_1 \\ wb_2(w_1+w_2+\cdots+w_{10})-w_2 \\ \vdots \\ ub_{10}(w_1+w_2+\cdots+w_{10})-w_{10} \end{bmatrix} \geq \begin{bmatrix} 1 \\ 0 \\ \vdots \\ 0 \\ 0 \\ \vdots \\ 0 \end{bmatrix}$$

기존에 공통적으로 적용되던 최소 및 최대 투자비중이 자산별로 다르게 구성되었습니다. 따라서 $-lb \times e^T + I$ 와 $ub \times e^T - I$만 $-lb_i \times e^T + I$ $ub_i \times e^T - I$로 수정하면 해당 제약조건 역시 손쉽게 구현이 가능합니다.

```
Dmat = covmat
dvec = rep(0, 10)
Alb = -c(0.10, 0.10, 0.05, 0.05, 0.10,
         0.10, 0.05, 0.05, 0.03, 0.03) %*%
  matrix(1, 1, 10) + diag(10)
Aub = c(0.25, 0.25, 0.20, 0.20, 0.20,
        0.20, 0.10, 0.10, 0.08, 0.08) %*%
  matrix(1, 1, 10) - diag(10)

Amat = t(rbind(sqrt(diag(covmat)), Alb, Aub))
bvec = c(1, rep(0, 10), rep(0, 10))
meq = 1

result = solve.QP(Dmat, dvec, Amat, bvec, meq)

w = result$solution
w = (w / sum(w)) %>%
  round(., 4) %>%
  setNames(colnames(rets))

print(w)
```

```
##  SPY  IEV  EWJ  EEM  TLT  IEF  IYR  RWX  GLD  DBC
## 0.10 0.10 0.09 0.05 0.20 0.20 0.05 0.05 0.08 0.08
```

최소 및 최대투자비중 제약조건을 나타내는 Alb와 Aub 부분이 자산별 각각의 제약비중으로 변경되었으며, 나머지 부분은 모두 동일합니다. 결괏값들이 모두 제약조건 내에 위치함을 확인할 수 있습니다.

11.3 위험균형 포트폴리오

포트폴리오를 구성하는 자산들과 전체 위험의 관계를 이해하기 위해서는, 먼저 한계 위험기여도(MRC: Marginal Risk Contribution)와 위험기여도(RC: Risk Contribution)에 대해 알아야 합니다. 한계 위험기여도는 특정 자산의 비중을 한 단위 증가시켰을 때 전체 포트폴리오의 위험의 증가를 나타내는 단위로서, 수학의 편미분과 같은 개념입니다. i번째 자산의 한계 위험기여도는 아래와 같이 나타낼 수 있습니다.

$$MRC_i = \frac{\partial \sigma_p}{\partial w_i}$$

$\sqrt{f'(x)} = \frac{f'(x)}{2\sqrt{f(x)}}$ 인 사실을 이용하면, 한계 위험기여도는 다음과 같이 풀 수 있습니다. 결과적으로 분자는 분산-공분산 행렬과 각 자산의 비중의 곱, 분모는 포트폴리오의 표준편차 형태로 나타납니다.

$$
\begin{aligned}
\frac{\partial \sigma_p}{\partial w} &= \frac{\partial (\sqrt{w'\Omega w})}{\partial w} \\
&= \frac{\partial (w'\Omega w)}{\partial w} \times \frac{1}{2\sqrt{w'\Omega w}} \\
&= \frac{2\Omega w}{2\sqrt{w'\Omega w}} \\
&= \frac{\Omega w}{\sqrt{w'\Omega w}}
\end{aligned}
$$

위험기여도는 특정 자산이 포트폴리오 내에서 차지하는 위험의 비중입니다. 한계 위험 기여도가 큰 자산도 포트폴리오 내에서 비중이 작다면, 포트폴리오 내에서 차지하는 위험의 비중은 작을 것입니다. 반면에, 한계 위험기여도가 작은 자산일지라도 비중이 압도적으로 많다면, 포트폴리오 내에서 차지하는 위험의 비중은 클 것입니다.

결과적으로 i번째 자산의 위험기여도는, i번째 자산의 한계 위험기여도와 포트폴리오 내 비중의 곱으로 이루어집니다.

$$RC_i = \frac{\partial \sigma_p}{\partial w_i} \times w_i$$

위험기여도를 코드로 나타내면 다음과 같습니다. 먼저 포트폴리오 비중인 w와 분산-공분산 행렬인 covmat을 이용해 한계 위험기여도를 계산합니다. 그 후 비중 w를 곱해 위험기여도를 계산해 준 후 합계가 1이 되도록 표준화를 해줍니다.

```
get_RC = function(w, covmat) {
  port_vol = t(w) %*% covmat %*% w
  port_std = sqrt(port_vol)

  MRC = (covmat %*% w) / as.numeric(port_std)
  RC = MRC * w
  RC = c(RC / sum(RC))

  return(RC)
}
```

11.3.1 주식 60%와 채권 40% 포트폴리오의 위험기여도

자산배분에서 가장 많이 사용되는 투자방법은 주식에 60%, 채권에 40% 가량의 비율로 투자하는 것입니다. 주식과 채권이 서로 상관관계가 낮아 분산효과가 있다는 점, 장기적으로 주식이 채권에 비해 장기적으로 수익률이 높다는 점을 감안하면 이는 꽤나 합리적인 방법으로 보입니다.

그러나 눈에 보이는 비중이 60대40이라도, 포트폴리오 내에서 각 자산이 가지고 있는 위험기여도는 60대40의 비중이 아닌 전혀 다른 비중을 가지고 있습니다.

```
ret_stock_bond = rets[, c(1, 5)]
cov_stock_bond = cov(ret_stock_bond)
RC_stock_bond = get_RC(c(0.6, 0.4), cov_stock_bond)
RC_stock_bond = round(RC_stock_bond, 4)

print(RC_stock_bond)
```

```
## [1] 0.9692 0.0308
```

rets 데이터에서 첫 번째 행은 미국 주식 수익률을, 다섯 번째 행은 미국 장기채를 의미하므로, 해당 부분을 ret_stock_bond 변수에 지정합니다. 그 후 cov() 함수를 이용해 두 자산의 분산-공분산 행렬을 만들어주며, 위에서 만든 get_RC 함수를 통해 자산별 위험기여도를 계산합니다.

주식과 채권이 가지는 위험기여도는 각각 96.92%, 3.08%로서 투자비중인 60%, 40%와는 전혀 다른 위험 비중을 보입니다. 즉, 주식이 포트폴리오 위험의 대부분을 차지하고 있습니다.

11.3.2 rp() 함수를 이용한 최적화

앞의 예제와 같이 특정 자산이 포트폴리오의 위험을 대부분 차지하는 문제를 막고, 모든 자산이 동일한 위험기여도를 가지는 포트폴리오가 위험균형 포트폴리오(Risk Parity Portfolio) 혹은 동일 위험기여도 포트폴리오(Equal Risk Contribution Portfolio)입니다. 이를 수식으로 쓰면 다음과 같습니다.

$$RC_1 = RC_2 = \cdots = RC_n$$

$$\frac{\partial \sigma_p}{\partial w_1} \times w_1 = \frac{\partial \sigma_p}{\partial w_2} \times w_2 = \cdots = \frac{\partial \sigma_p}{\partial w_n} \times w_n = \frac{1}{n}$$

위험균형 포트폴리오 역시 slsqp()나 optimalPortfolio() 함수를 이용해 구현할 수 있으나, 간혹 최적화된 값을 찾지 못할 때도 있습니다. 반면 cccp 패키지의 rp() 함수를 사용하면 매우 정확하게 위험균형 포트폴리오를 구성하는 비중을 계산할 수 있습니다.

```
library(cccp)

opt = rp(x0 = rep(0.1, 10),      ──── ❶
         P = covmat,              ──── ❷
         mrc = rep(0.1, 10))      ──── ❸
w = getx(opt) %>% drop()
w = (w / sum(w)) %>%
  round(., 4) %>%
  setNames(colnames(rets))

print(w)
```

```
##    SPY    IEV    EWJ    EEM    TLT    IEF    IYR    RWX    GLD    DBC
## 0.0622 0.0470 0.0555 0.0360 0.1809 0.3652 0.0396 0.0514 0.0867 0.0755
```

❶ x0은 최적화를 위한 초기 입력값이며 동일 비중인 10%씩을 입력합니다.

❷ P는 분산-공분산 행렬을 입력해줍니다.

❸ mrc는 목표로 하는 각 자산별 위험기여도 값[21]이며, 위험균형 포트폴리오의 경우 모든 자산의 위험기여도가 동일해야 하므로 10%씩을 입력합니다.

rp() 함수는 위 입력 변수를 바탕으로 최적해를 찾아줍니다. getx() 함수를 통해 해를 추출할 수 있으며, drop()을 통해 벡터 형태로 변환합니다. 마지막으로 비중의 합이 1이 되기 위해 비중들의 합으로 나눠줍니다.

최종적으로 계산된 비중이 위험균형 포트폴리오를 만족하는 해가 됩니다.

```
get_RC(w, covmat)
```

```
##  [1] 0.10004 0.10011 0.09991 0.09992 0.10001 0.10000 0.10002 0.09996
##  [9] 0.10005 0.09999
```

---

21   엄밀하게는 mrc가 아닌 rc가 맞는 용어입니다.

get_RC() 함수를 통해 위험기여도를 확인해보면, 모든 자산이 거의 동일한 위험기여도를 가지는 것을 알 수 있습니다.

11.3.3 위험예산 포트폴리오

모든 자산의 위험기여도가 동일한 값이 아닌, 자산별로 다른 위험기여도를 가지는 포트폴리오를 구성해야 할 경우도 있습니다. 이러한 포트폴리오를 위험예산 포트폴리오(Risk Budget Portfolio)라고 합니다. 위험균형 포트폴리오 역시 각 자산의 위험예산이 $\frac{1}{n}$로 동일한 특수 형태이며, rp() 함수를 이용하면 위험예산 포트폴리오 역시 손쉽게 구현할 수 있습니다.

먼저 각 자산별 위험예산을 표 11-13과 같이 정합니다. 1~4번 자산은 각각 15%씩, 5~6번 자산은 각각 10%씩, 7~10번 자산은 각각 5%씩 위험예산을 부여하고자 합니다.

표 11-13 위험예산 포트폴리오 예시

자산	1	2	3	4	5	6	7	8	9	10
예산	0.15	0.15	0.15	0.15	0.1	0.1	0.05	0.05	0.05	0.05

```
library(cccp)

opt = rp(x0 = rep(0.1, 10),
         P = covmat,
         mrc = c(0.15, 0.15, 0.15, 0.15, 0.10,
                 0.10, 0.05, 0.05, 0.05, 0.05))
w = getx(opt) %>% drop()
w = (w / sum(w)) %>%
  round(., 4) %>%
  setNames(colnames(rets))

print(w)

##    SPY    IEV    EWJ    EEM    TLT    IEF    IYR    RWX    GLD    DBC
## 0.0873 0.0671 0.0768 0.0515 0.1883 0.3856 0.0198 0.0254 0.0547 0.0435
```

mrc에 목표로 하는 각 자산별 위험기여도를 입력하며, 나머지는 기존 위험균형 포트폴리오와 동일하게 입력합니다.

```
get_RC(w, covmat)
```

```
##  [1] 0.14991 0.15007 0.14991 0.14991 0.10010 0.10009 0.05005 0.05003
##  [9] 0.04998 0.04993
```

get_RC() 함수를 통해 위험기여도를 확인해보면 우리가 원하던 자산별 위험예산과 거의 동일한 것을 알 수 있습니다.

11.4 인덱스 포트폴리오 구성하기

이번에는 실제로 운용사에서 많이 사용되는 인덱스 포트폴리오 및 인핸스드 인덱스 포트폴리오 구성법에 대해 살펴보겠습니다.

투자는 크게 액티브 전략과 패시브 전략으로 나뉩니다. 액티브 전략이 벤치마크 대비 초과수익을 거두기 위해 적극적으로 투자를 하는 반면, 패시브 전략은 벤치마크를 그대로 추종하는 것을 목표로 합니다. 예를 들어 벤치마크가 2% 상승하였을 경우 액티브 전략은 이를 넘어서는 수익률을 얻고자 하지만, 패시브 전략은 정확히 2%의 수익률을 얻고자 합니다. 이러한 패시브 전략을 사용하는 펀드가 패시브 펀드 혹은 인덱스 펀드입니다.

흔히 벤치마크가 되는 지수(Index) 중 가장 많이 사용되는 것은 각 국가의 주가지수이며, 우리나라의 경우 KOSPI 200 지수가 그 예입니다. 이 외에도 여러 국가를 대표하는 주가지수는 표 11.14와 같습니다.

표 11-14 각 국가의 대표 주가지수

국가	지수명
미국	S&P 500
영국	FTSE 100
일본	Nikkei 225
중국	CSI 300
한국	KOSPI 200

11.4.1 시가총액비중 계산하기

주가지수는 대부분 각 주식의 시가총액비중을 이용해 구성되며, 간단한 예제는 표 11.15와 같습니다.

표 11-15 시가총액비중 계산 예시

종목	주가	상장 주식수	유동비	시가총액	지수 내 비중
A	40,000	4,000,000	70%	112,000,000,000	44.80%
B	50,000	3,000,000	60%	90,000,000,000	36.00%
C	30,000	2,000,000	80%	48,000,000,000	19.20%
합계				250,000,000,000	100.00%

일반적으로 시가총액은 [주가 × 상장 주식수]로 계산됩니다. 그러나 자사주 등의 이유로 기업의 상장된 모든 주식이 거래가 되는 것은 아니며, 상장된 주식 중 유동적으로 거래되는 비율을 유동비라고 합니다. 따라서 지수를 구성할 때는 시가총액을 [주가 × 상장 주식수 × 유동비]로 계산합니다. 이렇게 계산된 각 기업의 시가총액을 전체 시가총액의 합으로 나누어 지수 내의 비중을 계산합니다.

11.4.2 인덱스 포트폴리오 복제하기

이번에는 앞서 구한 데이터를 바탕으로 KOSPI 200 지수를 복제하는 예제를 살펴보겠습니다. 해당 지수의 산출 방법은 다음과 같습니다.

한국거래소 유가증권시장(Stock Market)의 보통주 전 종목 가운데 시장 대표성, 유동성(거래량), 업종 대표성(업종은 9개 업종으로 구분)을 기준으로 한다. 즉, 시가총액이 상위군에 속하고 거래량이 많은 종목 서열에 따른 200 종목이 편입된다.

즉 일정 규칙에 따라 200 종목이 선정되고, 각 종목들의 시가총액비중 만큼을 지수 내 비중으로 가지고 갑니다. 물론 선정된 200 종목이 단순하게 시가총액의 순서대로 선택되는 것은 아니며, 유동비의 경우 지수제공업체인 한국거래소에서 유료로 제공하므로 이를 구매하지 않는 이상 정확하게 알 수 없습니다. 그러나 지수 내 종목 및 대략의 시가총액비중은 해당 지수를 추종하는 ETF(예: KODEX 200)의 PDF를 통해 확인할 수 있으며, 이 책에서는 편의를 위해 시가총액상위 200 종목을 선택하고 유동비는 모두 100%로 가정하겠습니다.

앞서 구한 데이터를 이용해 상위 200 종목의 시가총액비중을 계산해보도록 하겠습니다.

```
library(stringr)
library(dplyr)

KOR_ticker = read.csv('data/KOR_ticker.csv',
                      row.names = 1, stringsAsFactors = FALSE)

KOSPI200 = KOR_ticker %>% filter(시장구분 == 'KOSPI') %>%
  slice(1:200) %>%
 mutate(시가총액비중 = 시가총액 / sum(시가총액))
```

1. 저장해둔 티커 정보를 불러옵니다.
2. filter() 함수를 통해 코스피 시장에 해당하는 종목만을 선택합니다.
3. slice() 함수를 통해 1번부터 200번 행까지 데이터를 선택합니다.
4. 각 주식의 시가총액을 전체 시가총액으로 나눈 후, 시가총액비중에 저장합니다.

계산된 시가총액비중을 시각화하도록 하겠습니다.

```
library(ggplot2)
```

```
KOSPI200 %>%
    ggplot(aes(x = reorder(종목명, -시가총액비중), y = 시가총액비중)) +
    geom_point() +
    xlab('종목명') +
    ylab('시가총액비중(%)') +
    scale_y_continuous(labels = scales::percent)
```

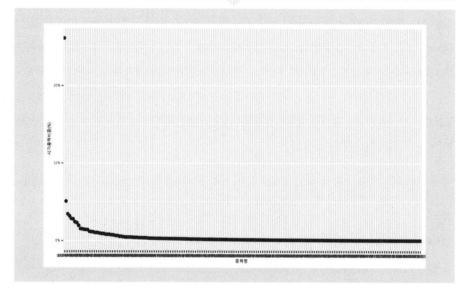

1. ggplot() 함수를 이용해 시각화를 해주도록 하며, reorder()를 통해 시가총
   액비중으로 x축을 정리합니다.

2. geom_point() 함수를 통해 산점도를 나타냅니다.

3. x축과 y축의 이름을 변경합니다.

4. scale_y_continuous() 함수 내의 scales::percent 인자를 입력하여 y축을
   퍼센트 형식으로 변경합니다.

위 과정을 통해 코스피 시가총액 상위 200 종목의 시가총액비중을 계산 및 시각화하
였습니다. 그러나 x축에 해당하는 종목이 200개나 되어 종목명이 잘 보이지 않으며, 국
내의 경우 삼성전자의 시가총액비중이 지나치게 커 다른 종목들의 비중이 잘 보이지
않습니다. 이를 고려하여 그림을 다시 수정해주도록 합니다.

```
KOSPI200 %>%
  ggplot(aes(x = reorder(종목명, -시가총액비중), y = 시가총액비중)) +
  geom_point() +
  xlab('종목명') +
  ylab('시가총액비중(로그 스케일링)') +
  scale_y_log10() +
  scale_x_discrete(breaks = KOSPI200[seq(1, 200, by = 5), '종목명']) +
  theme(axis.text.x = element_text(angle = 60, hjust = 1))
```

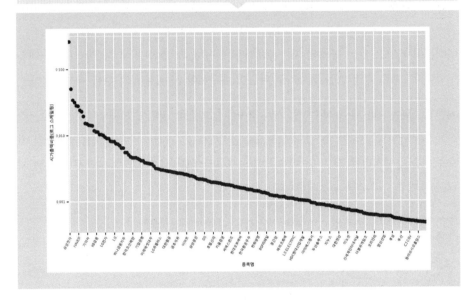

1. scale_y_log10() 함수를 통해 y축을 로그값으로 스케일링하였습니다.

2. scale_x_discrete() 함수를 통해 x축에 일부 종목만을 표현하였습니다.

3. theme() 내부에 element_text() 인자를 통해 x축 글자를 회전시키고 위치를 조정하였습니다.

다음으로 만일 여러분에게 1억이 있을 경우 KOSPI 200을 복제하는 방법을 알아보겠습니다.

```
KOSPI200 = KOSPI200 %>%
  mutate(매수금액 = 100000000 * 시가총액비중,
         매수주수 = 매수금액 / 종가)
```

```
KOSPI200 %>% select(매수금액, 매수주수) %>% head()
```

```
##    매수금액  매수주수
## 1 26142166  354.230
## 2  5075716   43.198
## 3  3430585    4.189
## 4  3168316    3.926
## 5  2831671    8.010
## 6  2782746    9.747
```

여러분이 가지고 있는 금액에 시가총액비중을 곱해 각 주식당 매수해야 하는 금액을 구합니다. 그 후 각 금액을 현재가로 나누어 매수해야 하는 주식의 수를 계산합니다.

이론적으로는 계산된 주식수만큼 매수하여야 인덱스를 정확히 복제합니다. 그러나 주식은 1주 단위로 거래할 수 있으므로 소수점 단위로는 거래할 수는 없습니다. 만일 매수주수를 올림처리할 경우 총 매수금액이 보유금액보다 많아질 수 있으므로, 내림처리를 통해 매수주수를 수정해줍니다.

```
KOSPI200 = KOSPI200 %>% mutate(매수주수 = floor(매수주수))
KOSPI200 %>% select(매수금액, 매수주수) %>% head()
```

```
##    매수금액  매수주수
## 1 26142166      354
## 2  5075716       43
## 3  3430585        4
## 4  3168316        3
## 5  2831671        8
## 6  2782746        9
```

floor() 함수를 통해 내림처리를 하였으며, 각 주수만큼 매수할 경우 KOSPI 200 지수를 매우 유사하게 복제할 수 있습니다.

```
inv_money = KOSPI200 %>% mutate(실제매수금액 = 종가 * 매수주수) %>%
  summarize(sum(실제매수금액))

print(inv_money)
```

```
##   sum(실제매수금액)
## 1         89387460
```

주수를 내림 처리하였으므로 실제 매수에 사용되는 금액은 1억원보다 약간 모자르게
되며, 1억과 해당 금액의 차이는 현금으로 보유하거나 해당 지수를 추종하는 ETF 및
펀드 투자에 사용해도 됩니다.

11.4.3 팩터를 이용한 인핸스드 포트폴리오 구성하기

위 방법을 통해 포트폴리오를 구성할 경우 이론적으로는 벤치마크와 수익률이 거의 동일
합니다. 그러나 약간의 위험을 감수하여 벤치마크 대비 미세한 초과수익을 원하는 수요가
존재하며, 이러한 펀드가 인핸스드 인덱스 펀드입니다. 이를 위해 층화추출법, 비중조절
법, 차익거래 등의 전략이 활용되며, 이 책에서는 가장 널리 사용되는 비중조절법에 대해
알아보겠습니다. 그 예제로 PBR을 이용해 시가총액비중을 조절해보도록 하겠습니다.

```
KOSPI200 = KOSPI200 %>% select(종목명, PBR, 시가총액비중) %>%
  mutate(PBR = as.numeric(PBR))
```

먼저 필요한 종목코드, 종목명, PBR, 시가총액비중 열만 선택합니다. 그 후 문자열 형
태의 PBR을 숫자 형태로 변경해주며, PBR 데이터가 없어 [-]로 표시되었던 종목의 PBR
은 NA로 변경됩니다.

11.4.3.1 단순 가감법

먼저 가장 손쉬운 방법은 PBR의 랭킹을 구한 후, PBR이 낮은 상위 n개 종목에는 일정
비중씩을 더하며, 나머지 종목들에서 해당 비중만큼을 빼는 방법입니다. 몇 개의 종목
에서 얼마씩의 비중을 조절할지는 투자자의 재량에 달렸으며, 본 예제에서는 상위 100
종목에 각각 5bp를 더해주며, 나머지 100 종목에서 각각 5bp를 빼주도록 하겠습니다.

```
KOSPI200 = KOSPI200 %>%
  mutate(랭킹 = rank(PBR),
         조절비중 = ifelse(랭킹 <= 100, 시가총액비중 + 0.0005, 시가총액비중 -
                      0.0005),
         조절비중 = ifelse(조절비중 < 0, 0, 조절비중),
         조절비중 = 조절비중 / sum(조절비중),
         차이 = 조절비중 - 시가총액비중)
```

```
library(tidyr)

head(KOSPI200)
```

```
##              종목명   PBR  시가총액비중   랭킹   조절비중
## 1          삼성전자  1.97      0.26142 126.5    0.26090
## 2         SK하이닉스  1.78      0.05076 120.0    0.05025
## 3            LG화학  3.77      0.03431 159.0    0.03380
## 4      삼성바이오로직스 12.26      0.03168 189.0    0.03118
## 5           셀트리온 17.00      0.02832 193.0    0.02781
## 6             NAVER  8.11      0.02783 185.0    0.02733
##              차이
## 1      -0.0005188
## 2      -0.0005036
## 3      -0.0005024
## 4      -0.0005022
## 5      -0.0005020
## 6      -0.0005020
```

```
tail(KOSPI200)
```

```
##                종목명   PBR  시가총액비중   랭킹   조절비중
## 195          한미반도체  4.14     0.0004859 164.0  0.0000000
## 196       동아쏘시오홀딩스  1.08     0.0004784  92.0  0.0009784
## 197           동원산업  0.77     0.0004768  68.5  0.0009767
## 198              풍산  0.58     0.0004739  36.5  0.0009739
## 199            에스엘  0.58     0.0004719  36.5  0.0009719
## 200         신성이엔지  5.58     0.0004682 174.0  0.0000000
##                차이
## 195      -0.0004859
## 196       0.0004999
## 197       0.0004999
## 198       0.0004999
## 199       0.0004999
## 200      -0.0004682
```

1. rank() 함수를 통해 PBR의 랭킹을 구합니다.

2. 랭킹이 100 이하일 시, 즉 저PBR 100개 종목에는 시가총액비중에서 5bp씩을 더
   해주며, 반대로 고PBR 100개 종목에는 5bp씩을 빼줍니다.

3. 시가총액비중이 5bp 미만인 종목에서 5bp를 차감할 경우 비중이 0 미만이 되므
   로, 이러한 경우는 투자비중을 0으로 만들어줍니다.

4. 3번 결과에 따라 비중의 합이 1과 다르게 되므로, 각각의 비중을 합으로 나누어 값을 다시 계산해줍니다.

5. 시가총액비중과 조절비중의 차이를 계산합니다.

PBR 랭킹이 100 미만인 종목, 즉 저PBR 종목은 시가총액비중 대비 투자비중이 많으며, 이와 반대로 고PBR 종목은 시가총액비중 대비 투자비중이 작습니다. 즉, 장기적으로 저PBR 종목이 고PBR 종목 대비 우수한 성과를 보일 경우, 저PBR 종목에 더 높은 비중을 준 해당 포트폴리오 역시 벤치마크 대비 우수한 성과를 기록할 수 있을 것입니다.

```
KOSPI200 %>%
  ggplot(aes(x = reorder(종목명, -시가총액비중), y = 시가총액비중)) +
  geom_point() +
  geom_point(data = KOSPI200, aes(x = reorder(종목명, -시가총액비중), y = 조절
비중),
             color = 'red', shape = 4) +
  xlab('종목명') +
  ylab('비중(%)') +
  coord_cartesian(ylim = c(0, 0.03)) +
  scale_x_discrete(breaks = KOSPI200[seq(1, 200, by = 5), '종목명']) +
  scale_y_continuous(labels = scales::percent) +
  theme(axis.text.x = element_text(angle = 60, hjust = 1))
```

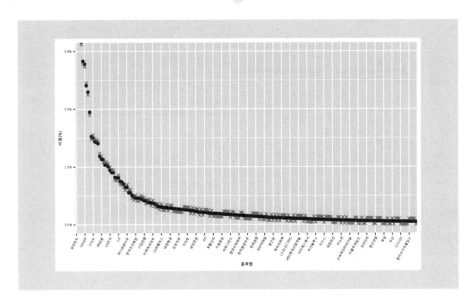

검은색 점은 인덱스 내 시가총액비중이며, 엑스 표시는 5bp씩 더하거나 뺀 투자비중입니다. 약간씩의 베팅만 했으므로 기초지수와 크게 차이가 없습니다.

```
KOSPI200_mod = KOSPI200 %>% arrange(PBR)

KOSPI200_mod %>%
  ggplot(aes(x = reorder(종목명, PBR), y = 차이)) +
  geom_point() +
  geom_col(aes(x = reorder(종목명, PBR), y = PBR /10000), fill = 'blue',
alpha = 0.2) +
  xlab('종목명') +
  ylab('차이(%)') +
  scale_y_continuous(labels = scales::percent,
                     sec.axis = sec_axis(~. * 10000, name = "PBR")) +
  scale_x_discrete(breaks = KOSPI200_mod[seq(1, 200, by = 10), '종목명']) +
  theme(axis.text.x = element_text(angle = 60, hjust = 1))
```

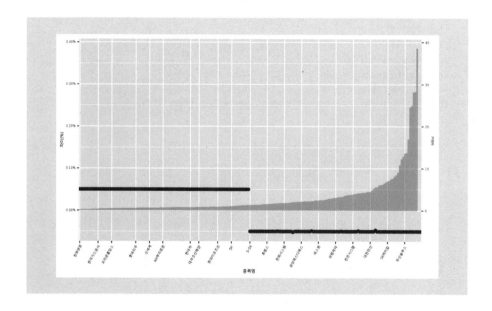

PBR 기준 오름차순을 한 후 그림을 그려보면, PBR이 낮은 종목에는 비중이 추가되며 PBR이 높은 종목에는 비중이 감소되는 것이 쉽게 확인됩니다.

11.4.3.2 팩터에 대한 전체 종목의 틸트

위 방법의 경우 상위 종목과 하위 종목에 동일한 비중을 더하거나 빼주었습니다. 그러나 팩터가 강한 종목의 경우 더욱 많은 비중을 더하고, 팩터가 약한 종목의 경우 더욱 많은 비중을 빼는 등 훨씬 적극적으로 포트폴리오를 구성할 수도 있습니다. 이를 위해서는 먼저 확률밀도함수와 누적분포함수를 이해해야 합니다.

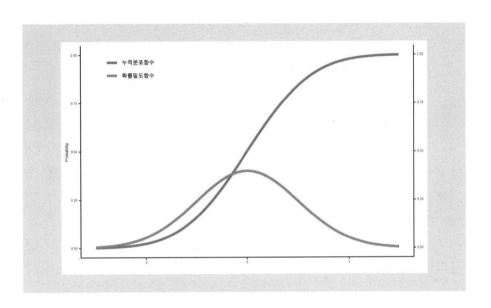

산 모양의 선은 확률밀도함수인데, 각 x축에 대한 확률값을 나타냅니다. S자 형태의 선은 누적분포함수인데, 각 x축이 오른쪽으로 이동함에 따른 분포의 누적확률을 계산합니다. 확률의 합은 1이므로 가장 오른쪽은 1의 값을 가지게 됩니다.

이를 [팩터의 결합 방법]에서 계산한 Z-Score에 응용할 수도 있으며, 이 과정은 표 11.16에 나와 있습니다.

표 11-16 누적분포함수를 이용한 비중 조절

종목	PBR	랭킹	Z-Score X (-1)	누적확률	시가총액비중	시총 × 누적확률	비중 재계산	차이
A	0.50	1	1.26	0.90	20.69%	18.56%	33.10%	12.38%
B	0.70	2	0.63	0.74	31.03%	22.86%	40.72%	9.68%

표 계속 --▶

C	1.00	3	0.00	0.50	18.97%	9.48%	16.89%	-2.07%
D	1.20	4	-0.63	0.26	13.79%	3.64%	6.48%	-7.32%
E	1.50	5	-1.26	0.10	15.52%	1.60%	2.85%	-12.67%

1. 각각의 PBR에 대해 랭킹을 구합니다.

2. 랭킹을 바탕으로 Z-Score를 구하며, 결과에 (-1)을 곱해줍니다. 이는 랭킹이 높은 종목의 경우 Z-Score가 음수로 나오므로, 해당 종목의 누적확률 값을 높게 하기 위해 양수로 전환해주는 것입니다.

3. 구해진 Z-Score를 바탕으로 누적확률을 구합니다. 랭킹이 높은 종목, 즉 저PBR 일수록 해당 값이 크게 나옵니다.

4. 지수 내 시가총액비중에 누적확률값을 곱해줍니다. 저PBR 종목일수록 원래의 시가총액비중과 비슷하게 유지되며, 고PBR 종목의 경우 시가총액비중 대비 훨씬 낮을 값을 보입니다.

5. 투자비중의 합이 1이 되도록 재표준화를 해줍니다.

6. 각 종목의 차이를 보면 PBR이 낮을수록 증가되는 비중이 크며, PBR이 높을수록 감소되는 비중 역시 큽니다.

이처럼 Z-Score와 누적확률을 이용할 경우 훨씬 팩터에 대한 노출을 크게 할 수 있습니다. 이번에는 KOSPI 200 전 종목을 대상으로 PBR 대상 팩터 틸트 포트폴리오를 구성하도록 하겠습니다.

```
KOSPI200_tilt = KOSPI200 %>%
  select(종목명, PBR, 시가총액비중, 랭킹) %>%
  mutate(zscore = -scale(랭킹),
         cdf = pnorm(zscore),
         투자비중 = 시가총액비중 * cdf,
         투자비중 = 투자비중 / sum(투자비중),
         차이 = 투자비중 - 시가총액비중)
head(KOSPI200_tilt)
```

```
##         종목명  PBR  시가총액비중  랭킹   zscore
## 1     삼성전자 1.97      0.26142 126.5 -0.4492
## 2   SK하이닉스 1.78      0.05076 120.0 -0.3369
```

```
## 3               LG화학  3.77        0.03431 159.0 -1.0108
## 4        삼성바이오로직스 12.26        0.03168 189.0 -1.5291
## 5              셀트리온 17.00        0.02832 193.0 -1.5982
## 6                NAVER  8.11        0.02783 185.0 -1.4600
##         cdf   투자비중        차이
## 1 0.32663 0.210228 -0.051194
## 2 0.36809 0.045998 -0.004759
## 3 0.15606 0.013181 -0.021125
## 4 0.06312 0.004923 -0.026760
## 5 0.05500 0.003834 -0.024483
## 6 0.07214 0.004943 -0.022885
```

tail(KOSPI200_tilt)

```
##               종목명  PBR   시가총액비중   랭킹   zscore
## 195        한미반도체 4.14     0.0004859 164.0 -1.0972
## 196   동아쏘시오홀딩스 1.08     0.0004784  92.0  0.1469
## 197        동원산업 0.77     0.0004768  68.5  0.5529
## 198            풍산 0.58     0.0004739  36.5  1.1058
## 199          에스엘 0.58     0.0004719  36.5  1.1058
## 200        신성이엔지 5.58     0.0004682 174.0 -1.2699
##         cdf   투자비중        차이
## 195 0.1363 0.0001630 -0.0003229
## 196 0.5584 0.0006577  0.0001793
## 197 0.7098 0.0008333  0.0003565
## 198 0.8656 0.0010100  0.0005360
## 199 0.8656 0.0010057  0.0005338
## 200 0.1021 0.0001176 -0.0003506
```

1. 먼저 필요한 열만 선택합니다.

2. scale() 함수를 통해 Z-Score를 구하며, (-1)을 곱해줍니다.

3. pnorm() 함수를 통해 누적확률 값이 구해집니다.

4. 시가총액비중에 누적확률을 곱해 새로운 투자비중을 구한 후, 이를 재표준화해 줍니다.

5. 틸트된 비중과 기존 비중 간의 차이를 구합니다.

위 방법은 시가총액비중이 클수록, 그리고 Z-Score의 절대값이 클수록 비중의 차이가 많이 발생하게 됩니다. 각 종목의 투자비중을 그림으로 나타내겠습니다.

```
KOSPI200 %>%
    ggplot(aes(x = reorder(종목명, -시가총액비중), y = 시가총액비중)) +
    geom_point() +
    geom_point(data = KOSPI200_tilt, aes(x = reorder(종목명, -시가총액비중), y =
    투자비중),
                color = 'red', shape = 4) +
    xlab('종목명') +
    ylab('비중(%)') +
    coord_cartesian(ylim = c(0, 0.03)) +
    scale_x_discrete(breaks = KOSPI200[seq(1, 200, by = 5), '종목명']) +
    scale_y_continuous(labels = scales::percent) +
    theme(axis.text.x = element_text(angle = 60, hjust = 1))
```

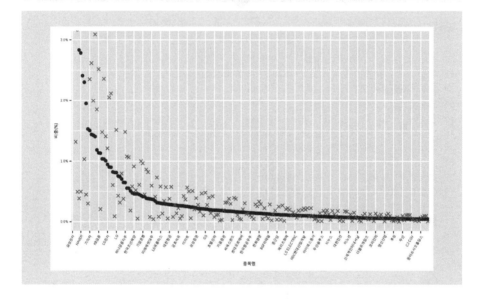

검은색 점은 인덱스 내 시가총액비중이며, 엑스 표시는 새롭게 구한 투자비중입니다.
단순이 동일한 비중을 더하거나 빼는 것보다 비중 차이의 폭이 훨씬 크며, 이는 전체
포트폴리오가 팩터에 노출된 정도가 크다는 것을 의미합니다.

그러나 실무에서는 이러한 차이가 지나치게 벌어지는 것을 방지하기 위한 제약이 있습
니다. 그 예로서 종목당 시가총액비중과 투자비중의 차이가 50bp 이상이 되지 않는 제
약이 있는 경우를 생각해봅시다. (제약을 더 크게 설정할수록 지수 대비 베팅의 크기가 커집
니다.)

```
KOSPI200_tilt %>%
  ggplot(aes(x = reorder(종목명, -시가총액비중), y = 차이)) +
  geom_point() +
  geom_hline(aes(yintercept = 0.005), color = 'red') +
  geom_hline(aes(yintercept = -0.005), color = 'red') +
  xlab('종목명') +
  ylab('비중 차이(%)') +
  scale_x_discrete(breaks = KOSPI200[seq(1, 200, by = 5), '종목명']) +
  scale_y_continuous(labels = scales::percent) +
  theme(axis.text.x = element_text(angle = 60, hjust = 1))
```

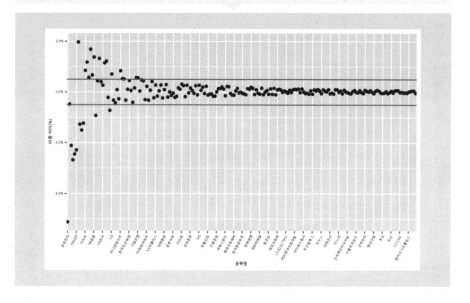

시가총액이 큰 종목의 경우 허용치인 50bp를 넘어가는 경우가 다수 존재합니다. 이를 방지하기 위해 비중에 제약조건을 두어야 합니다. 예를 들어 삼성전자의 경우 둘 간의 비중의 차이가 -0.0512로 지나치게 크므로 [시가총액비중 - 50bp]가 투자되도록 변경해줍니다. 타 종목 역시 이와 동일하게 제약조건을 추가해줍니다.

```
KOSPI200_tilt = KOSPI200_tilt %>%
    mutate_at(vars(투자비중), list(~ifelse(차이 < -0.005, 시가총액비중 - 0.005,
투자비중))) %>%
    mutate_at(vars(투자비중), list(~ifelse(차이 > 0.005, 시가총액비중 + 0.005,
투자비중))) %>%
    mutate(투자비중 = 투자비중 / sum(투자비중),
```

```
                차이 = 투자비중 - 시가총액비중)

head(KOSPI200_tilt)
```

```
##              종목명  PBR  시가총액비중   랭킹   zscore
## 1          삼성전자  1.97      0.26142 126.5 -0.4492
## 2        SK하이닉스  1.78      0.05076 120.0 -0.3369
## 3            LG화학  3.77      0.03431 159.0 -1.0108
## 4     삼성바이오로직스 12.26      0.03168 189.0 -1.5291
## 5          셀트리온 17.00      0.02832 193.0 -1.5982
## 6             NAVER  8.11      0.02783 185.0 -1.4600
##       cdf    투자비중        차이
## 1 0.32663   0.23829  -0.023132
## 2 0.36809   0.04275  -0.008012
## 3 0.15606   0.02723  -0.007072
## 4 0.06312   0.02480  -0.006887
## 5 0.05500   0.02167  -0.006649
## 6 0.07214   0.02121  -0.006614
```

1. mutate_at() 함수를 이용해 시가총액비중과 투자비중의 차이가 50bp 미만일 경우 투자비중을 [시가총액 - 50bp]로 변경해주며, 50bp 초과일 경우 [시가총액 + 50bp]로 변경해줍니다.

2. 재표준화 작업을 거쳐준 후 차이를 다시 계산합니다.

위 방법을 통해 차이가 50bp가 되도록 강제로 설정하였으나, 재표준화를 거치는 과정에서 차이가 50bp를 넘는 종목이 다시 발생하게 됩니다. 모든 종목의 차이가 50bp 이내가 되도록 해당 작업을 반복해줍니다.

```
while (max(abs(KOSPI200_tilt$차이)) > (0.005 + 0.00001)) {
  KOSPI200_tilt = KOSPI200_tilt %>%
    mutate_at(vars(투자비중), list(~ifelse(차이 < -0.005, 시가총액비중 - 0.005,
투자비중))) %>%
    mutate_at(vars(투자비중), list(~ifelse(차이 > 0.005, 시가총액비중 + 0.005,
투자비중))) %>%
    mutate(투자비중 = 투자비중 / sum(투자비중),
           차이 = 투자비중 - 시가총액비중)
}

head(KOSPI200_tilt)
```

```
##              종목명    PBR    시가총액비중    랭킹    zscore
## 1          삼성전자    1.97     0.26142 126.5 -0.4492
## 2        SK하이닉스    1.78     0.05076 120.0 -0.3369
## 3           LG화학    3.77     0.03431 159.0 -1.0108
## 4    삼성바이오로직스   12.26     0.03168 189.0 -1.5291
## 5          셀트리온   17.00     0.02832 193.0 -1.5982
## 6           NAVER    8.11     0.02783 185.0 -1.4600
##         cdf   투자비중        차이
## 1 0.32663   0.25641 -0.005007
## 2 0.36809   0.04576 -0.005001
## 3 0.15606   0.02931 -0.005001
## 4 0.06312   0.02668 -0.005001
## 5 0.05500   0.02332 -0.005001
## 6 0.07214   0.02283 -0.005001
```

위와 동일한 코드에 while() 구문을 활용하여 둘 간의 차이가 50bp보다 클 경우 해당 작업을 계속해서 반복하며, 결과적으로 차이가 거의 50bp에 수렴합니다.

```
KOSPI200_tilt %>%
  ggplot(aes(x = reorder(종목명, -시가총액비중), y = 차이)) +
  geom_point() +
  geom_hline(aes(yintercept = 0.005), color = 'red') +
  geom_hline(aes(yintercept = -0.005), color = 'red') +
  xlab('종목명') +
  ylab('비중 차이(%)') +
  scale_x_discrete(breaks = KOSPI200[seq(1, 200, by = 5), '종목명']) +
  scale_y_continuous(labels = scales::percent) +
  theme(axis.text.x = element_text(angle = 60, hjust = 1))
```

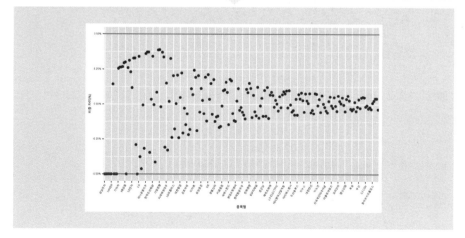

모든 종목이 제약조건 내에 들어오게 되었습니다.

```
KOSPI200 %>%
  ggplot(aes(x = reorder(종목명, -시가총액비중), y = 시가총액비중)) +
  geom_point() +
  geom_point(data = KOSPI200_tilt, aes(x = reorder(종목명, -시가총액비중), y =
  투자비중),
              color = 'red', shape = 4) +
  xlab('종목명') +
  ylab('비중(%)') +
  coord_cartesian(ylim = c(0, 0.03)) +
  scale_x_discrete(breaks = KOSPI200[seq(1, 200, by = 5), '종목명']) +
  scale_y_continuous(labels = scales::percent) +
  theme(axis.text.x = element_text(angle = 60, hjust = 1))
```

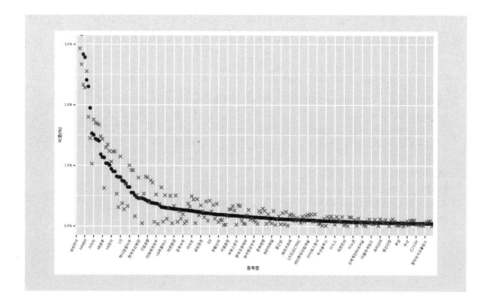

제약조건으로 인해 기초지수와의 차이가 줄어들었지만, 기존 단순가감법보다는 적극
적으로 베팅이 되었습니다.

```
KOSPI200_tilt_mod = KOSPI200_tilt %>% arrange(PBR)

KOSPI200_tilt_mod %>%
```

```
ggplot(aes(x = reorder(종목명, PBR), y = 차이)) +
geom_point() +
geom_col(aes(x = reorder(종목명, PBR), y = PBR /2000), fill = 'blue', alpha
= 0.2) +
xlab('종목명') +
ylab('차이(%)') +
scale_y_continuous(labels = scales::percent,
                   sec.axis = sec_axis(~. * 2000, name = "PBR")) +
scale_x_discrete(breaks = KOSPI200_mod[seq(1, 200, by = 10), '종목명']) +
theme(axis.text.x = element_text(angle = 60, hjust = 1))
```

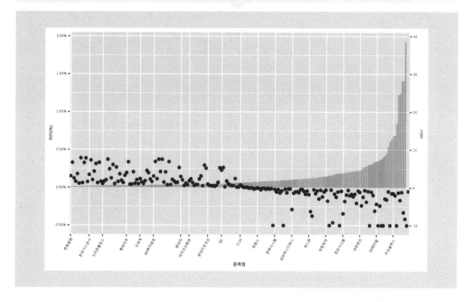

PBR에 따른 비중의 차이 역시 단순 가감법보다 훨씬 증가했습니다. 실무에서는 단순
히 PBR처럼 하나의 지표만 살펴보기보다는 앞서 살펴본 멀티팩터를 이용해 비중을 틸
트하기도 하며, 좀 더 다양한 제약조건을 추가하기도 합니다.

12

포트폴리오 백테스트

백테스트란 현재 생각하는 전략을 과거부터 실행했을 때 어떠한 성과가 발생하는지 테스트해보는 과정입니다. 과거의 데이터를 기반으로 전략을 실행하는 퀀트 투자에 있어서 이는 핵심 단계이기도 합니다. 백테스트 결과를 통해 해당 전략의 손익뿐만 아니라 각종 위험을 대략적으로 판단할 수 있으며, 어떤 구간에서 전략이 좋았는지 혹은 나빴는지에 대한 이해도 키울 수 있습니다. 이러한 이해를 바탕으로 퀀트 투자를 지속한다면 단기적으로 수익이 나쁜 구간에서도 그 이유에 대한 객관적인 안목을 키울 수 있으며, 확신을 가지고 전략을 지속할 수 있습니다.

그러나 백테스트를 아무리 보수적으로 혹은 엄밀하게 진행하더라도 이미 일어난 결과를 대상으로 한다는 사실은 변하지 않습니다. 백테스트 수익률만을 보고 투자에 대해 판단하거나, 혹은 동일한 수익률이 미래에도 반복될 것이라고 믿는다면 이는 백미러만 보고 운전하는 것처럼 매우 위험한 결과를 초래할 수도 있습니다.

R에서 백테스트는 PerformanceAnalytics 패키지의 Return.portfolio() 함수를 사용해 매우 간단하게 수행할 수 있습니다. 이 CHAPTER에서는 해당 함수를 알아보고 구체적인 사용 방법에 대한 예시로서 전통적인 주식 60% & 채권 40% 포트폴리오, 시점 선택 전략, 동적 자산배분에 대한 백테스트를 실시합니다.

12.1 Return.portfolio() 함수

프로그래밍을 이용해 백테스트할 때 전략이 단순하다면 단 몇 줄만으로도 테스트가 가능합니다. 그러나 전략이 복잡해지거나 적용해야 할 요소가 많아질 경우, 패키지를 이용하는 것이 효율적인 방법입니다.

PerformanceAnalytics 패키지의 Return.portfolio() 함수는 백테스트를 수행하는 데 가장 대중적으로 사용되는 함수입니다. 해당 함수의 가장 큰 장점은 각 자산의 수익률과 리밸런싱 비중만 있으면 백테스트 수익률, 회전율 등을 쉽게 계산할 수 있으며, 리밸런싱 시점과 수익률의 시점이 일치하지 않아도 된다는 점입니다. 즉, 수익률 데이터는 일간, 리밸런싱 시점은 분기 혹은 연간으로 된 경우에도 매우 쉽게 백테스트를 수행할 수 있습니다.

12.1.1 인자 목록 살펴보기

먼저 Return.portfolio() 함수는 다음과 같은 형태로 구성되어 있으며, 표 12-1은 인자의 내용을 정리한 것입니다.

```
Return.portfolio(R, weights = NULL, wealth.index = FALSE,
  contribution = FALSE, geometric = TRUE,
  rebalance_on = c(NA, "years", "quarters",
                   "months", "weeks", "days"),
  value = 1, verbose = FALSE, ...)
```

표 12-1　Return.portfolio() 함수 내 인자 설명

인자	내용
R	각 자산 수익률 데이터
weights	리밸런싱 시기의 자산별 목표 비중. 미 입력시 동일비중 포트폴리오를 가정해 백테스트가 이루어짐
wealth.index	포트폴리오 시작점이 1인 wealth index에 대한 생성 여부이며, 디폴트는 FALSE로 설정
contribution	포트폴리오 내에서 자산별 성과기여를 나타내는지에 대한 여부이며, 디폴트는 FALSE로 설정
geometric	포트폴리오 수익률 계산시 복리(기하)수익률 적용 여부이며, 디폴트는 TRUE로서 복리수익률을 계산
rebalance_on	weights 값이 미입력 혹은 매번 같은 비중일 경우, 리밸런싱 주기를 선택할 수 있음
value	초기 포트폴리오 가치를 의미하며, 디폴트는 1
verbose	부가적인 결과를 표시할지에 대한 여부. 디폴트인 FALSE를 입력하면 포트폴리오 수익률만이 시계열 형태로 계산되며, TRUE를 입력하면 수익률 외에 자산별 성과기여, 비중, 성과 등이 리스트 형태로 계산됨

이 중 가장 중요한 인자는 개별 자산의 수익률인 R과 리밸런싱 시기의 자산별 목표 비중인 weights입니다. 리밸런싱 시점마다 적용되는 자산별 비중이 동일할 경우(예: 매월 말 60%대 40% 비중으로 리밸런싱) 상수 형태로 입력해도 되지만, 시점마다 자산별 목표 비중이 다를 경우 weights는 시계열 형태로 입력되어야 합니다.

목표 비중을 시계열 형태로 입력할 때 주의해야 할 점은 다음과 같습니다.

1. 시계열 형태로 인식할 수 있도록 행 이름 혹은 인덱스가 날짜 형태로 입력되어야 합니다.
2. 수익률 데이터와 비중 데이터의 열 개수는 동일해야 하며, 각 열에 해당하는 자산은 동일해야 합니다. 즉, 수익률 데이터의 첫 번째 열에 A주식 데이터가 있다면, 비중 데이터의 첫 번째 열도 A주식의 목표 비중을 입력해야 합니다.
3. 각 시점의 비중의 합은 1이 되어야 합니다. 그렇지 않을 경우 제대로 된 수익률이 계산되지 않습니다.

weights에 값을 입력하지 않을 경우 동일비중 포트폴리오를 구성하며, 포트폴리오 리밸런싱은 하지 않습니다.

12.1.2 출력값 살펴보기

해당 함수는 verbose를 TRUE로 설정하면 다양한 결괏값을 리스트 형태로 반환합니다.

표 12-2   Return.portfolio() 함수의 반환값

결과	내용
returns	포트폴리오 수익률
contribution	일자별 개별 자산의 포트폴리오 수익률 기여도
BOP.Weight	일자별 개별 자산의 포트폴리오 내 비중(시작시점). 리밸런싱이 없을 시 직전 기간 EOP.Weight와 동일
EOP.Weight	일자별 개별 자산의 포트폴리오 내 비중(종료시점)
BOP.Value	일자별 개별 자산의 가치(시작시점). 리밸런싱이 없을 시 직전 기간 EOP.Value와 동일
EOP.Value	일자별 개별 자산의 가치(종료시점)

12.2 전통적인 60대40 포트폴리오 백테스트

Return.portfolio() 함수의 가장 간단한 예제로서 전통적인 60대40 포트폴리오를 백테스트합니다. 해당 포트폴리오는 주식과 채권에 각각 60%와 40%를 투자하며, 특정 시점마다 해당 비중을 맞춰주기 위해 리밸런싱을 수행합니다. 매해 말 리밸런싱을 가정하는 예제를 살펴보겠습니다.

```
library(quantmod)
library(PerformanceAnalytics)
library(magrittr)

ticker = c('SPY', 'TLT')
getSymbols(ticker)
```

```
## [1] "SPY" "TLT"
```

```
prices = do.call(cbind,
                 lapply(ticker, function(x) Ad(get(x))))
rets = Return.calculate(prices) %>% na.omit()
```

글로벌 자산의 ETF 데이터 중 주식(S&P 500)과 채권(미국 장기채)에 해당하는 데이터를
다운로드한 후 수익률을 계산합니다.

```
cor(rets)
```

```
##              SPY.Adjusted TLT.Adjusted
## SPY.Adjusted       1.0000      -0.4339
## TLT.Adjusted      -0.4339       1.0000
```

cor() 함수를 통해 두 자산 간의 상관관계를 확인해보면 –0.43로서 매우 낮은 상관관
계를 보이며, 강한 분산효과를 기대해볼 수 있습니다.

```
portfolio = Return.portfolio(R = rets,        ┈┈ ❶
                             weights = c(0.6, 0.4),      ┈┈ ❷
                             rebalance_on = 'years',    ┈┈ ❸
                             verbose = TRUE)     ┈┈ ❹
```

Return.portfolio() 함수를 이용해 백테스트를 실행합니다.

❶ 자산의 수익률인 R에는 수익률 테이블인 rets를 입력합니다.

❷ 리밸런싱 비중인 weights에는 60%와 40%를 의미하는 c(0.6, 0.4)를 입력합
니다.

❸ 리밸런싱 시기인 rebalance_on에는 연간 리밸런싱에 해당하는 years를 입력
합니다. 리밸런싱 주기는 이 외에도 quarters, months, weeks, days도 입력
이 가능합니다.

❹ 결과물들을 리스트로 확인하기 위해 verbose를 TRUE로 설정합니다.

위 과정을 통해 주식과 채권 투자비중을 매해 60%와 40%로 리밸런싱하는 포트폴리오의 백테스트가 실행됩니다. 표 12-3은 함수 내에서 포트폴리오의 수익률이 어떻게 계산되는지를 요약한 과정입니다.

표 12-3   Return.portfolio() 함수의 계산 과정

	시작금액		시작합계	시작비중		수익률		종료금액		종료합계	종료비중		최종 수익률
	1.주식	2.채권	3.1+2	4.주식	5.채권	6.주식	7.채권	8.주식	9.채권	10.8+9	11.주식	12.채권	13.최종
2017-12-26	1.603	0.940	2.543	0.630	0.370	-0.001	0.003	1.601	0.943	2.544	0.629	0.371	0.000
2017-12-27	1.601	0.943	2.544	0.629	0.371	0.000	0.013	1.602	0.956	2.557	0.626	0.374	0.005
2017-12-28	1.602	0.956	2.557	0.626	0.374	0.002	-0.001	1.605	0.955	2.560	0.627	0.373	0.001
2017-12-29	1.605	0.955	2.560	0.627	0.373	-0.004	0.002	1.599	0.956	2.555	0.626	0.374	-0.002
2018-01-02	1.533	1.022	2.555	0.600	0.400	0.007	-0.011	1.544	1.011	2.555	0.604	0.396	0.000
2018-01-03	1.544	1.011	2.555	0.604	0.396	0.006	0.005	1.554	1.016	2.570	0.605	0.395	0.006
2018-01-04	1.554	1.016	2.570	0.605	0.395	0.004	0.000	1.560	1.016	2.576	0.606	0.394	0.002

먼저 2017-12-27에 해당하는 데이터를 보면 시작시점에 주식과 채권에는 각각 1.601과 0.943이 투자되어 있으며, 이를 합하면 2.544가 됩니다. 이를 포트폴리오 내 비중으로 환산하면 비중은 각각 0.629와 0.371이 됩니다.

해당일의 주식과 채권의 수익률은 각각 0, 0.013이 되며, 이를 시작금액에 곱하면 종료시점의 금액은 1.602와 0.956이 됩니다. 각각의 금액을 종료금액의 합인 2.557로 나누게 되면, 포트폴리오 내 비중은 0.626, 0.374로 변하게 됩니다. 포트폴리오 수익률은 2017-12-27 포트폴리오 금액인 2.557을 전일의 포트폴리오 금액인 2.544로 나누어 계산된 값인 0.005가 됩니다.

리밸런싱이 없다면 2017-12-27의 종료금액과 종료비중은 다음 날인 2017-12-28의 시작금액과 시작비중에 그대로 적용되며, 위와 동일한 단계를 통해 포트폴리오 수익률이 계산됩니다.

그러나 매해 리밸런싱을 가정했으므로, 첫 영업일인 2018-01-02에는 포트폴리오 리밸런싱이 이루어집니다. 따라서 전일 2017-12-29의 종료금액의 합인 2.555를 사전에 정의한 0.6과 0.4에 맞게 각 자산을 시작시점에 매수 혹은 매도하게 됩니다. 이후에는 기존과 동일하게 해당일의 수익률을 곱해 종료시점의 금액과 비중을 구한 후 포트폴리오 수익률을 계산하게 됩니다.

리밸런싱 전일 종료시점의 비중과 리밸런싱 당일 시작시점의 비중 차이의 절대값을 합하면, 포트폴리오의 회전율을 계산할 수도 있습니다. 해당 예제에서는 2017-12-29 종료시점의 비중인 0.626, 0.374와 2018-01-02 시작시점의 비중인 0.6, 0.4의 차이인 0.026, -0.026의 절대값의 합계인 0.052가 회전율이 됩니다.

이처럼 리밸런싱을 원하는 시점과 비중을 정의하면, Return.portfolio() 함수 내에서는 이러한 단계를 거쳐 포트폴리오의 수익률, 시작과 종료시점의 금액 및 비중이 계산되며, 이를 응용해 회전율을 계산할 수도 있습니다.

```
portfolios = cbind(rets, portfolio$returns) %>%
  setNames(c('주식', '채권', '60대 40'))

charts.PerformanceSummary(portfolios,
                          main = '60대 40 포트폴리오')
```

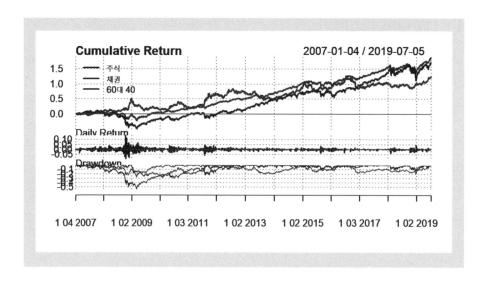

PerformanceAnalytics 패키지의 charts.PerformanceSummary() 함수는 기간별 수익률을 입력 시 누적수익률, 일별 수익률, 드로우다운(낙폭) 그래프를 자동으로 그 려줍니다.

그래프는 색으로 구분되어 각각 주식 수익률(SPY), 채권 수익률(TLT), 60대40 포트폴리 오 수익률을 나타냅니다. 주식과 채권은 상반되는 움직임을 보이며 상승하며, 분산투 자 포트폴리오는 각 개별 자산에 비해 훨씬 안정적인 수익률을 보입니다.

```
turnover = xts(
  rowSums(abs(portfolio$BOP.Weight -
              timeSeries::lag(portfolio$EOP.Weight)),
          na.rm = TRUE),
  order.by = index(portfolio$BOP.Weight))

chart.TimeSeries(turnover)
```

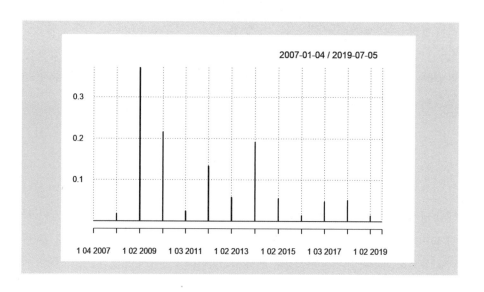

전일 종료시점의 비중인 EOP.Weight를 lag() 함수를 이용해 한 단계씩 내린 후 시작
시점의 비중인 BOP.Weight와의 차이의 절댓값을 더해주면 해당 시점에서의 회전율이
계산됩니다. lag() 함수의 경우 dplyr 패키지에도 동일한 이름의 함수가 있으므로, 충
돌을 방지하기 위해 timeSeries 패키지의 함수임을 선언해줍니다. 이를 xts() 함수를
이용해 시계열 형태로 만든 후 chart.TimeSeries() 함수를 이용해 그래프로 나타
내줍니다.

리밸런싱 시점에 해당하는 매해 첫 영업일에 회전율이 발생하며, 그렇지 않은 날은 매
수 혹은 매도가 없으므로 회전율 역시 0을 기록합니다. 2008년에는 주식과 채권의 등
락폭이 심했으므로 이듬해엔 2009년 리밸런싱으로 인한 회전율이 심하지만, 이를 제외
한 해는 회전율이 그리 심하지 않습니다.

12.3 시점 선택 전략 백테스트

이전 테스트가 리밸런싱 시점별 비중이 60%와 40%로 고정되어 있었다면, 이번에는 시
점별 비중이 다른 형태의 예제를 살펴보겠습니다.

메브 파버(Meb Faber)는 본인의 논문[22]을 통해, 시점 선택(Market Timing) 전략을 사용할 경우 단순 매수 후 보유 대비 극심한 하락장에서 낙폭을 줄일 수 있으며, 이로 인해 위험 대비 수익률을 올릴 수 있다고 설명합니다. 논문에서 말하는 시점 선택의 투자 규칙은 다음과 같습니다.

주가 > 10개월 이동평균 → 매수

주가 < 10개월 이동평균 → 매도 및 현금 보유

해당 규칙을 미국 S&P 500에 적용하는 예제를 살펴보겠습니다. 현재 주식 가격이 과거 10개월 주식 가격의 단순 평균 대비 이상이면 매수, 그렇지 않으면 전량 매도 후 현금을 보유하는 전략이며, 리밸런싱은 매월 실행합니다.

```
library(quantmod)
library(PerformanceAnalytics)

symbols = c('SPY', 'SHY')
getSymbols(symbols, src = 'yahoo')
```

```
## [1] "SPY" "SHY"
```

```
prices = do.call(cbind,
                 lapply(symbols, function(x) Ad(get(x))))
rets = na.omit(Return.calculate(prices))
```

먼저 주식과 현금에 해당하는 ETF 데이터를 다운로드합니다. 주식에 해당하는 ETF로는 S&P 500 수익률을 추종하는 SPY를 사용하며, 현금에 해당하는 ETF로는 미국 단기채 수익률을 추종하는 SHY를 사용합니다.

```
ep = endpoints(rets, on = 'months')
```

---

22   Faber, M. (2018). A Quantitative Approach to Tactical Asset Allocation Revisited 10 Years Later. Journal of Portfolio Management Vol. 44, Iss. 2: 156-167.

```
print(ep)
```

```
##   [1]    0   19   38   60   80  102  123  144  167  186  209  230  250  271
##  [15]  291  311  333  354  375  397  418  439  462  481  503  523  542  564
##  [29]  585  605  627  649  670  691  713  733  755  774  793  816  837  857
##  [43]  879  900  922  943  964  985 1007 1027 1046 1069 1089 1110 1132 1152
##  [57] 1175 1196 1217 1238 1259 1279 1299 1321 1341 1363 1384 1405 1428 1447
##  [71] 1468 1489 1509 1530 1549 1569 1591 1613 1633 1655 1677 1697 1720 1740
##  [85] 1761 1782 1801 1822 1843 1864 1885 1907 1928 1949 1972 1991 2013 2033
##  [99] 2052 2074 2095 2115 2137 2159 2180 2201 2223 2243 2265 2284 2304 2326
## [113] 2347 2368 2390 2410 2433 2454 2475 2496 2517 2537 2556 2579 2598 2620
## [127] 2642 2662 2685 2705 2727 2748 2768 2789 2808 2829 2850 2872 2893 2914
## [141] 2937 2956 2979 3000 3019 3040 3059 3080 3101 3123 3143 3147
```

```
wts = list()
lookback = 10
```

먼저 xts 패키지의 endpoints() 함수를 이용해 매월 말일의 위치를 구합니다. 해당 함수는 endpoints(x, on= 'months', k=1)의 형태로 이루어지며 x는 시계열 데이터, on은 원하는 기간, k는 구간 길이를 의미합니다. 즉, 시계열 데이터에서 월말에 해당하는 부분의 위치를 반환하며, 매월이 아닌 weeks, quarters, years도 입력이 가능합니다. 결과적으로 ep에는 rets의 인덱스 중 매월 말일에 해당하는 부분의 위치가 구해집니다.

각 시점별 비중이 입력될 wts를 공백의 리스트 형식으로 저장해주며, n개월 이동평균 값에 해당하는 lookback 변수는 10을 입력합니다.

```
i = lookback + 1
sub_price = prices[ep[i-lookback] : ep[i] , 1]   ·········· ❶

head(sub_price, 3)
```

```
##            SPY.Adjusted
## 2007-01-03        109.5
## 2007-01-04        109.7
## 2007-01-05        108.9
```

```
tail(sub_price, 3)
```

```
##              SPY.Adjusted
## 2007-10-26          120.5
## 2007-10-29          120.9
## 2007-10-30          120.1
```

```
sma = mean(sub_price)  ┈┈┈ ❷

wt = rep(0, 2)  ┈┈┈ ❸
wt[1] = ifelse(last(sub_price) > sma, 1, 0)  ┈┈┈ ❹
wt[2] = 1 - wt[1]

wts[[i]] = xts(t(wt), order.by = index(rets[ep[i]]))  ┈┈┈ ❺
```

해당 전략은 for loop 구문을 통해, 매월 말 과거 10개월 이동평균을 구한 후 매수
혹은 매도를 선택한 후 비중을 계산합니다. 예시를 위해 첫 번째 시점의 테스트 과정
을 살펴보며, 과거 10개월에 해당하는 가격의 이동평균이 필요하므로 처음 시작은 i+1
인 11부터 가능합니다.

❶ 주가는 일별 데이터이며, 현재부터 과거 10개월에 해당하는 주가를 선택해야 합
   니다. 앞서 endpoints() 함수를 통해 주가에서 월말 기준점의 위치를 찾았으
   며, ep[i]는 현재시점 주가의 위치를, ep[i-lookback]는 현재부터 10개월 전
   주가 위치를 의미합니다. 이를 통해 과거 10개월 간 주가를 찾은 후 sub_price
   에 저장합니다.

❷ mean()을 통해 10개월 주가의 평균을 계산합니다.

❸ rep(0, 2)를 통해 비중이 들어갈 0벡터를 생성합니다.

❹ ifelse() 구문을 통해 해당 전략의 조건에 맞는 비중을 계산합니다. wt[1]은
   주식의 투자비중이며, 만일 현재 주가가 10개월 이동평균보다 클 경우 주식에 해
   당하는 비중은 1을, 그렇지 않을 경우 0을 부여합니다. wt[2]는 현금의 투자비중
   이며, 1에서 주식의 투자비중을 뺀 값을 입력합니다. 표 12-4에는 해당 규칙이 요
   약되어 있습니다.

❺ 위에서 만들어진 벡터를 xts()를 통해 시계열 형태로 바꾼 후 wts의 i번째 리스트에 저장합니다.

표 12-4 시점선택 조건별 비중

자산	현재 주가 > 10개월 이동평균	현재 주가 < 10개월 이동평균
주식비중	wt[1] = 1	wt[1] = 0
현금비중	wt[2] = 0	wt[2] = 1

위 과정을 for loop 구문을 통해 전체 기간에 적용한 백테스트는 다음과 같습니다.

```r
ep = endpoints(rets, on = 'months')
wts = list()
lookback = 10

for (i in (lookback+1) : length(ep)) {
  sub_price = prices[ep[i-lookback] : ep[i] , 1]
  sma = mean(sub_price)
  wt = rep(0, 2)
  wt[1] = ifelse(last(sub_price) > sma, 1, 0)
  wt[2] = 1 - wt[1]

  wts[[i]] = xts(t(wt), order.by = index(rets[ep[i]]))
}

wts = do.call(rbind, wts)
```

매월 말 과거 10개월 이동평균을 구한 후 현재 주가와 비교해 주식 혹은 현금 투자비중을 구한 후 wts 리스트에 저장합니다. 그 후 do.call() 함수를 통해 리스트를 테이블로 묶어줍니다.

수익률 데이터와 비중 데이터가 구해졌으므로 Return.portfolio() 함수를 통해 포트폴리오의 수익률을 계산합니다.

```r
Tactical = Return.portfolio(rets, wts, verbose = TRUE)   ········ ❶
```

```
portfolios = na.omit(cbind(rets[,1], Tactical$returns)) %>%  ┈┈┈┈ ❷
  setNames(c('매수 후 보유', '시점 선택 전략'))

charts.PerformanceSummary(portfolios,
                          main = "Buy & Hold vs Tactical")  ┈┈┈┈ ❸
```

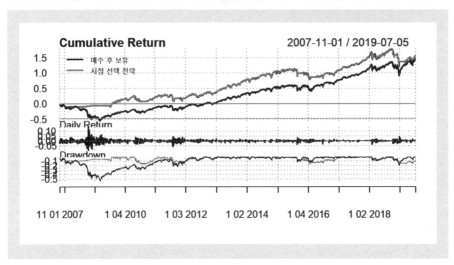

❶ 수익률 데이터와 비중 데이터의 입력을 통해 백테스트를 실행합니다.

❷ cbind() 함수를 통해 SPY 데이터와 포트폴리오 수익률을 합쳐줍니다. 시점 선택 포트폴리오의 경우 lookback 기간인 초기 10개월에 대한 수익률이 없어 NA로 표시되므로 na.omit()을 통해 해당 부분을 제거합니다.

❸ charts.PerformanceSummary() 함수를 통해 수익률을 그래프로 나타냅니다.

검은색 그래프는 S&P 500 에 매수 후 보유 시 수익률이고, 주황색 그래프는 시점 선택 전략을 적용한 수익률입니다. 2008년과 같은 하락장에서 낙폭이 훨씬 낮음이 확인됩니다.

```
turnover = xts(rowSums(abs(Tactical$BOP.Weight -
                           timeSeries::lag(Tactical$EOP.Weight)),
                     na.rm = TRUE),
             order.by = index(Tactical$BOP.Weight))
```

```
chart.TimeSeries(turnover)
```

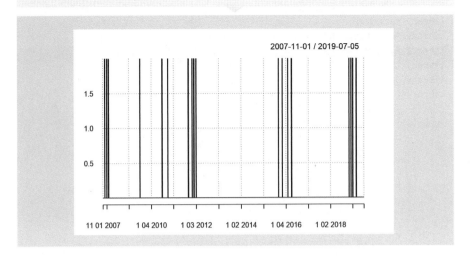

해당 전략의 회전율을 확인해보면, 몇 년간 매매가 없는 경우도 있습니다. 그러나 매매가 발생할 시 매수와 매도 포지션 양쪽의 매매로 인해 200%의 회전율이 발생하게 됩니다.

12.4 동적 자산배분 백테스트

마지막으로 기존에 배웠던 것들을 응용해 동적 자산배분의 백테스트를 수행하겠습니다. 일반적인 자산배분이 주식과 채권, 대체자산에 투자비중을 사전에 정해놓고 약간의 비율만 수정하는 정적 자산배분인 반면, 동적 자산배분이란 투자비중에 대한 제한이 없이 동적으로 포트폴리오를 구성하는 방법입니다.

동적 자산배분을 이용한 포트폴리오는 다음과 같이 구성됩니다.

1. 글로벌 10개 자산 중 과거 12개월 수익률이 높은 5개 자산을 선택합니다.
2. 최소분산 포트폴리오를 구성하며, 개별 투자비중은 최소 10%, 최대 30% 제약조건을 설정합니다.

3. 매월 리밸런싱을 실시합니다.

```r
library(quantmod)
library(PerformanceAnalytics)
library(RiskPortfolios)
library(tidyr)
library(dplyr)
library(ggplot2)

symbols = c('SPY', # 미국 주식
            'IEV', # 유럽 주식
            'EWJ', # 일본 주식
            'EEM', # 이머징 주식
            'TLT', # 미국 장기채
            'IEF', # 미국 중기채
            'IYR', # 미국 리츠
            'RWX', # 글로벌 리츠
            'GLD', # 금
            'DBC' # 상품
            )
getSymbols(symbols, src = 'yahoo')
```

```
##  [1] "SPY" "IEV" "EWJ" "EEM" "TLT" "IEF" "IYR" "RWX" "GLD" "DBC"
```

```r
prices = do.call(cbind,
                 lapply(symbols, function(x) Ad(get(x)))) %>%
  setNames(symbols)

rets = Return.calculate(prices) %>% na.omit()
```

먼저 이전 CHAPTER와 동일하게 글로벌 자산을 대표하는 ETF 데이터를 다운로드한
후 수정주가의 수익률을 계산합니다.

```r
ep = endpoints(rets, on = 'months')  ········ ❶
wts = list()  ········ ❷
lookback = 12  ········ ❸
wt_zero = rep(0, 10) %>% setNames(colnames(rets))  ········ ❹
```

백테스트에 사용되는 각종 값을 사전에 정의합니다.

❶ endpoints() 함수를 통해 매월 말일의 위치를 구합니다.

❷ 매월의 투자비중이 들어갈 빈 리스트를 wts에 설정합니다.

❸ 수익률을 측정할 과거 n기간을 12개월로 설정합니다.

❹ rep() 함수를 통해 비중이 들어갈 0으로 이루어진 벡터를 만들고 이름을 설정합니다.

다음은 매월 말 투자 규칙에 따라 포트폴리오의 비중을 구하는 백테스트 과정입니다.

```r
for (i in (lookback+1) : length(ep)) {
  sub_ret = rets[ep[i-lookback] : ep[i] , ]  ········ ❶
  cum = Return.cumulative(sub_ret)  ········ ❷

  K = rank(-cum) <= 5  ········ ❸
  covmat = cov(sub_ret[, K])  ········ ❹

  wt = wt_zero
  wt[K] = optimalPortfolio(covmat,  ········ ❺
                           control = list(type = 'minvol',
                                          constraint = 'user',
                                          LB = rep(0.10, 5),
                                          UB = rep(0.30, 5)))

  wts[[i]] = xts(t(wt), order.by = index(rets[ep[i]]))  ········ ❻
}

wts = do.call(rbind, wts)  ········ ❼
```

for loop 구문을 통해 매월 말 과거 12개월 수익률을 구한 후 비중을 계산하므로, 처음 시작은 i+1인 13부터 가능합니다.

❶ ep[i]는 현재시점 수익률의 위치를, ep[i-lookback]는 현재부터 12개월 전 수익률의 위치를 의미합니다. 이를 통해 과거 12개월 간 수익률을 찾은 후 sub_ret에 저장합니다.

❷ Return.cumulative() 함수를 통해 해당 기간의 자산별 누적수익률을 구합니다.

❸ rank() 함수를 통해 수익률 상위 5개 자산을 선택하며, 내림차순으로 정렬해야 하므로 마이너스(-)를 붙여줍니다.

❹ cov() 함수를 통해 수익률 상위 5개 자산의 분산-공분산 행렬을 구하도록 합니다.

❺ 임시로 비중이 저장될 wt 변수에 위에서 만든 0벡터(wt_zero)를 입력한 후 optimalPortfolio() 함수를 통해 최소분산 포트폴리오를 구성하는 해를 찾습니다. 개별 투자비중의 제한은 최소 10%, 최대 30%를 설정하며, 구해진 해를 wt의 K번째 값에 입력합니다.

❻ 위에서 만들어진 벡터를 xts()를 통해 시계열 형태로 바꾼 후 wts의 i번째 리스트에 저장합니다.

❼ for loop 구문이 끝난 후 do.call() 함수를 통해 투자비중이 저장된 리스트를 테이블 형태로 바꿔줍니다.

이를 통해 동적 자산배분의 투자 규칙에 맞는 매월 말 투자비중이 계산되었습니다.

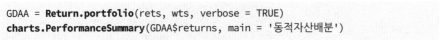

```
GDAA = Return.portfolio(rets, wts, verbose = TRUE)
charts.PerformanceSummary(GDAA$returns, main = '동적자산배분')
```

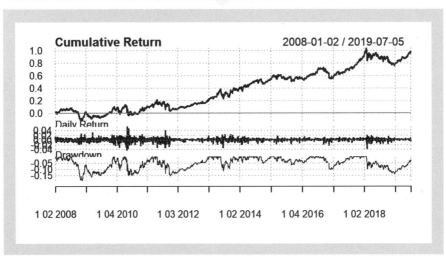

수익률과 비중 데이터가 있으므로 Return.portfolio() 함수를 통해 백테스트 수익률을 계산할 수 있습니다. charts.PerformanceSummary() 함수를 통해 누적수익률을 확인하면 해당 전략을 이용한 포트폴리오가 꾸준히 우상향하는 모습을 보이게됩니다.

```r
wts %>% fortify.zoo() %>%
  gather(key, value, -Index) %>%
  mutate(Index = as.Date(Index)) %>%
  mutate(key = factor(key, levels = unique(key))) %>%
  ggplot(aes(x = Index, y = value)) +
  geom_area(aes(color = key, fill = key),
            position = 'stack') +
  xlab(NULL) + ylab(NULL) + theme_bw() +
  scale_x_date(date_breaks="years", date_labels="%Y",
               expand = c(0, 0)) +
  scale_y_continuous(expand = c(0, 0)) +
  theme(plot.title = element_text(hjust = 0.5,
                                  size = 12),
        legend.position = 'bottom',
        legend.title = element_blank(),
        axis.text.x = element_text(angle = 45,
                                   hjust = 1, size = 8),
        panel.grid.minor.x = element_blank()) +
  guides(color = guide_legend(byrow = TRUE))
```

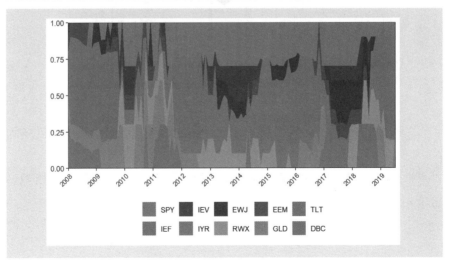

반면 자산별 투자비중의 변화가 많은 것을 알 수 있습니다. 그 원인은 수익률 상위 5개에 해당하는 자산이 매월 말 바뀌며, 최소분산 포트폴리오를 구성하는 비중이 계속해서 바뀌기 때문입니다.

회전율이 상대적으로 낮았던 기존 백테스트에서는 매매비용, 세금, 기타비용 등을 고려하지 않아도 수익률에 크게 영향이 없지만, 회전율이 상대적으로 높은 전략에서는 이러한 것들을 무시하지 않을 수 없습니다.

```
GDAA$turnover = xts(
  rowSums(abs(GDAA$BOP.Weight -
              timeSeries::lag(GDAA$EOP.Weight)),
          na.rm = TRUE),
  order.by = index(GDAA$BOP.Weight))

chart.TimeSeries(GDAA$turnover)
```

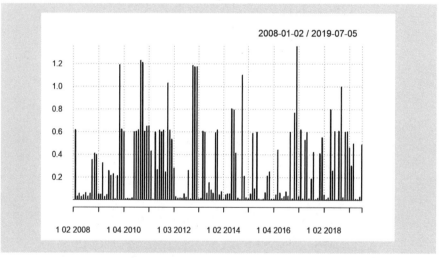

기존에 살펴본 방법으로 회전율을 계산한다면 매월 상당한 매매회전이 발생함이 확인됩니다.

```
fee = 0.0030
GDAA$net = GDAA$returns - GDAA$turnover*fee
```

매수 혹은 매도당 발생하는 세금, 수수료, 시장충격 등 총 비용을 0.3%로 가정합니다. 포트폴리오 수익률에서 회전율과 총 비용의 곱을 빼면, 비용 후 포트폴리오의 순수익률이 계산됩니다.

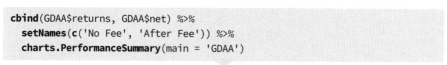

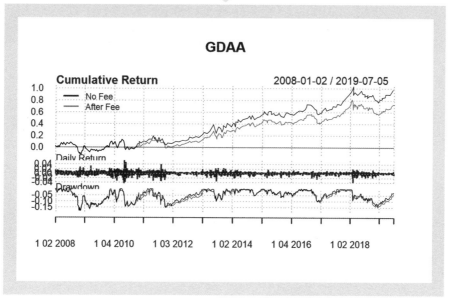

기존 비용을 고려하지 않은 포트폴리오(검은색)에 비해, 비용을 차감한 포트폴리오(주황색)의 수익률이 시간이 지남에 따라 서서히 감소합니다. 이러한 차이는 비용이 크거나 매매회전율이 높을수록 더욱 벌어지게 됩니다.

13

성과 및 위험 평가

백테스트를 통해 포트폴리오 수익률을 구했다면, 이를 바탕으로 각종 성과 및 위험을 평가해야 합니다. 아무리 성과가 좋은 전략이라도 위험이 너무 크다면 투자를 하기 부담스럽습니다. 또한 전략의 수익률이 지속적으로 감소하는 추세라면 경쟁이 치열해져 더 이상 작동하지 않는 전략일 가능성도 있습니다.

이 CHAPTER에서는 포트폴리오의 예시로 퀄리티 팩터를 종합적으로 고려한 QMJ(Quality Minus Junk) 팩터[23]의 수익률을 이용하겠습니다. QMJ 팩터란 우량성이 높은 종목들을 매수하고, 우량성이 낮은 종목들을 공매도하는 전략을 지수의 형태로 나타낸 것입니다. 해당 팩터의 수익률을 통해 성과 및 위험을 평가해보고, 회귀분석을 통해 다른 팩터와의 관계도 살펴보겠습니다.

23　Asness, C. S., Frazzini, A., & Pedersen, L. H. (2019). Quality minus junk. Review of Accounting Studies, 24(1), 34-112.

QMJ 팩터의 수익률은 AQR Capital Management의 Datasets[24]에서 엑셀 파일을 다운로드한 후 가공할 수도 있습니다. 그러나 해당 작업을 매번 하는 것은 지나치게 번거로우므로, R에서 엑셀 파일을 다운로드한 후 가공하겠습니다.

```r
library(dplyr)
library(readxl)
library(xts)
library(timetk)

url = paste0(
  'https://images.aqr.com/-/media/AQR/Documents/Insights/',
  'Data-Sets/Quality-Minus-Junk-Factors-Monthly.xlsx') ········ ❶

tf = tempfile(fileext = '.xlsx') ········ ❷
download.file(url, tf, mode = 'wb') ········ ❸

excel_sheets(tf) ········ ❹
```

```
##  [1] "QMJ Factors"          "Definition"
##  [3] "Data Sources"         "--> Additional Global Factors"
##  [5] "MKT"                  "SMB"
##  [7] "HML FF"               "HML Devil"
##  [9] "UMD"                  "ME(t-1)"
## [11] "RF"                   "Sources and Definitions"
## [13] "Disclosures"
```

❶ 해당 데이터의 엑셀 url을 저장합니다.

❷ tempfile() 함수 내 .xlsx 인자를 입력함으로써, 임시로 엑셀 파일을 만들도록 합니다.

❸ download.file() 함수를 통해 url 파일을 tf 파일명에 저장하며, 엑셀 파일은 바이너리 파일이므로 wb 인자를 입력합니다.

❹ readxl 패키지의 excel_sheets() 함수를 통해 해당 엑셀의 시트명들을 확인합니다.

---

24 https://www.aqr.com/Insights/Datasets/Quality-Minus-Junk-Factors-Monthly

우리가 필요한 데이터는 수익률을 계산할 QMJ Factors, 회귀분석에 필요한 MKT, SMB, HML Devil, UMD, 무위험 이자율인 RF 시트의 데이터입니다.

```
df_QMJ = read_xlsx(tf, sheet = 'QMJ Factors', skip = 18) %>%
  select(DATE, Global)
df_MKT = read_xlsx(tf, sheet = 'MKT', skip = 18) %>%
  select(DATE, Global)
df_SMB = read_xlsx(tf, sheet = 'SMB', skip = 18) %>%
  select(DATE, Global)
df_HML_Devil = read_xlsx(tf, sheet = 'HML Devil',
                            skip = 18) %>%
  select(DATE, Global)
df_UMD = read_xlsx(tf, sheet = 'UMD', skip = 18) %>%
  select(DATE, Global)
df_RF = read_xlsx(tf, sheet = 'RF', skip = 18)
```

readxl 패키지의 read_xlsx() 함수를 통해 엑셀 데이터를 읽어올 수 있으며, 시트명을 정해줄 수도 있습니다. 또한 각 시트 내 18행까지는 데이터를 설명하는 텍스트이므로, skip 인자를 통해 해당 부분은 읽어오지 않도록 합니다. 그 후 select() 함수를 통해 날짜에 해당하는 DATE와 수익률에 해당하는 Global 열만을 선택합니다.

```
df = Reduce(function(x, y) inner_join(x, y, by = 'DATE'),   ········ ❶
        list(df_QMJ, df_MKT, df_SMB,
            df_HML_Devil,df_UMD, df_RF)) %>%
  setNames(c('DATE','QMJ', 'MKT', 'SMB',
            'HML', 'UMD', 'RF')) %>%   ········ ❷
  na.omit() %>%   ········ ❸
  mutate(DATE = as.Date(DATE, "%m/%d/%Y"),   ········ ❹
        R_excess = QMJ - RF,
        Mkt_excess = MKT - RF) %>%
  tk_xts(date_var = DATE)   ········ ❺
```

❶ inner_join() 함수를 통해 DATE를 기준으로 데이터를 묶어주어야 합니다. 해당 함수는 한 번에 두 개 테이블만을 선택할 수 있으므로, Reduce() 함수를 통해 모든 데이터에 inner_join() 함수를 적용합니다.

❷ setNames() 함수를 통해 열 이름을 입력합니다.

❸ 각 팩터별 시작시점이 다르므로 na.omit() 함수를 통해 NA 데이터를 삭제해줍니다.

❹ mutate() 함수를 통해 데이터를 변형해줍니다. DATE 열은 mm/dd/yy의 문자열 형식이므로 이를 날짜 형식으로 변경해줍니다. QMJ 팩터 수익률에서 무위험 수익률을 차감해 초과수익률을 구해주며, 시장 수익률에서 무위험 수익률을 차감해 시장위험 프리미엄을 계산해줍니다.

❺ tk_xts() 함수를 이용해 티블 형태를 시계열 형태로 변경하며, 인덱스는 DATE 열을 설정합니다. 형태를 변경한 후 해당 열은 자동으로 삭제됩니다.

위 과정을 통해 구한 데이터를 바탕으로 성과 및 위험을 평가하겠습니다.

13.1 결과 측정 지표

포트폴리오의 평가에서 가장 중요한 지표는 수익률과 위험입니다. 수익률은 누적수익률과 연율화 수익률, 연도별 수익률이 주요 지표이며, 위험은 변동성과 낙폭이 주요 지표입니다.

이 외에도 승률, 롤링 윈도우 값 등 다양한 지표를 살펴보기도 합니다. 이러한 지표를 수식을 이용해 직접 계산할 수도 있지만, PerformanceAnalytics 패키지에서 제공하는 다양한 함수들을 이용해 편하게 계산할 수 있습니다.

13.1.1 수익률 및 변동성

```
library(PerformanceAnalytics)
chart.CumReturns(df$QMJ)
```

먼저 chart.CumReturns() 함수를 이용해 QMJ 팩터의 누적수익률을 그래프로 나타내봅니다. 1989-07-31부터 2019-05-31까지 장기간 동안 우상향하는 모습을 보이고 있습니다.

```
prod((1+df$QMJ)) - 1 # 누적수익률
```

```
## [1] 4.082
```

```
mean(df$QMJ) * 12 # 연율화 수익률(산술)
```

```
## [1] 0.05709
```

```
(prod((1+df$QMJ)))^(12 / nrow(df$QMJ)) - 1 # 연율화 수익률(기하)
```

```
## [1] 0.05585
```

수익률 중 가장 많이 보는 지표는 누적수익률, 연율화 수익률(산술), 연율화 수익률(기하)입니다. 각 수익률을 구하는 법은 다음과 같습니다.

1. 누적수익률: $(1 + r_1) \times (1 + r_2) \times \ldots \times (1 + r_n) = \left\{ \prod_{i=1}^{n} (1 + r_i) \right\} - 1,$

2. 연율화 수익률(산술): $\frac{(r_1 + r_2 + \cdots + r_i)}{n} \times scale$

3. 연율화 수익률(기하): $\left\{ \prod_{i=1}^{n} (1 + r_i) \right\}^{scale/Days} - 1$

먼저 누적수익률은 각 수익률에 1을 더한 값을 모두 곱한 후 1을 빼면 됩니다. 연율화 수익률(산술)은 단순히 수익률의 평균을 구한 후 연율화를 위한 조정값(scale)을 곱해 주면 됩니다. 데이터가 일간일 경우 조정값은 252, 주간일 경우 52, 월간일 경우 12입니다. 현재 데이터는 월간 기준이므로 조정값은 12가 됩니다. 마지막으로 연율화 수익률 (기하)은 각 수익률에 1을 더한 값의 곱을 구한 후 연율화를 위해 승수를 적용한 후 1을 빼주며, $Days$는 시계열의 관측 기간입니다.

```
Return.cumulative(df$QMJ) # 누적수익률
```

```
##                         QMJ
## Cumulative Return 4.082
```

```
Return.annualized(df$QMJ, geometric = FALSE) # 연율화 수익률(산술)
```

```
##                         QMJ
## Annualized Return 0.05709
```

```
Return.annualized(df$QMJ) # 연율화 수익률(기하)
```

```
##                         QMJ
## Annualized Return 0.05585
```

수식에 맞게 값을 입력해 계산할 수도 있지만, 함수를 이용하면 더욱 손쉽게 계산이

가능하며 실수할 가능성도 줄어듭니다. 누적수익률은 Return.cumulative() 함수를 통해, 연율화 수익률(산술)은 Return.annualized() 함수 내 geometric 인자를 FALSE로 선택해줌으로써, 연율화 수익률(기하)는 Return.annualized() 함수를 통해 계산이 가능합니다. 수식으로 계산한 값과 함수를 통해 계산한 값을 비교하면 동일함이 확인됩니다.

```r
sd(df$QMJ) * sqrt(12) # 연율화 변동성
```

```
## [1] 0.07275
```

```r
StdDev.annualized(df$QMJ) # 연율화 변동성
```

```
##                                QMJ
## Annualized Standard Deviation 0.07275
```

```r
SharpeRatio.annualized(df$QMJ, Rf = df$RF, geometric = TRUE)
```

```
##                                QMJ
## Annualized Sharpe Ratio (Rf=2.8%) 0.366
```

위험으로 가장 많이 사용되는 지표는 변동성입니다. 연율화 변동성은 sd() 함수를 통해 변동성을 계산한 후 조정값을 곱해 계산합니다. 그러나 StdDev.annualized() 함수를 사용해 더욱 쉽게 계산할 수도 있습니다.

수익을 위험으로 나누어 위험 조정 수익률을 보는 지표가 샤프 지수(Sharpe Ratio)입니다. 해당 지수는 $\frac{R_i - R_f}{\sigma_i}$로 계산되며, 분자에는 포트폴리오 수익률에서 무위험 수익률을 차감한 값이, 분모에는 포트폴리오의 변동성이 오게 됩니다.

SharpeRatio.annualized() 함수를 이용하면 포트폴리오 수익률에서 무위험 수익률을 차감한 값을 연율화로 변경한 후 연율화 변동성으로 나누어 샤프 지수를 계산합

니다. geometric을 TRUE로 설정하면 기하평균 기준 연율화 수익률을, FALSE로 설정하면 산술평균 기준 연율화 수익률을 계산합니다.

13.1.2 낙폭과 최대낙폭

먼저 낙폭(Drawdown)은 수익률이 하락한 후 반등하기 전까지 얼마나 하락했는지를 나타냅니다. 최대낙폭(Maximum Drawdown)은 이러한 낙폭 중 가장 값이 큰 값으로서, 최고점에서 최저점까지 얼마나 손실을 보는지를 나타냅니다. 투자를 함에 있어 수익률이 하락하는 것은 어쩔 수 없지만, 최대낙폭이 지나치게 큰 전략에 투자하는 것은 매우 위험한 선택이 될 수 있습니다.

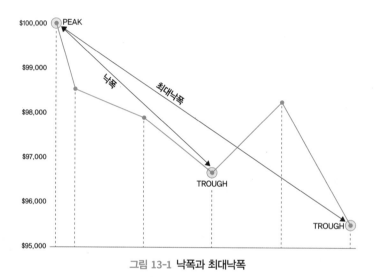

그림 13-1 낙폭과 최대낙폭

```
table.Drawdowns(df$QMJ)
```

##	From	Trough	To	Depth	Length	To Trough	Recovery
## 1	2002-10-31	2004-01-31	2008-08-31	-0.2118	71	16	55
## 2	2009-03-31	2009-09-30	2012-05-31	-0.2013	39	7	32
## 3	1992-11-30	1993-08-31	1997-01-31	-0.1404	51	10	41
## 4	1998-10-31	1999-04-30	2000-05-31	-0.0868	20	7	13
## 5	2012-08-31	2013-01-31	2014-10-31	-0.0666	27	6	21

```
maxDrawdown(df$QMJ)
```

```
## [1] 0.2118
```

```
chart.Drawdown(df$QMJ)
```

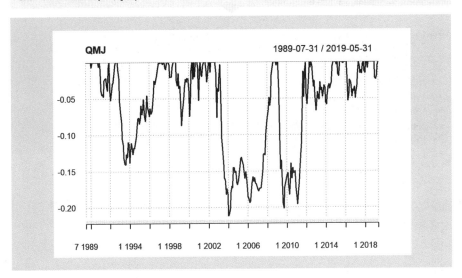

이러한 낙폭에 대한 지표들은 손으로 계산하기 번거롭지만, 패키지 내 함수를 사용한다면 매우 손쉽게 계산할 수 있습니다.

먼저 table.Drawdowns() 함수를 이용하면 역대 낙폭이 가장 심했던 순서대로 낙폭 정도, 하락 기간과 상승 기간, 원금 회복 기간 등을 테이블로 나타내줍니다. maxDrawdown() 함수는 포트폴리오의 최대낙폭을 계산해주며, chart.Drawdown() 함수는 낙폭만을 그래프로 그려줍니다.

```
CalmarRatio(df$QMJ)
```

```
##                 QMJ
## Calmar Ratio 0.2637
```

위험 조정 수익률 중 사용되는 지표 중 칼마 지수(Calmar Ratio)도 있습니다. 칼마 지수는 연율화 수익률을 최대낙폭으로 나눈 값으로서, 특히나 안정적인 절대 수익률을 추구하는 헤지펀드에서 많이 참조하는 지표입니다.

13.1.3 연도별 수익률

```
apply.yearly(df$QMJ, Return.cumulative) %>% head()
```

```
##                 QMJ
## 1989-12-31  0.07555
## 1990-12-31  0.22043
## 1991-12-31  0.01088
## 1992-12-31  0.02998
## 1993-12-31 -0.09244
## 1994-12-31  0.03970
```

apply.yearly() 함수 내 계산 함수를 Return.cumulative로 설정한다면 연도별 수익률을 계산할 수 있습니다.

```
library(lubridate)
library(tidyr)
library(ggplot2)

R.yr = apply.yearly(df$QMJ, Return.cumulative) %>%
    fortify.zoo() %>%
    mutate(Index = year(Index)) %>%
    gather(key, value, -Index) %>%
    mutate(key = factor(key, levels = unique(key)))

ggplot(R.yr, aes(x = Index, y = value, fill = key)) +
  geom_bar(position = "dodge", stat = "identity") +
  ggtitle('Yearly Return') +
  xlab(NULL) +
  ylab(NULL) +
  theme_bw() +
  scale_y_continuous(expand = c(0.03, 0.03)) +
  scale_x_continuous(breaks = R.yr$Index,
                     expand = c(0.01, 0.01)) +
```

```
theme(plot.title = element_text(hjust = 0.5,
                                 size = 12),
      legend.position = 'bottom',
      legend.title = element_blank(),
      legend.text = element_text(size=7),
      axis.text.x = element_text(angle = 45,
                                 hjust = 1, size = 8),
      panel.grid.minor.x = element_blank() ) +
guides(fill = guide_legend(byrow = TRUE)) +
    geom_text(aes(label = paste(round(value * 100, 2), "%"),
                  vjust = ifelse(value >= 0, -0.5, 1.5)),
              position = position_dodge(width = 1),
              size = 3)
```

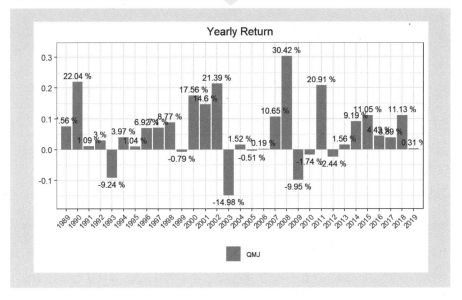

apply.yearly() 함수를 통해 계산한 연도별 수익률에 ggplot() 함수를 응용하면 막대 그래프로 나타낼 수도 있으며, 시각화를 통해 포트폴리오의 수익률 추이가 더욱 쉽게 확인됩니다.

13.1.4 승률 및 롤링 윈도우 값

승률이란 포트폴리오가 벤치마크 대비 높은 성과를 기록한 비율을 의미하며 다음과 같이 계산됩니다.

$$\frac{(\text{포트폴리오 수익률} > \text{벤치마크})\text{일 수}}{\text{전체 기간}}$$

벤치마크가 S&P 500 지수, KOSPI 200 지수처럼 구체적으로 존재하는 경우도 있지만, 절대수익을 추구하는 경우에는 이러한 벤치마크가 0 혹은 무위험 수익률이 되기도 합니다.

```
UpsideFrequency(df$QMJ, MAR = 0)
```

```
## [1] 0.5961
```

UpsideFrequency() 함수는 벤치마크 대비 승률을 계산해줍니다. MAR 인자는 0이 기본값으로 설정되어 있으며, 원하는 벤치마크가 있을 시 이를 입력해주면 됩니다. QMJ 팩터는 월간 기준 수익률이 플러스를 기록했던 비율이 59.61%입니다.

위에서 구한 각종 지표들은 투자자가 포트폴리오의 시작부터 현재까지 투자를 했다는 전제 하에 계산됩니다. 그러나 투자를 시작하는 시점은 사람마다 다르기에, 무작위 시점에 투자했을 때 향후 n개월 후 승률 혹은 연율화 수익률 등을 계산할 필요도 있습니다. 이러한 기법을 롤링 윈도우라고 합니다.

```
roll_12 = df$QMJ %>% apply.monthly(., Return.cumulative) %>%
  rollapply(., 12, Return.annualized) %>% na.omit() %>%
  UpsideFrequency()

roll_24 = df$QMJ %>% apply.monthly(., Return.cumulative) %>%
  rollapply(., 24, Return.annualized) %>% na.omit() %>%
  UpsideFrequency()
```

```
roll_36 = df$QMJ %>% apply.monthly(., Return.cumulative) %>%
  rollapply(., 36, Return.annualized) %>% na.omit() %>%
  UpsideFrequency()

roll_win = cbind(roll_12, roll_24, roll_36)
print(roll_win)
```

```
##       roll_12 roll_24 roll_36
## [1,]  0.7644  0.7917  0.8673
```

롤링 윈도우 승률은 무작위 시점에 투자했을 시 미래 n개월 동안의 연율화 수익률을 구하고, 해당 값이 벤치마크 대비 수익이 높았던 비율을 계산합니다. 만일 12개월 롤링 윈도우 승률이 100%라면, 어떠한 시점에 투자해도 12개월 후에는 언제나 벤치마크를 이겼음을 의미합니다. 반면 아무리 연율화 수익률이 높은 전략도 이러한 롤링 윈도우 승률이 지나치게 낮다면, 단순히 한 번의 운으로 인해 수익률이 높은 것처럼 보일 수 있습니다.

함수를 이용해 해당 값을 구하는 과정은 다음과 같습니다.

1. apply.*() 함수를 이용해 원하는 기간의 수익률로 변경하며, 위 예제에서는 월간 수익률로 변경했습니다.

2. rollapply() 함수를 통해 원하는 기간의 롤링 윈도우 통곗값을 구해줍니다. 각각 12개월, 24개월, 36개월 기간에 대해 연율화 수익률을 계산해줍니다.

3. 계산에 필요한 n개월 동안은 수익률이 없으므로 na.omit()을 통해 삭제해줍니다.

4. UpsideFrequency() 함수를 통해 승률을 계산합니다.

해당 과정을 통해 계산된 12개월, 24개월, 36개월 롤링 승률은 각각 76.44%, 79.17%, 86.73%이며, 투자 기간이 길어질수록 승률이 높아짐이 확인됩니다.

```
df$QMJ %>% apply.monthly(., Return.cumulative) %>%
  rollapply(., 12, Return.annualized) %>% na.omit() %>%
  fortify.zoo() %>%
  ggplot(aes(x = Index, y = QMJ)) +
  geom_line() +
```

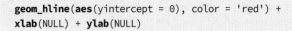

```
geom_hline(aes(yintercept = 0), color = 'red') +
xlab(NULL) + ylab(NULL)
```

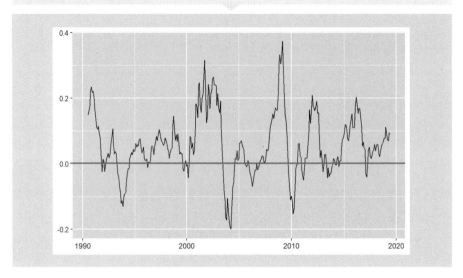

롤링 윈도우 연율화 수익률 역시 매우 중요한 지표입니다. 해당 값이 지속적으로 하락할 경우 전략이 더 이상 동작하지 않는 것인지 혹은 가장 험난한 시기를 지났기에 인내심을 갖고 기다려야 할지 판단해야 합니다.

13.2 팩터 회귀분석 및 테이블로 나타내기

포트폴리오 수익률에 대한 성과 평가만큼 중요한 것이, 수익률이 어디에서 발생했는가에 대한 요인을 분석하는 것입니다. 베타를 통한 개별 주식과 주식시장과의 관계를 시작으로, 수익률을 설명하기 위한 여러 모형들이 개발되고 발표되었습니다. 그중 일반적으로 많이 사용되는 모형은 기존의 CAPM에 사이즈 팩터(SMB), 밸류 팩터(HML)를 추가한 파마-프렌치의 3팩터 모형, 그리고 3팩터 모형에 모멘텀 팩터(UMD)를 추가한 카하트의 4팩터 모형입니다.

QMJ 팩터를 위 4개 팩터에 회귀분석한 결과를 토대로, 퀄리티 팩터의 수익률에 대한 요인 분석을 해보겠습니다.

```
reg = lm(R_excess ~ Mkt_excess + SMB + HML + UMD, data = df)
# summary(reg)
summary(reg)$coefficient
```

```
##               Estimate Std. Error t value  Pr(>|t|)
## (Intercept)  0.002882  0.0007185   4.011 7.374e-05
## Mkt_excess  -0.275879  0.0167008 -16.519 7.565e-46
## SMB         -0.364831  0.0364337 -10.014 6.023e-21
## HML         -0.129366  0.0342693  -3.775 1.876e-04
## UMD          0.063467  0.0267821   2.370 1.834e-02
```

먼저 우리가 구한 데이터를 통해 다음과 같은 회귀분석을 실시합니다. 즉 QMJ 팩터의 초과수익률을 시장위험 프리미엄, 사이즈 팩터, 밸류 팩터, 모멘텀 팩터에 회귀분석을 수행합니다.

$$QMJ - R_f = \beta_m \times [R_m - R_f] + \beta_{SMB} \times R_{SMB} + \beta_{HML} \times R_{HML} + \beta_{UMD} \times R_{UMD}$$

lm() 함수 내에서 R_excess는 $QMJ - R_f$와 동일하며, Mkt_excess는 $R_m - R_f$와 동일합니다. 베타의 절댓값이 크다는 의미는 QMJ 팩터의 수익률이 해당 팩터와의 관계가 높다는 의미이며, 양수일 경우에는 양의 관계가, 음수일 경우에는 음의 관계가 높다는 의미입니다. 또한 t 값 혹은 P 값을 통해 관계가 얼마나 유의한지도 확인할 수 있습니다.

1. 시장 베타에 해당하는 β_m은 -0.276으로 음숫값을 보이며, 퀄리티 팩터의 경우 시장과 역의 관계에 있다고 볼 수 있습니다. 또한 t 값이 -16.519로 충분히 유의 합니다.

2. 사이즈 베타에 해당하는 β_{SMB}는 -0.365이며 역시나 음숫값을 보입니다. 즉 퀄리티 팩터는 소형주보다는 대형주 수익률과 관계가 있으며, t 값 역시 -10.014로 충분히 유의합니다.

3. 밸류 베타에 해당하는 β_{HML}은 -0.129이며 이 역시 음숫값을 보입니다. 즉 퀄리티와 밸류 간의 관계에서 살펴본 것처럼, 두 팩터는 서로 역의 관계가 있습니다. t값 역시 -3.775로 유의합니다.

4. 모멘텀 베타에 해당하는 β_{UMD}는 0.063으로 양의 관계가 있으며, 모멘텀 팩터가 좋은 시기에 퀄리티 팩터도 좋을 수 있습니다. t 값은 2.37로 유의하다고 볼 수 있습니다.

5. 이러한 설명변수를 제외하고도 월간 초과수익률에 해당하는 계숫값이 0.003이며, t 값은 4.011로 유의합니다. 즉, 퀄리티 팩터는 기존의 여러 팩터들로 설명되지 않는 새로운 팩터라고도 볼 수 있습니다.

```
library(broom)
tidy(reg)
```

```
## # A tibble: 5 x 5
##   term         estimate std.error statistic  p.value
##   <chr>           <dbl>     <dbl>     <dbl>    <dbl>
## 1 (Intercept)  0.00288  0.000719      4.01 7.37e- 5
## 2 Mkt_excess  -0.276    0.0167      -16.5  7.56e-46
## 3 SMB         -0.365    0.0364      -10.0  6.02e-21
## 4 HML         -0.129    0.0343       -3.77 1.88e- 4
## 5 UMD          0.0635   0.0268        2.37 1.83e- 2
```

broom 패키지의 tidy() 함수를 사용하면 분석 결과 중 계수에 해당하는 값만을 요약해서 볼 수 있습니다.

```
library(stargazer)
stargazer(reg, type = 'text', out = 'data/reg_table.html')
```

```
##
## ===============================================
##                      Dependent variable:
##                 ----------------------------
##                           R_excess
## ---------------------------------------------
## Mkt_excess                -0.276***
##                            (0.017)
##
```

```
##
## SMB                          -0.365***
##                               (0.036)
##
## HML                          -0.129***
##                               (0.034)
##
## UMD                           0.063**
##                               (0.027)
##
## Constant                      0.003***
##                               (0.001)
##
## ----------------------------------------------
## Observations                    359
## R2                             0.639
## Adjusted R2                    0.635
## Residual Std. Error      0.013 (df = 354)
## F Statistic          156.800*** (df = 4; 354)
## ==============================================
## Note:                 *p<0.1; **p<0.05; ***p<0.01
```

stargazer 패키지를 사용하면, 회귀분석 결과를 논문에서 많이 사용되는 테이블 형식으로 손쉽게 출력과 저장을 할 수 있습니다. 테이블이 출력되면서 data 폴더 내에 reg_table.html 이름으로 HTML 파일도 저장됩니다.

참고문헌

- Ang, Andrew, Robert J Hodrick, Yuhang Xing, and Xiaoyan Zhang. 2009. *"High Idiosyncratic Volatility and Low Returns: International and Further Us Evidence."* Journal of Financial Economics 91 (1): 1–23.

- Asness, Clifford S, Andrea Frazzini, and Lasse Heje Pedersen. 2019. *"Quality Minus Junk."* Review of Accounting Studies 24 (1): 34–112.

- Baker, Malcolm, Brendan Bradley, and Ryan Taliaferro. 2014. *"The Low-Risk Anomaly: A Decomposition into Micro and Macro Effects."* Financial Analysts Journal 70 (2): 43–58.

- Baker, Malcolm, Brendan Bradley, and Jeffrey Wurgler. 2011. *"Benchmarks as Limits to Arbitrage: Understanding the Low-Volatility Anomaly."* Financial Analysts Journal 67 (1): 40–54.

- Basu, Sanjoy. 1977. *"Investment Performance of Common Stocks in Relation to Their Price-Earnings Ratios: A Test of the Efficient Market Hypothesis."* The Journal of Finance 32 (3): 663–82.

- Brunnermeier, Markus K, and Jonathan A Parker. 2005. *"Optimal Expectations."* American Economic Review 95 (4): 1092–1118.

- Butler, Adam, Mike Philbrick, Rodrigo Gordillo, and David Varadi. 2012. *"Adaptive Asset Allocation: A Primer."* Available at SSRN 2328254.

- Carhart, Mark M. 1997. *"On Persistence in Mutual Fund Performance."* The Journal of Finance 52 (1): 57–82.

- Choueifaty, Yves, and Yves Coignard. 2008. *"Toward Maximum Diversification."* The Journal of Portfolio Management 35 (1): 40–51.

- Choueifaty, Yves, Tristan Froidure, and Julien Reynier. 2013. *"Properties of the Most Diversified Portfolio."* Journal of Investment Strategies 2 (2): 49–70.

- De Bondt, Werner FM, and Richard Thaler. 1985. *"Does the Stock Market Overreact?"* The Journal of Finance 40 (3): 793–805.

- Faber, M. 2018. *"A Quantitative Approach to Tactical Asset Allocation Revisited 10 Years Later."* Journal of Portfolio Management Vol. 44, Iss. 2: 156–167.

- Fama, Eugene F, and Kenneth R French. 1993. *"Common Risk Factors in the Returns on Stocks and Bonds."* Journal of Financial Economics 33 (1): 3–56.

- Greenblatt, Joel. 2010. *"The Little Book That Still Beats the Market."* Vol. 29. John Wiley & Sons.

- Grolemund, Garrett, and Hadley Wickham. 2018. *"R for Data Science."*

- Hsu, Jason, Vitali Kalesnik, and Engin Kose. 2019. *"What Is Quality?"* Financial Analysts Journal 75 (2): 44–61.

- Jegadeesh, Narasimhan. 1990. *"Evidence of Predictable Behavior of Security Returns."* The Journal of Finance 45 (3): 881–98.

- Jegadeesh, Narasimhan, and Sheridan Titman. 1993. *"Returns to Buying Winners and Selling Losers: Implications for Stock Market Efficiency."* The Journal of Finance 48 (1): 65–91.

- Lehmann, Bruce N. 1990. *"Fads, Martingales, and Market Efficiency."* The Quarterly Journal of Economics 105 (1): 1–28.

- Novy-Marx, Robert. 2013. *"The Other Side of Value: The Gross Profitability Premium."* Journal of Financial Economics 108 (1): 1–28.

- Piotroski, Joseph D, and others. 2000. *"Value Investing: The Use of Historical Financial Statement Information to Separate Winners from Losers."* Journal of Accounting Research 38: 1–52.

- Qian, Edward. 2011. *"Risk Parity and Diversification."* The Journal of Investing 20 (1): 119–27.

- Rendleman Jr, Richard J, Charles P Jones, and Henry A Latane. 1982. *"Empirical Anomalies Based on Unexpected Earnings and the Importance of Risk Adjustments."* Journal of Financial Economics 10 (3): 269–87.

- Sefton, James, David Jessop, Giuliano De Rossi, Claire Jones, and Heran Zhang. 2011. *"Low-Risk Investing."* UBS Investment Research.

- Sharpe, William F. 1964. *"Capital Asset Prices: A Theory of Market Equilibrium Under Conditions of Risk."* The Journal of Finance 19 (3): 425–42.

- Wilkinson, Leland. 2012. *"The Grammar of Graphics."* Springer.

찾아보기